猫と魔術と
神話事典

M・オールドフィールド・ハウィー＝著
鏡リュウジ＝監訳
真喜志順子＝訳

柏書房

猫のマジカルワールド――監訳者からのメッセージ

あなたは犬派でしょうか。あるいは猫派？　人類の長年の友として、数千年の歴史をもつこの二種類の動物は、また長い好敵手でもありました。

犬と猫は、本当に対照的です。群れで生きてきた歴史をもつ犬は、主人に従順にしたがうことに幸福を覚えているようです。

しかし、猫は自分のテリトリーと自由を大事にして、完全に飼い主のコントロールの下に入ることはありません。

また、猫は個体によってもその性質はまちまちで、なかにはまるで犬のように人懐こいものがいるかとおもえば、まったく人を寄せ付けない輩もいるように思えます。

ときどき、ぼくは不思議に思うのですが、猫は家畜化されてからこんなに長い時間がたってさまざまな品種改良がなされているにもかかわらず、そのサイズはだいたい、同じです。

これがぼくには不思議なのです。

そう、犬と比べてみてください。小さなチワワから、あの巨大なセントバーナードまで、犬の場合には同じ「種」でありながら、人間の残酷なまでの好奇心は全く別種の生き物であるとしかみえないほどに、この生き物のサイズや見かけを改変してきました。

一方で猫の場合には、そのサイズは、多少の違いはあるとしても犬と比べればずっと小さい。生物学や遺伝学に無知なぼくには、犬と猫とのこのサイズの差が、何か生物のなかにビルトインされている遺伝子に起因するものなのか（遺伝子の構造上、猫の場合にはサイズの改変がしにくいのか）、あるいはほかの原因があるのかわかりません。

けれど、もし、猫が品種改良されてセントバーナードほどの大きさになってしまった場合の危険は容易に想像できます。

数千年の間、人間とともにいながら、どこか野生の本能を失わず、完全には家畜化できなかったこの猫の場合、もし巨大化していたらぱっとじゃれつかれただけでもヒトには致命的な傷を負わせるのに十分でしょう。

猫と遊んだことがある人ならだれでもご存じでしょうが、愛猫とじゃれているうちに猫のほうがついつい興奮して甘噛みのつもりがつい力が入ってしまったり、その気はないはずなのに爪を立てられてあちこち引っかき傷をつけられてしまう、なんてこともしょっちゅうあるはずなのです。これがもし虎サイズの猫だったらどうなることか。

もしかしたら、品種改良で猫を大きくしないというのには、こんな理由もあるのかもしれないと、勝手に想像しています。

そう、猫の大きな特徴はこれだけ人の世界のそばにいながら、完全には「こちらの世界」とは同化しきらず、野生の領域、つまりは「あちらの世界」とのつながりを保ち続けているということにあります。

さまざまな生き物のなかでこれほど豊かな神話的要素を秘めているものは少ないと思われますが、それは猫の生態そのもののなかに、異界とのつながりを連想させる要素がいくつもあるからです。

そうした豊かな猫の神話世界を格調高く描いた古典、それが本書、Cat in the Mysteries of Religion and Magic です。

原書が刊行されたのは1930年のことで、すでに80年も前のものですが、当時、多くの神話やオカルト関係の本を出版していたことで知られるライダー社から出ていることもあって、多くの読者を獲得していた本であることがわかります。

古代エジプトの猫神から日本の鍋島の化け猫、魔女と猫、太陽や月信仰と猫との関係など、古今東西の資料から猫に関する神話と魔術の逸話を網羅し紹介していることが大きな特徴です。

また、当時のイギリスでは、いわゆるスピリチュアリズムが大いに流行していたことを思い出していただきたい。

多くの科学者や知識人が死後の魂の存続の科学的証明を求めて調査を展開していました。心霊科学協会（SPR）が活発な活動を繰り広げ、また、オカルト文化もさかんでした。

そのなかで、動物の魂の存在も唱えられるようになりましたが、そうした時代の雰囲気を伝える逸話が、当時広く愛読されていた心霊研究雑誌（「ライト」やSPRのジャーナル、オカルト・レビュー誌）などからも集められていることも、大きな本書の特徴です。

神話や象徴を研究したいと考えている人のみならず、澁澤龍彦流にいうなら「悪魔のいる文化史」に関心のある向きすべてにとって、本書は実に魅力的な書になっているといっていいでしょう。あなたのすぐそばにいる、あの小さな生き物には、実に豊饒なイメージの歴史があることがわかるでしょう。

愛くるしい猫のもう一つの面が本書から浮かび上がってくるはずです。

なお、最後に翻訳にあたっていくつか述べておきます。

先にも述べたように本書は80年も前の刊行物であり、現時点での歴史的認識からすると誤りもあるかと思われますが、資料的価値を重んじるという意味でそのことはご理解願いたい。また、日本に関する記述を含め、明らかな誤りと思われる部分、古語方言などのために訳出が困難な部分などはわずかですが割愛させていただいたことをお断りしておきます。また参考文献もいまとなっては入手不能なものが多く、これも省略させていただきました。

最後に、今回もぼくの怠慢で刊行が大幅に遅れてしまった。翻訳をしてくださった真喜志順子さん、編集をしてくださった二宮恵一さん、柏書房社長の富澤凡子さんには本当にご迷惑をおかけしました。お詫びの上、心からの感謝を申し上げます。

本書が見える世界と見えない世界のすべての猫と、両世界の猫を愛する人々に届くよう、祈りながら筆をおくことにしよう。

鏡リュウジ拝

生贄になったバステト神殿の侵入者―H.C. ブルック

猫と魔術と神話事典 目次

猫のマジカルワールド　i
はじめに　1
1章　バステト　3
2章　セクメト　14
3章　システルム　19
4章　猫と蛇　24
5章　猫とイシスの謎　35
6章　カルデアおよびエジプトの魔術信仰における猫　47
7章　フレイアと猫　60
8章　キリストと猫　66
9章　聖母マリアと猫　71
10章　5月の子猫　77
11章　穀物の猫　82
12章　猫と魔女集会（サバト）　89
13章　猫になった魔女　97
14章　魔女の猫と跳ね返り　111
15章　秘密の宗派と猫信仰　121
16章　生贄としての猫　132

17章 猫と転生 152
18章 寺院の猫 161
19章 動き出す猫の図像 173
20章 死者の都（ネクロポリス）の猫 183
21章 天国の猫 192
22章 幽霊の猫 202
23章 悪霊の猫 218
24章 吸血鬼の猫 228
25章 霊の猫、使い魔の猫 236
26章 死を予兆する猫 251
27章 猫の千里眼 261
28章 猫とテレパシー 272
29章 男根象徴としての猫 277
30章 お守り、魔除けの猫 286
31章 猫とネズミの象徴学 298
32章 紋章の猫 303
33章 猫の9つの命 313
34章 猫の名称 319
35章 マンクスの伝説 327
結び 333
索引 巻末

はじめに

「人間は自らの姿に似せて神を創った」というのがヴォルテールの言であった。しかし人間は、いつでも神を人形《ひとがた》として思い描いていたわけではない。宗教史の比較的初期の段階から、信心深い人々は、自己の内面にある神の概念を人の形としてだけでは象徴化することはできないということに気づいていた。

太古の人々の日常は、宗教と密接に絡み合っていた。認知できる具体的な対象はすべて、神の意志の現れとしてとらえられていた。それゆえ人間は、それらすべてに畏敬の念をもつべきだと考えられていた。獣、鳥、魚、爬虫類、さらには昆虫、植物、石、想像の産物である怪物でさえも、大昔の詩人の目には神のしるしが具現化された像（イメージ）として映ったのだ。

だから初めのうちは、生物も無生物も根本的には同等だと考えられていた。だがしだいに、かくも多様な側面を持つある種のイメージは、神の全能性のようなものを伝えていると考えられるようになっていった。たとえば蛇は、そのようなシンボルの一つである。

そして、ラテン語でいうところの「小さくとも豊かな《マルタウム・イン・パルヴォ》」象徴のもう一つの例が、本書のテーマである猫なのである。猫は数千年ものあいだ、神性のみごとな象徴として人々に受け入れられてきた。

そう、猫は蛇と同じように、神とは万物であるということを伝える生き物だ。

この「神は万物である」という驚くべき発想には、その発想によってのみ統合しうる、この世界の多種多様で相反するさまざまな側面の考察が必要になる。したがって、本書には強引で押し付けがましい部分もあるかもしれないが、その点はご容赦いただきたい。

善と悪、光と闇、キリストと悪魔、宗教と黒魔術、太陽と月、父、母、息子の象徴である猫は、果てしなく広がる眺望を隠すベールに裂け目をつくり、私たちの探求に報いてくれるだろう。象徴としての猫にまつわるテーマは、数限りなく存在している。これだけに生涯を捧げたとしても、ただ一つのテーマさえ論じ尽くすことはできないだろう。

当然ながら、本書の仕上がりも完全とはいえない。その意味ではなはだ不十分とはいえ、本書が一般の読者にとっても、また人生の神秘を解き明かそうとする人々にとっても、大いに興味をそそられるものと信じている。

M・オールドフィールド・ハウイ

1章 バステト

バステト（ブバスティス、パシュトとも呼ばれる）は、神聖な猫の頭部をもつ古代エジプトの女神である。メンフィスの3柱神〔★訳注★プタハ、セクメト、ネフェルテム。〕の2番目の神であり〔★訳注★セクメトとバステトの同一性については、2章を参照〕、太陽神ラーに愛され続けた永遠の伴侶でもある。

バステトはもともと異国の神だったが、かなり早い時期から太陽神のプタハ、ラー、オシリス、テムと同一視されるようになった。バステトには女神イシス〔★訳注★古代エジプトの女神。イシスはギリシャ語で、古代エジプトではアセトという〕がもつ、月や、月の象徴である猫の側面がある。イシスは、パシュトの都市（アブー・パシュト）と名づけられたブバスティスの街でとくに崇拝された。バステト信仰は、古代にまでさかのぼる。市民は猫をバステトの象徴として崇め、この聖獣が死んだときには深い哀悼の意を捧げた。

ブバスティスは、ナイル川の支流に近いデルタ地帯の東部に位置しており、いまでもテル・バスタと呼ばれる遺跡が残っている。旧約聖書エゼキエル書30章17節にも「ピベセテ」と記されているように、かなり重要な都市だったようだ。預言者は「若者たちは剣に倒れ、それ以外の人々は囚われるだろう」と、その没落を見通していた。

現在、大英博物館が所蔵している多数のバステト像がどこから来たのかはわかっていない。ただその一部はテーバイ（テーベ）のもので、中にはブバスティスの神殿に飾られていたものもあると推測されている。

そしてその多くには、アメンホテプ3世の名前が記されている。だが上エジプトのテーバイの家系の王が、なぜ下エジプトとの関係の強い女神を崇め、これほど多くの像をつくったのか、その理由はよくわかっていない。サミュエル・シャープ〔★訳注★1799‐1881　エジプト学者。銀行を退職後、聖書研究を経て、独学でエジプトの研究者となる〕は、「王が自らが名乗っていた『メンデス市〔★訳注★エジプトのナイル下流の都市〕の支配者』という肩書によって」ある程度の説明がつくという。

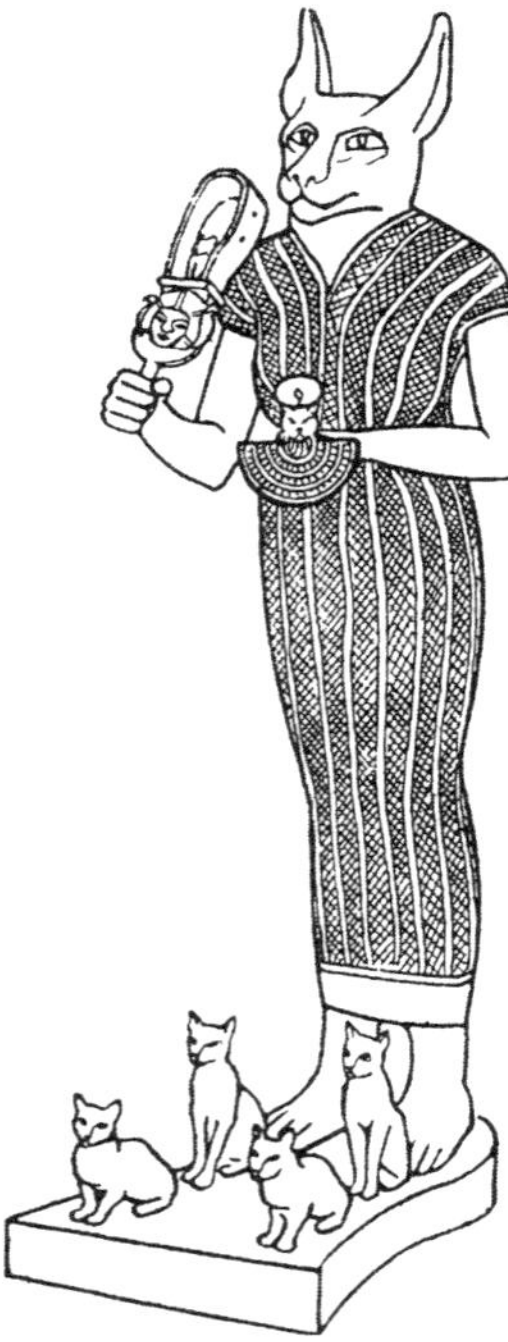

シストルムを手にしたバステトと
その聖獣の猫（大英博物館）

それが事実だとしても、ここではバステトが上エジプトでも崇められていたという点に注目したい。

ヘリオポリス〔★訳注★カイロの北東郊外にある古代エジプトの太陽神信仰の中心地〕でもそうだったように、テーバイにおいてバステトは、神々の中でも異彩を放つ存在だった。ピラミッドのテクストに記述はあるものの、『死者の書』にはときおり登場するだけだ。

ヘロドトスは、バステト神殿を鮮やかに描き出している。「それは入口以外、すべて海に囲まれた島にそびえ立っている。ナイル川から2本の運河が入り込み、左右に延びて神殿をとり囲んでいる」。運河の幅は約30メートル、土手には木々が植えられていた。かつて壮大な外観を誇った神殿の高さは、その残骸からおよそ150メートルと推計されている。神殿は最高級の赤い花崗岩で造られ、およそ180メートル四方の神域がそれを囲み、その周囲の縦270メートル、横360メートルほどの一帯には、運河と木立と湖が広がっている。

ヘロドトスはさらにこう記している。

「門の高さは約18メートルあり、身の丈ざっと3メートルのみごとな彫刻で飾られている。神殿は町の中央にあり、町は土を盛って地盤が高められている。神殿はかつて造営されたまま手を加えられていないため、周囲をめぐりながらどの方向からも神殿を眺めることができる。神域は彫刻を施した壁に囲まれており、その内部には神体の像を納めたセラ（神像安置所）がある。周囲には樹が植えられ、巨木の森が茂っている。神域の一辺は、約185メートル）ほどである。神殿の入口に通じる参道は公共広場をつらぬき、東方のマーキュリー神殿に至る」

ブバスティスでは、毎年4月と5月にバステト神を讃える祭が行われた。これは古代エジプト人の、大きな祭の一つだった。ヘロドトスによれば、エジプト人にとってこのバステト祭は、毎年行われるほかのどんな祭よりも大きな関心事だったという。ブバスティスへの巡礼の旅で目撃した祭の様子を、彼は次のように記している。祭の参加者たちは、「無数の舟に大勢の男女が乗り込み、海路で祭に向かった。途中、女たちはクロタラという楽器を打ち鳴らし、男たちは笛を吹く。ほかの人々も、手拍子をしながら歌っている。どこかの町を通るときには、舟を岸に近づける。女たちは歌い続け、クロタラを打ち鳴らし、ほかの人々は声を限りに叫び、町の住人に罵声を浴びせる。町の住人たちが踊りはじめると、舟でやってきた人々はそれをあざ笑うように衣服のすそをたくしあげる。同じことをくり返しながら舟は岸沿いの町々を通り、やがてブバスティスに到着すると、盛大に生贄を捧げて女神ディアナの祭を祝う。祭に集う人々の数は大人の男女だけで70万人に達し、このときに飲まれるワインの量はその年の残りの期間の消費量を上まわる」

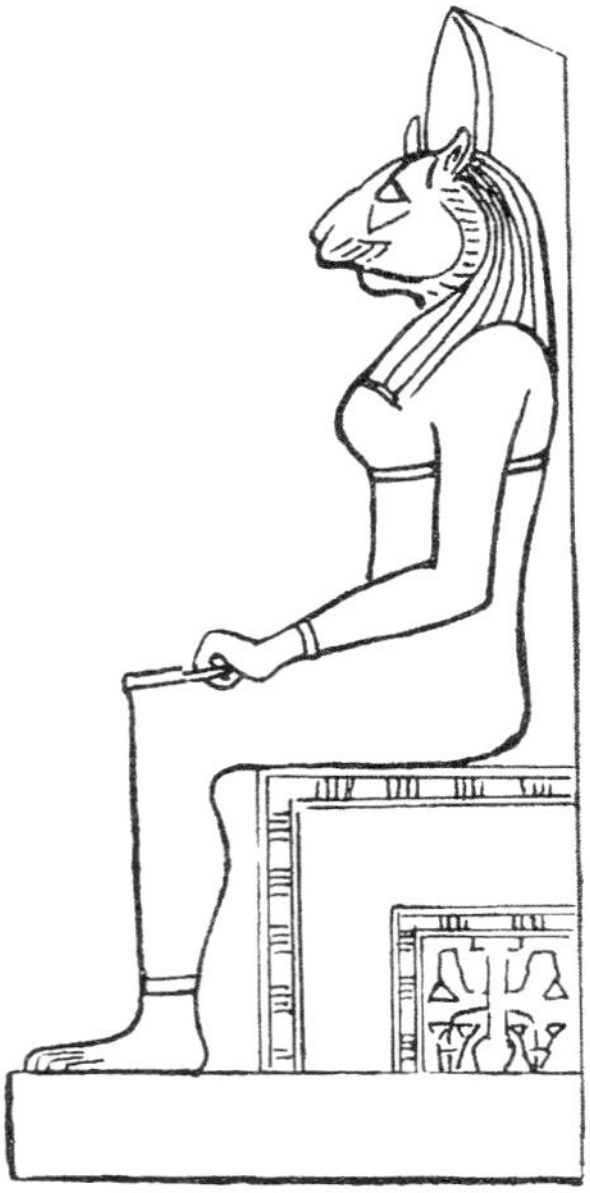

ライオンの頭をもつバステトの巨像（大英博物館）

ところで、バステトという名称には「引き裂く者」「分裂させる者」という意味がある。ただし、気性が激しく、太陽熱の破壊力の象徴である戦いの女神セクメトとは対照的に、バステトは優しくて恵み深い、暖かさの象徴だ。火がもつ良い面を体現し、幸運の女神とみなされていたのである。

バステトはまた、「狼星（シリウス）の女神」としても知られている。そして女神ハトホルと対をなし、音楽や踊りを好む。

バステトの風貌としては、シストルム（神殿の巫女がよく使う、猫の頭部なり体なりの飾りが施された楽器）を手にした姿や、腕にカゴをかけた姿が有名だ。だが、このような特徴をもたずに登場することもある。

そうなると、猫の頭をもつ心優しいバステトなのか、ライオンの頭をもつ強大で恐るべきセクメトなのか、すぐに見分けるのは難しい。というのも、バステトもしばしばライオンの頭で表現されるからだ。目印になるのは猫ではなく、ライオンであることが少なからずあるというわけだ。

それでも、彼女特有の表象はやはり猫だ。大英博物館が所蔵する黒い玄武岩のバステト像の頭部はライオンだが、これは初期の作品と考えられる。猫の頭部をもつバステト像は後期に登場するが、そのほとんどは小型の青銅像となっている。

狼やジャッカルが死者の神アヌビスに捧げられたことを思うと、ライオンはセクメトの、猫はバステトの、それぞれ象徴だと考えたくなるかもしれない。だが、バステトはもともとライオン（たてがみがあるので雌ではなく雄のライオン）の頭部をもつ女神であり、両性性や、男らしさ、女らしさを暗示していた。象徴学の観点から見て、エジプト人は猫科の動物なら多少とり替えても大した違いはないと考えていたようだ。

しかし青銅像になると、頭部はどこから見ても猫そのものとなる。青銅のバステト像の中には、右手にシストルムを持ち、左脇に円盤と毒蛇を乗せたライオンの頭部が置かれたものもある。ただし、このようなバリエーションは比較的後期に作られたものであり、古代遺跡の彫刻ほどにはバステト女神の真の姿を反映しているとはいえないだろう。

おそらく、アエリアヌスが言及している太陽神殿に納められたライオンは、バステトに捧げたものだ。椅子に腰かける獅子頭の女性の、巨大な閃長岩の像が、大英博物館に所蔵されている。体にフィットした衣服を着て、両足をそろえ、両手を膝に乗せ、左手には生命の象徴であるアンク十字〔★訳注★上に輪のついたT字形十字で、エジプト古来の象徴〕を持ち、右のてのひらを開いている。椅子の両側面には「祭司であり、太陽の子であり、上エジプトの良き王であり、戦闘の王であり、バステトに愛されたアメンホテプ3世」という記述がある。この像は、台座および頭上の太陽円盤を除いた全長が約１５７センチある。

もう一つの巨大なバステト像は、猫の頭をもったものだ。こちらは台座と頭上の太陽円盤を除く全長が約１・８メートルとなっている。この像には、旧約聖書に登場する最古のエジプト王シェションクの名が刻まれている。

シェションクは、モーゼの生前から死後にわたり、エジプトのユダヤ人の居住地であるブバスティスを統治した王である。その後テーバイを支配し、全エジプトの王になった。紀元前９５６年ごろにはユダ王国の王レハベアムと戦い、旧約聖書列王記上14章26節によれば「主の神殿と王宮の宝物を奪い取った。彼はすべてを奪い、ソロモンがつくった金の盾もすべて奪い取った」という。カルナック神殿の塔門には征服された都市名が記されているが、ユダ王国もその一つである。シェションクは、「引き裂く者」「分裂させる者」としてのバステトを崇めていたのかもしれない。

バステトの別の側面は、大英博物館の素晴らしい展示品に象徴的に示されている。それは猫の頭をもち、太陽の王冠を戴く聖なる2匹の蛇の形をした大きな頭飾りを、額の上、両耳のあいだに乗せた巨大な女神像である。

この像は、崇拝者たちがバステトに畏敬の念を抱いていたことと、バステトがもつ太陽と月という二面性を示している。つまりエジプトの神秘、とりわけ陽光と月光の、重要な統合を象徴しているのである。猫が暗闇の中でも目が効くように、夜になって地平線の下に旅立つ太陽も暗がりの中を見通すことができるというわけだ。バステトは夜のあいだ、太陽神の目の役割を果たすと考えられており、月の象徴だった。月は太陽光線を反射している。つまり暗闇で光る猫の目は、人間には見えない太陽光線を反射したものと考えられていたのである。

月の象徴としての猫の女神バステトは、夜には目の中に太陽を置き、太陽から授かった光を借りて辺りを警戒し、天敵である闇にひそむ蛇の頭部を前足でつかんでは傷つけ、爪を突き刺すのだ。すなわち、バステトの「引き裂く者」あるいは「分裂させる者」という肩書きも正当なものであり、それは愛と両立することを示している。

後世になると、エジプト神学からはだんだん独自の創意は失われていく。しかしその分、初期の古い神学の再構築と復活に力を費やすようになる。すると初期に見られた純心さは失われ、自分たちの原点は魔術にあるとする考え方が、宗教の基礎として認められるようになった。
エジプトの神々は鳥の形で象徴されることが多く、各州の神たちも鳥の姿で表されるようになった。こうした倒錯した神学のもとでは、バステトも猫頭のタカの姿で描写された。おそらく、バステトとイシスの同一性を示す意図があったのだろう。というのもイシスは小型のタカの姿に身をやつし、夫オシリスのばらばらになったなきがらを探してさまよい歩き、翼をはためかせることで夫を生き返らせたからだ。オシリスは冥界の王として生まれ変わり、その後イシスは身ごもって、タカの頭をもつホルスを産んだ。

ハゲワシを意味するムト（世界の母であり、アメン神の妻）もまた、バステトと関わりのある女神である。ムトは、セクメト＝バステト＝ラーという名前でも知られる「エジプトの三位一体」の神々の一員だ。頭部は男で、両腕から翼の生えたムトの姿は、この女神の実に複雑な特質を、如実に表している。この象徴性は、ムトの首についている2羽のハゲワシと両足についたライオンの爪によって、さらに複雑なものになっている。

ムトの存在は、3つの異なる任務をもち、天空ではルナとして、地上ではディアナとして、冥界ではヘカテとして知られるギリシア・ローマ神話の三位一体の女神（ディアナ・トリフォルミス）の中に認めることもできる。象徴学の研究者たちは、この大母神の3つの矛盾した側面をさまざまな方法で類型化した。

ポルフュリオス〔★訳注★ギリシアの新プラトン主義哲学者〕は大母神を、雄牛、犬、ライオンが統合したものとみなした。また、頭部の右側は馬で、左側は犬、中央は人間だと主張する者もいる。ウェルギリウス〔★訳注★古代ローマの詩人〕は「3つの顔をもつヘカテには数百の名前があり、3人のディアナは……」と記し、クラウディアヌス〔★訳注★5世紀頃のローマの詩人〕は「見よ、はるか彼方を、3つの姿をもつ女神ヘカテが歩いていく」と記した。

ヘカテとしてのムトは、どんな勇敢な人も震え上がらせるほど恐ろしい存在だったようだ。アンドリュー・トゥック〔★訳注★1673-1732　英国の学者〕は「異様に背が高く、頭は髪の毛ではなくてぞっとするような蛇の群れに覆われ、両足は毒蛇のようだ」と記している。さらに、ヘカテという名は月が光線や矢を遠方に投げかける動きをほのめかすもので、「月が3つの相〔★訳注★新月、満月、半月〕をもっていることから、ムトはトリフォルミス（三位一体）と呼ばれるという説もある」と指摘している。

バステトがムトと同一視されたように、ディアナとビーナスもしばしば混同された。セルウィウス（ローマ第6代の王）はウェルギリウスの作品『アエネイス』への解説の中で、「男は女の衣服を、女は男の衣服を着させられ、ルナと呼ばれたビーナスの生贄として捧げられた」と述べ、ローマの歴史家スパルティアヌスも同様の言及をしている。

ウィルキンソン〔★訳注★1797-1875　英国の探検家、エジプト学者〕は、ディアナとビーナスが同一であることを認めるべきだと指摘している。そうでなければ、八柱の偉大な神に名を連ねることはできず、せいぜい3番手か4番手のグループにランクされることになってしまい、テーバイの神殿における高貴な地位と矛盾することになるというのだ。

ちなみにウィルキンソンは、老ホルス（エルダー・ホルス）はオシリスの兄弟であり、オシリス

セクメトの盾をもつバステトと
子猫（大英博物館）

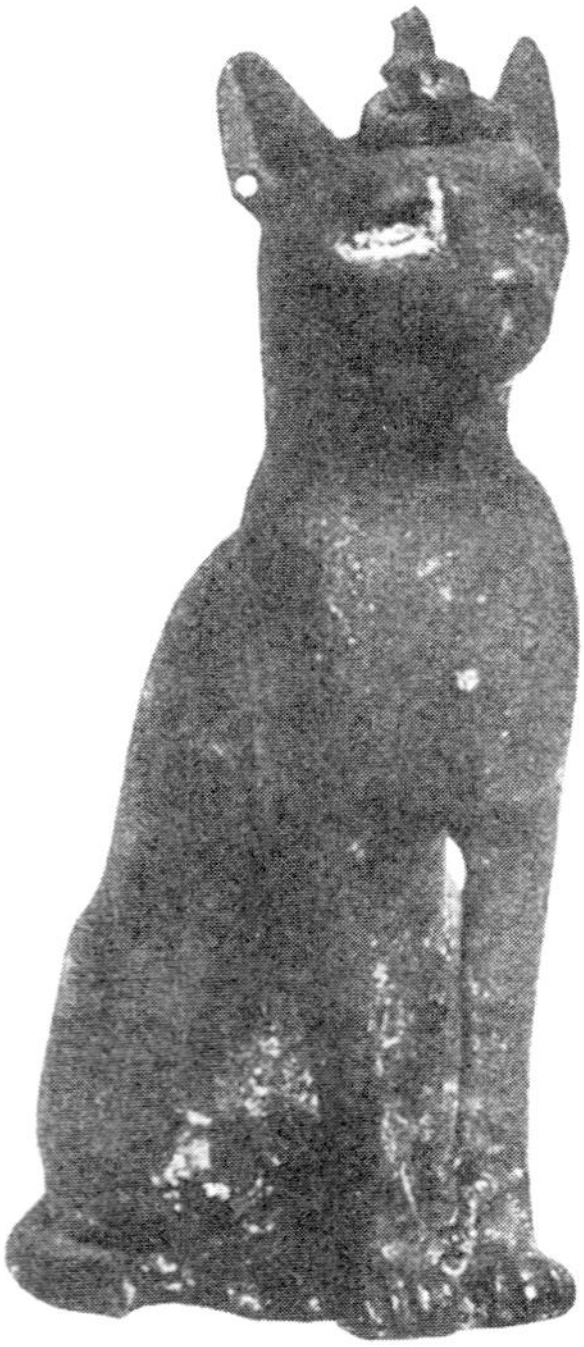

バステトの聖獣の猫。頭に蛇を
載せている（大英博物館）

と同じように太陽の象徴ではあるが、オシリスの息子のホルスと混同された可能性があると考えている。オシリスの息子のホルスは、ディアナの兄であるギリシャ神アポロンと同一視された。だがウィルキンソンは、このような類推もほどほどにすべきだと釘を刺している。オシリスの息子のホルスに姉妹はないし、バステトは老ホルスの姉妹にはなりえないからだ。

紀元前450年ごろにエジプトを旅したヘロドトスは、エジプトとギリシャの神々が同一であることを示そうとしたが、そのときはまだバステトのルーツははっきりしていなかった。ヘロドトスは、バステトをオシリス（あるいはバッカス）とイシスの娘であり、ギリシャのディアナと同一だと考えた。というのも、バステトを祀った石造りの神殿は、スペオス・アルテミドス（アルテミス＝ディアナの洞窟）と名づけられている。つまり、バステト＝ディアナという考え方は、エジプトでは一般に認められていたようだ。

オウィディウス〔★訳注★古代ローマの詩人〕のギリシャ神話『変身物語』には、ディアナが怪物テュポエウスのもとから猫の姿に身をやつして逃げ出したとの記述があり、ヘロドトスの説を裏づけている。

2章 セクメト

猫あるいはライオンの頭をもつ恐るべきエジプトの女神セクメトは、灼熱の太陽の破壊的な炎の化身で、プタハ（メンフィスでは太陽神ラーの称号である）の妻である。プタハ、セクメト、バステト、ハトホル、オシリス、セケルの神殿は、いずれもメンフィスにある。これらの神殿が近接しているのは偶然ではなく、神々の本質的な同一性を認識させることを意図したものだろう。

セクメトの性質を理解するために、まず、その伴侶であるプタハの多様な性質に目を向けてみよう。そうすれば、本書で触れるメタファーという主題において、とぐろを巻いて輪のようになった蛇、あるいは丸くなった猫のような概念が、エジプトの神秘の真髄にどれほど重要な意味をもっているかわかると思う。

神はすべてであり、統一性は多数性を包含した。プタハという名は「開く者」を意味する。なぜならプタハ神は、昇る太陽を体現し、一日の扉を広く開け放つからだ。ところがプタハは、頻繁に他の神々と習合する。ときには不倶戴天の敵とされる神と習合することさえある。たとえばセケルと結びついたプタハ＝セケルは、混沌と、闇を伴う創造の原理を象徴し、死んだ太陽神、あるいは夜間の太陽としてオシリスの姿になることもある。これは、夜間にだれにも見られずに歩きまわる猫の性質にも重なるものだ。

さらにプタハは、プタハ＝セケル＝オシリスとしても登場する（第22王朝の時代にオシリスと結びついた）。これは建築の神、執政官であり、妻セクメトと協力してトト神の計画を実行し、ラーの眼の瞳孔から生まれた7羽のタカの姿をした7人の賢者の特性をもっていた。

ところで、プタハとセクメトの結びつきは、「両極端は一致する」ということわざの例としてよくとりあげられる。慈悲深いプタハの創造的な活動とは対照的に、セクメトは太陽の熱の破壊的な力を象徴しているからだ。太陽の熱は、アフリカとは切っても切り離せない要素であり、無視することはできない。アフリカの多くの種族には、強烈な太陽光線を畏れ敬い、太陽が昇ると注意深く身を隠す習慣があり、恐れと嫌悪感をもって日の出を迎えるのが常だった。

太陽崇拝の由来は、ヘリオポリスにあった万神殿の位階にある。そしてエジプトのあらゆる猫科の女神は、穏やかな暖かさから焼けつくような破壊力にいたる太陽の強さの、さまざまなレベルの象徴だった。エジプトの神殿に数多くの矛盾が見られる理由もそこにある。たとえばナイル川のフィラエ島の神殿には、イシス＝ハトホルについて「彼女はバステトのごとく優しく、セクメトのごとく恐ろしい」という一文が残っている。

第12王朝の文献には、セクメトは疫病を司る恐ろしい女神として描かれているが、これはセクメトのもつ多くの顔の一つにすぎない。セクメトと優しくて慈悲深いバステトは、対極の関係にあったと考えられる。ちょうど邪悪な神セトの妻ネフティスと、姉イシスがそうであったように。だが2人の対立は見かけだけのもので、本質的にセクメトとバステトは一つなのである。

かつてバステトという名前はパシュトと読まれていたが、中には「セクメト」こそが本来の読み方だと主張する専門家もいる。上エジプトの都市コプトスの神殿で、テーバイの女神ムトが、あるときはバステトと呼ばれ、またあるときはメンフィスのセクメトと呼ばれていたことも、セクメトとバステトの同一性を裏づけるものだ。

神殿の彫刻には、猫の頭をもつ女神に「セクメト　偉大なるメルエンプタハ」「プタハに愛されし者」「天空の女王」「セクメト　偉大なるウルヘカ」といった、さまざまな名前が刻まれている。ここでもまたセクメトはムトと混同され、「天空の女王、地上の統治者、プタハの上方に住まうムト」という表記が見られる。

猫やライオンの頭をもつムトの姿を示すものは、数多くある。ウィルキンソンは「ムトはハゲワシの姿をしており、バステトやトリフィス〔★訳注★女神レピトのギリシャ・ローマ時代の別名〕の特徴を担うと考えられる」という。

セクメトとバステトがもとは一つの女神であり、あるいは少なくとも共通の起源をもち、ハトホル、ヌト、ネートといった天空の女神から派生したことは明白だろう。なお、ハトホルという名は「ホルスの家」を意味し、太陽神であるホルスの住まいであることから「空」の類義語ともなっている。

セクメトは、月の女神ともみなされた。また、セクメトがもつ称号の一つに「ラーの眼」というものがある。ハトホルは、ラーの母であり妻であり娘であり、エジプト人にとっての理想的な女性像の象徴だった。「音楽の貴婦人、歌の女王、跳躍の貴婦人、花の冠をつけた女王」と記され、女性の本質の化身とされたのだ。このような側面からも、ハトホルにはバステトの特徴を垣間見ることができるだろう。

ただし、ハトホルが太陽神ラーの報復の手段として使われるときには、恐るべきセクメトの姿と重なる。つまりセクメト＝ハトホルとなって人間を虐殺し、意気揚々と血だまりの中を闊歩する。最後には、ラー自身がセクメト＝ハトホルに酒を飲ませて酔わせ、彼女の魔の手から人間を救い出すのだ。

シリアの女神アスタルテは、エジプトでは「馬の女王」「戦車の貴婦人」として知られており、ハトホル、あるいはセクメト＝ハトホルが現す姿の一つと考えられている。ちなみに、このアスタルテ信仰は、古代エジプト第18王朝のファラオであるトトメス3世がシリアに遠征した時期にエジプトにもたらされたものらしい。バステトやセクメトと同じように、アスタルテもライオンの頭をもっている。アスタルテは恐るべき破壊的な戦争の女神で、4頭立ての馬車に乗り、倒した敵の遺体を踏み潰して馬車を乗りまわすという。

エジプトでは、ゲテシュ（シリアの第2の神で、愛情と美と月の女神）が、ハトホルのもつ別の一面だと考えられていた。シリアでは自然の女神として、多少みだらな儀式によって崇められていたが、エジプト人はゲテェシュを生命と健康を授けてくれる神ととらえ、祈りを捧げた。ゲテェシュをアスタルテの一面としてとらえる専門家もいる。

ゲテェシュの頭はライオンではない。エジプトの美術品では、頭の上に太陽と月を乗せ、裸体でライオンの上に立つ姿で表されている。右手には生命の象徴である鏡とハスのつぼみ、左手には死の象徴である２匹の蛇を持ち、のちのグノーシス主義〔★訳注★２〜３世紀の宗教思想〕やマニ教〔★訳注★ペルシャのマニを開祖とする宗教〕の教義にもつながる二元性を示している。

後世になると、ゲテェシュはハトホルと同じ頭飾りをつけていることから、両者の同一性はより決定的なものになる。第18王朝（紀元前１５７０年頃‐紀元前１２９３年頃）と第19王朝（紀元前１２９３年頃‐紀元前１１８５年頃）の碑文には「天空の貴婦人、すべての神の女王、ラーの眼、彼女の右に出る者はなし」とある。

このように、一人の女神のもつさまざまな特質を多種多様なかたちで擬人化することは、現代人の精神には理解しがたいものがある。そこで、ある古代の詩人の言葉を胸に刻んでおくべきだろう。

プルート、プロセルピナ、ケレス、ビーナス、キューピット、
トリトン、ネレウス、テテュス、ネプチューン、ヘルメス、
ウルカヌス、パン、ユピテル、ユノ、ディアナ、アポロンは
一つの神なり。

3章 シストルム

シストルムという神秘的な楽器は、象徴論の観点から見て実に興味深い重要な意味をもっている。楽器のてっぺんには、月の表象であり、それが表す偉大な女神でもある聖なる猫が鎮座している。おそらく、シストルムほど魔法や宗教儀式と広く結びついている楽器はほかにないだろう。

エジプト人は、この楽器をとりわけエジプトのビーナスにあたるハトホル（あるいはアトホル）に捧げていたようだ。ハトホルは生物を愛し、守る母、荒涼とした冥界をさまよう死者の魂を守護するイシスの化身でもある。ナイル西岸に位置するデンデラのハトホル神殿の碑文では、イシスと同一視されている。同じ敷地内には、イシスだけを奉った小さな神殿もある。

このハトホルの聖域ほど、シストルムが重視されている場所はほかに見あたらないので、シストルムが、この女神と特別な関係にあることは明らかだ。猫が理想の母を体現し、象徴であることを考えれば、シストルムが意味するところは容易に想像がつく。

シストルムの形状は、すべてのエジプト神が持っているあの有名な生命の象徴、アンク十字に由来すると考えられている。あるいは、アンク十字のほうがシストルムに基づいてつくられたという説もあるが、いずれも猫の多産な性質を表わしている点は同じだ。縦長の楕円形の部分は、神の顕現としての母胎とみなされる。つまり女性の本質を象徴しているのだ。一方、持ち手の部分は、それに対応する男性の本質を象徴している。そして頭の猫は、繁殖力と豊かさの神秘的な結合を授ける神を表わしている。

これを、プルタルコス（★訳注★帝政ローマ時代のギリシャの思想家、伝記作家）が遺したシストルムについての記述と比べてみよう。プルタルコスはシストルムを「上方が丸みを帯び」ており、「輪の部分が4本の振動する棒を支えている」と表現している。

シストルムの頂には、人間の顔をした猫の頭部がついていることが多い。4本の棒の下には、片側の側面にイシスの顔が、反対の側面にはネフティスの顔がついている。これは世界の調和を象徴している。つまり、生と死を示しているのである。

円形の枠の内側についている4本の棒は、地球を取り囲む四大元素の揺らぎを示している。

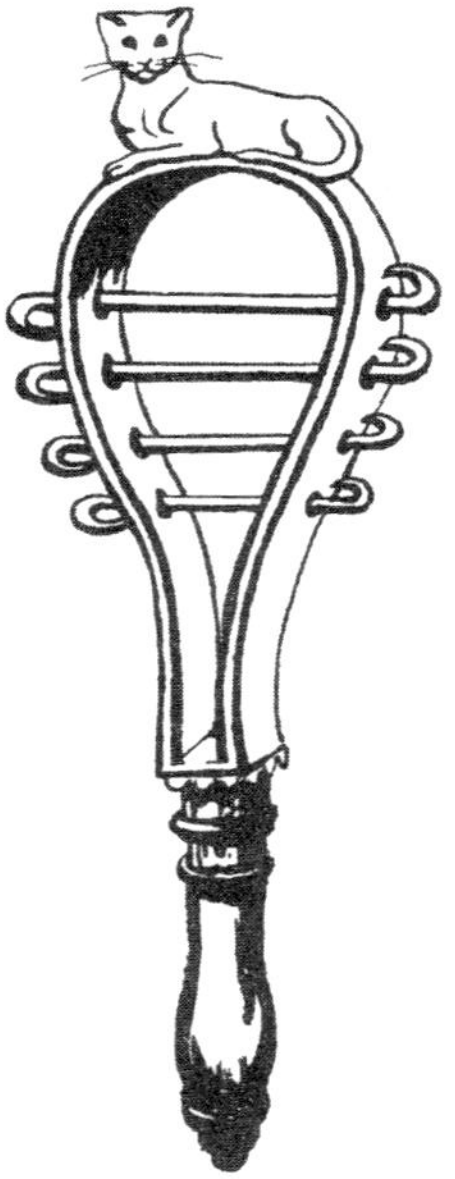

聖獣の猫の像をつけた古代のシストルムの例

ありとあらゆるものが破壊と再生をくり返し、生きとし生けるものすべては、地上のすべてを包み込みながら動いていく月のように、確かな秩序のもとに動いていることを表している。

月の象徴性を強調するために、猫はしばしば頭に三日月を載せた姿で登場するが、プルタルコスはその真意を明らかにしている。いわく、猫は「(1)毛の色の多様さ、(2)夜間の行動、(3)繁殖に精を出す特異な境遇」から見て、月の化身なのだ。

この3番目の特徴について、エジプト人はこう記している。「猫は最初に1匹の子猫を産み、次に2匹、さらに3匹というように、出産を経るたびに1匹ずつ産む子猫の数が増えていき、最高で7匹の子猫を産むので、月の満ち欠けによる光線の程度に応じて合計で28匹の子猫を産むことになる」。これを記録したプルタルコスは「作り話のようにも思えるが、月の満ち欠けに応じて猫の瞳孔も大きさを変えることを考えれば、時と場合によっては月と関連性があるのかもしれない」と述べている。

システルムを奏でるときには、柄の部分を右手で持つ(22頁の図を参照)。20頁に示すものが最も一般的な形状で、おもちゃのがらがらによく似ており、4本の真鍮あるいは鉄の棒が金属の枠を貫いている。それぞれの棒は固定されていないか、緩いリングによってとり付けられている。アプレイウス〔★訳注★二世紀のローマの哲学者、風刺作家〕の記述によれば、「システルムは青銅のがらがらで、湾曲した幅の狭い金属の板に4本の棒を渡したものであり、耳をつんざくような金属音を発する。3人が奏でる三重奏なので、かなり賑やかな音楽になる」という。システルムは、銀や金で作られることもある。

ウェルギリウスの『アエネイス』によると、シストルムは、エジプトでも軍隊を召集するときの道具として使われていた。だが、これはシストルムの俗化を意味するわけではない。信心深いエジプト人は、日常のあらゆる行動にシストルムをとり入れていたのだ。おそらく、恐るべきセクメトが体現する戦士としてのハトホルやイシスの武器とみなされていたのだろう。

なぜなら、猫は蛇と同じように「両極端は相通ず」もので、すべてが一つを包み込むことを絶えず思い起こさせるからだ。セクメトは外から見える姿によって鼓舞し、破壊する。天の女主人であり、西方の女摂政であるセクメトは、太陽神ラーの眼、太陽神シュウとテフヌトの母という神聖な側面ももっている。だが、彼女の地上での姿はギリシャの愛の女神アプロディテのような、若さ、快楽、美の女神であり、ローマの戦争の女神ベローナのような残酷で荒々しい姿を見せることもある。

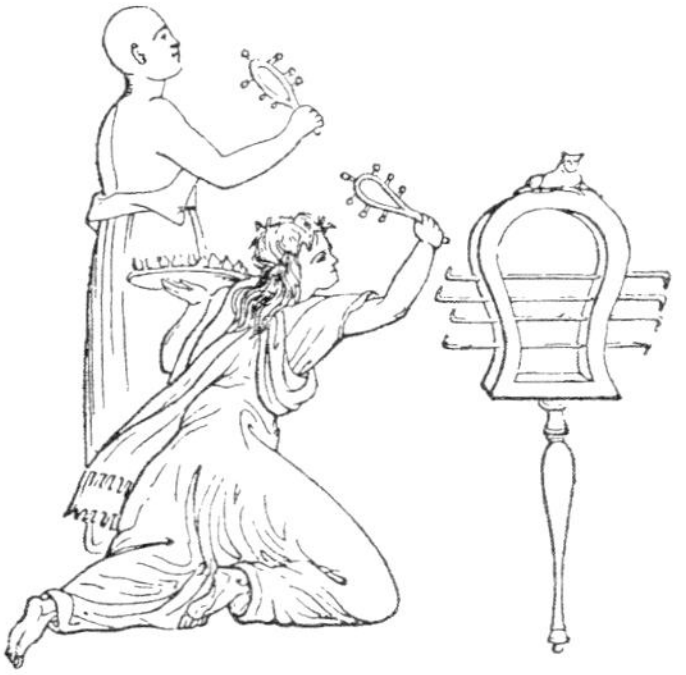

シストルムを振る祭司と巫女

なお、シストルムはエジプトだけで使われていたわけではない。セバの秘儀の輪舞でも使われている。その起源は古代の彼方に消えてしまったが、ミトラス教〔★訳注★ローマ帝国で流布したペルシア起源の神ミトラスを主神とする宗教〕の密儀から派生したと考えられている。このダンスは惑星が太陽のまわりを回る動きを象徴している。シストルムは現在でもエチオピアやヌビア（エチオピア南部からスーダン北部）で使われている。

キリスト教が生まれてまもなくイタリアに伝えられたイシス信仰によって、シストラムはローマ人にとってもなじみ深い楽器になった。ベスビオ山のふもとにあるポルティチで発見された2枚の絵には、イシスの祭司とひざまずく女がシストルムを振る姿が描かれている。

日本の芸者が演奏する三味線は猫の皮でできている。いまからさほど遠くない昔、東京の芸者は、三味線の重要な部分の材料として早すぎる死を迎える猫たちの魂を供養するために、お金をおさめた。この儀礼と高い評価からもわかるように、芸者が奏でる音楽と猫の関係はおそらくまったくの偶然ではなく、イシスのシストルムに猫を飾ることと同じ発想に基づくものだろう。

4章 猫と蛇

猫と蛇を表す文字は、エジプト最古の記号の一つといえるだろう。その原型には、のちの聖母マリアと竜《ドラゴン》に通じるものがあったようだ。

猫は、時代を超えた理想としての聖母マリアの母性を象徴している。また、時と場所によってイシス、アセト、ムトといったさまざまな現れ方をするエジプトの大母神も、しばしば堂々たる猫の姿で登場する。アセトは邪悪な蛇を攻撃するとき、猫に姿を変えるといわれている。この俗説から、エジプト人は、猫に毒蛇などの有毒な生き物に咬まれた人々を癒す力があると信じるようになった。

ほかの大母神もそうだが、アセトは最終的にエジプトの二重王冠をかぶった「神々の女王」ムトと習合したと考えられている。彼女はすべての神々を支配していた。それゆえムトのシンボルには雌ライオンが選ばれた。雌ライオンは、数多くの神の象徴となっていた猫族の長だからだ。

アセトの個性は、彼女自身の存在がかすんでしまうほどに大きい。というのも、彼女が蛇を退治する妙技は、太陽神ラーに起因するものだからだ。ラーは太陽の生命力を擬人化したものだが、そ

アペプを殺めるラー（フゥネフェルのパピルスより）

のラーと同じように、邪悪な力と戦うとき、アセトが猫の姿に身をやつしたのは実に興味深い。

戦場になったのは冥界で、蛇は生きている者だけではなく、死者の敵でもあったと考えられる。この死者の国の蛇の中で最も恐ろしい存在は、怪物レレクである。冥界の奥深く、暗闇に潜むレレクは、太陽神ラーとラーが昼の王国に連れていく光り輝くものたちの行く手をはばんだ。

レレクもまた、さまざまな姿と名前をもっている。中でも恐ろしいのは、アペプという名の巨大な蛇として現れたときだ。ラーがその頭を2つに裂き、骨を砕き、体を切り刻み、神々があらゆる罰を与えても、不死身のアペプはそのたびに生き返り、悪さをくり返すのだった。

日食のときには、光と闇、善と悪のあいだで激しい戦いがくり広げられた。恐れをなした人間たちは、ラーの身に迫った危機をはらはらしながら見守り、大声をあげ、シストルムを振って宿敵アペプを威嚇しようとした。ふいに眼を光らせ、毛の逆立った神聖な猫がアペプに襲いかかった。

血まみれになって八つ裂きにされたアペプは、暗闇の奥に逃げ帰った。

こうして日食が終わるたびに、エジプト人のこの動物への崇拝の念は高まるのだった。ときには猫を殺す者への仕返しを祭司が止めることもあったが、日食のあとにはいくら高い地位にある祭司といえども、それを阻止することはできなかった。

シチリア島生まれの歴史家ディオドロスは、紀元前1世紀にエジプトを旅行した際に、アレクサンドリアで猫を殺したローマの兵士が群集に捕らえられた様子を記録している。兵士にはローマ市民としての特権があり、ローマの復讐を恐れたエジプト国王が手を尽くしたにもかかわらず、この兵士は処刑された。

この事件は、猫にまつわる印象的な詩の中でも触れられている。

時は移ろいて
ナイルがまだ若く、英国の野蛮人が大青《たいせい》で皮膚を染め
獣のように森や洞穴に身をひそめていたころ
狼と熊の戦いの日々の中
偉大なるオーロックス〔★訳注★原牛とも呼ばれる。かつてヨーロッパやアジアなどに生息し、現在の家畜牛の祖先と言われる〕よ！
汝、神聖なる君、太古の教えに通じた祭司
捧げ物を与えよ、富めるも貧しきも、つつましくこうべをたれる者たちも

踊りながら王のもとへと歩み出せ、黄金の魔除けを身につけた巫女たちよ
黄金の玉座にもたれかかる汝
地上での時は終わり
偉大な王もまた、この世を去る
プタハ＝セケル＝アサルが汝を呼ぶ〔★訳注★復活の三位一体の神〕
悪賢い職人たちは汝の細い体を最高級の布でくるみ
希少な香辛料をかけ、宝石を飾り、王の霊廟に集う
エジプトは厄日に滅び
ローマの鷲どもはナイルの黄色い砂の空を威嚇しつつ飛びまわり……
不敬にも汝に襲いかかる……
未だ、エジプトの魂は滅びず、未だ！
「ローマ人が猫を殺したぞ！」……やつは血に飢えている……
ローマの恐ろしささえ忘れた浅黒い肌の者たちは
殺到せよ、そこかしこの路地から叫び出て
報復せよ……
鼻持ちならないローマ人め、死の味をしめていたな
……なんといっても、やつは猫を殺めたのだ！

遠く過ぎ去れ、異教徒の時代よ！
われわれの頭上に降り注げ、文明の恩恵よ
おおバステトよ、時空を超えて地を見下ろせば
目に映るだろう
街の片隅で脅え、うずくまる汝の子どもたちが！
若い悪党どもはうさ晴らしの餌食とし
冷血漢の拷問者たちは、あの柔らかな四肢を痛めつけ
またある者は科学の名のもと
致死性ガスで窒息させ、もがき苦しませ、死に追いやる
白衣の学者は笑みを浮かべ、彼らの苦しむさまを記録する
そして震え、呆然と立ちつくす、軍服の兵士たち……
それでも魂は、まず抗議の声などあげはしない！
我らは異教徒ではない、ナイルの息子たちと同じように！
感謝しようじゃないか、我らはやつらとは違うのだ！

（H・C・ブルック『アビシニアン・キャットに続く血統』1925年より）

「太陽の猫」と「闇の蛇」の闘いは、アーネスト・ウォリス・バッジ〔★訳注★英国のセム語学者、考古学者〕が翻訳したネブ

テーバイのケンスの神殿でお香を持つ PA-KHAT-KHERT-HERU の棺の絵より
（紀元前 900 年ごろ）

セニのパピルスの文章に鮮やかに描かれている。そこにはラー自身の言葉がある。「私はアニ（ヘリオポリス）のワニナシの木のそばで戦った猫であり、その夜、ネブ・エル・チェルの天敵は滅ぼされた」

この文章の言いまわしには、あいまいな部分がある。もう一人の権威であるサミュエル・バーチ（★訳注★1813・1885 英国のエジプト学者、古物収集家）の解釈は、バッジと若干異なっている。「私はヘリオポリスのワニナシの泉に住む偉大な猫である。夜にはよこしまな輩どもが闘い、昼には神の敵をすべて絞め殺す」

ネブセニのパピルスの17章の挿絵は、闇の蛇アペプを退治する、猫に姿を変えた太陽神（偉大なる猫、ラー、シュウとして知られる）である。カール・ブラインドによれば、この儀式書は紀元前2500年、あるいはそれ以前のエジプト第12王朝の時代においてもすでに古典となっていた。そしてそこには、太陽神自らが、猫を自分の象徴として採用したと説明する注釈がついていた。

バッジは「雄猫はラーであり、神サアが語った話が彼に関係していたことから、〝マウ（猫）〟と呼ばれた。あるいはセブの所有権をオシリスに譲ったシュウであるとの説もある」という。

『死者の書』の33章は、レレク、すなわちアペプの撃退について書かれたものだ。死者がセブやシュウの名を口にすれば、アペプは死者を傷つける力を奪われた。死者はレレクに立つよう命じ、餌として太陽神ラーが忌み嫌っていたネズミと「汚れた猫」の骨を与えることを約束した。

「汝、蛇のレレクよ、ここまで来てはならない。セブとシュウを見よ。いま静かに立て。そうしてラーが嫌ったネズミを食らい、汚れた猫の骨を噛み砕け」

アペプを殺めるラー（『死者の書』より）

一般に、猫はラーの象徴であり、闇の蛇を殺すという役割を担っている。したがって、この文章の意味を説明することは難しい。ただ、この死者は勝ち目のない天敵にへつらうことで、相手の敵意を和らげようとしているとも考えられる。ここで死者は、レレクが太陽神である猫を食らうだけでなく、猫の餌であるネズミも食べるべきだと断言している。闇は太陽を呑み込み、灰色の雲が太陽の餌食になるのだ。

これに関しては、エジプトの神話に数多く見られる明らかな矛盾としてとらえるほうが、より説得力のある解釈といえるだろう。蛇は、太陽神である聖なる猫に滅ぼされた悪や闇だけを意味しない。とりわけ太陽がラー＝アトゥムとなって冥界の闇に入っていく落日のとき、蛇は太陽神自らの象徴でもあった。

一方、ラーの妻セクメトの象徴としてとらえられる猫は、破壊と混沌の化身であった（2章参照）。F・W・リードは『アムドゥアト書（冥界にいるものの書）』に触れ、「地上でラーに十分な忠誠を尽くさなかった者は、死後、ラーがアペプに課した罰を共有させられることを匂わせている」と指摘する。

エジプト人がキリスト教を受容するようになったとき、アメンティ（冥界）の象徴が冥界の支配者ハデスへと明確に変化したことを考えれば、後世のエジプト人が、死後の世界を、リードを指摘するようなものとして解釈していたことは明らかだ。それを証明するために、バッジは、グノーシス派の教義本『ピスティス・ソフィア』第1巻より次の文章を引用している。

「イエスは聖母マリアに言った。外なる闇は大蛇であり、大蛇は自らの尾を口にくわえている。それは全世界の外側にあり、全世界をとり囲んでいる。そこには懲罰の場所が数多くあり、重い刑罰が課せられる12の広間がある。各広間には長がいるが、それぞれの顔は隣の広間の長と異なっている。……2番目の広間の長のほんとうの顔は猫なので、ハラハル（kharakhar）と呼ばれる……11番目の広間には大勢の長がいて、7つの頭があり、それぞれがほんとうの顔として猫の顔をもっているが、中でも最も偉大な長がそのほかの長を支配しており、彼はロハル（Rokhar）と呼ばれる……これら12名の長は外の暗闇では蛇となり、時間によって異なる名前をもち、顔を変えていく」

この引用個所から、いくつかの懲罰の広間を担当する猫の顔をした長たちが、周囲をとりまく闇の蛇の体内にひそんでいることがわかる。猫と蛇は、たがいに協力しながらラーによる報復を実行しているのだ。

読者は困惑するかもしれないが、こういったイメージの矛盾は偶然の産物ではない。魔術（オカルト）のシンボリズムにおいては、よく見られる特徴だ。そこには深い意味が込められている。むしろ極端なものの調和を示すことで、聖職者のような秘儀伝授者は、言葉に表せない霊的な真実なり神秘なりを受容する知性を培ったのである。

古代の神聖なシンボルを解釈するためには、それらが発見された背景と環境と考慮に入れることが重要だろう。そこには常に、大衆にもわかりやすい意味と秘密の教えが隠されているものだ。

ここで比較のために、北欧神話をとりあげてみよう。巨人族の国ヨトゥンヘイムを訪れた雷神トールが、巨人の王ウトガルド・ロキにかつがれた物語である。

ウトガルド・ロキは、子どもたちの飼い猫を地面から持ち上げるようトールに命じる。だがトールがいくらがんばっても、猫の脚を1本持ち上げるのがやっとだった。のちにウトガルド・ロキは、「実はその猫の正体は、巨人界ミッドガルドに棲む、地上を包囲できるほどの大蛇なのだ」と打ち明けた。

猫と蛇は、同じ寓意に登場する2つの形にすぎない。どちらも「神は万物」という真実を表しているのだ。それぞれが善と悪という二元的な、敵対する勢力を示している。神話の世界では、丸くなった猫（あるいはとぐろを巻く蛇）というシンボルの根底にある思想が重視され、強調されている。悪の本質は善から生まれ、善の本質は悪から生まれる。醜は美から生まれ、美は醜から生まれるのである。

すべての自然現象は、この寓意を裏づけている。あるいは自然現象こそが、この考えを生み出したともいえる。夜は昼から、昼は夜から、光は闇から、闇は光から、冷気は熱から、熱は冷気から、生命は死から、死は生命から生まれるのだから。

蛇が猫の尻尾を見つけて噛みついたとしても、猫は体を丸めてくつろいでいる。それは自然の中の神性、永遠、普遍性、完結の表意文字だ。それはオーム〔★訳注★バラモン教の聖典ヴェーダを読経する前後、あるいはマントラ祈りを始める前に唱える聖音〕という秘密の名前をもち、あらゆる祈りを超えた祈り、確かな言葉を必要としない祈りを表しているのだ。

5章　猫とイシスの謎

太古の昔、魔女が駆使した恐るべき力を理解するためには、そもそも魔女が、すべての生物の大母神である月の女神イシス、ディアナ、ルナの、巫女や祭司であったことを忘れてはならない。魔女が自らそう主張し、また彼女らがくり出す魔力は、この女神が司る月から来るものと信じられていた。

その魔力は多様で、影響は広範囲に及んだ。古代の錬金術師は「人体は小宇宙であり、太陽は心臓に当たり、月は脳に当たる」と説いた。

その結果、luna（月）は精神錯乱を招くものとみなされた。いまでもlunacy、lunatic（狂気、狂気の）といった言葉にその名残を見出すことができる。心を病んだ人の精神状態が満月の夜にいっそう悪化するという症例は、どの時代にも数多く残されている。しかし、月の満ち欠けに影響を受ける臓器は脳だけではない。骨髄や体重も、満ち欠けにしたがって増減すると考えられていた。

実際、月の影響を免れるものはほとんどない。木の樹液の循環、ワインやトウモロコシの品質などもその一つだ。だから月が教えるタイミングにしたがって樹木を伐採し、葡萄の果汁を絞り、作物を収穫するべきだとされていた。それを逃せば、材木もワインもほかの作物も、品質の良いものはできないというわけだ。とりわけ潮の干満に対する月の影響は、まだその原因が解明される以前から観察されていた。これは月が天候に影響するという考えの根拠にもなった。

月の魔力にまつわる逸話を集めれば、すぐに1冊の本ができるだろう。月の影響は、実にさまざまな方面に及ぶと考えられていた。そしてその多様な潜在能力は、魔女や魔術師（かつては月の系譜にいたものの堕落し、邪悪な生き残りとなったものたち）の支配下にあるとされたのだ。シェイクスピアは『あらし』でこの点に触れている。

こいつの母親は強い力を持つ魔女だった
月を操って、潮の干満を起こし
月の力を超えた支配力をふるっていた

遠い昔から、人間が魔力を手に入れ、制御できるという考え方はかなり広がっていた。宗教学に通じている人なら、難なくその原点を探ることができるだろう。なるほど、あまねく存在する水は、神の母性の象徴である。それがビーナス、あるいは聖母マリアとして擬人化されようとも、本質的な性質は変わらない。愛の神の母は海の女王であり、船乗りたちを守る女神である。彼女は海と同じように青い。神の力は海水を動かし、そこに反映され、実質的な現象を引き起こす。

マリア、マライアという名前はヘブライ語で「鏡」を意味する。また、ブッダの母のマヤという名前は「幻想」を表わしている。ともに実体のなさを伝えるものであり、深海の懐に映し出された一見ホンモノかと錯覚するような、非現実的かつ反転した姿によって、完璧に象徴化されるものである。

そのような例を挙げればきりがないので、これくらいにとどめておこう。いずれにしても、神聖な海は、水と月を擬人化した女神――潮の干満を支配する――に仕える祭司や巫女に従うものと考えられていた。

さて、すでに触れたように、古代の人々は猫と月を強く結びつけて考えていた。したがって、魔女が嵐を起こそうとするときに猫に姿を変え、その得体の知れない猫を、船乗りたちが猫に化けた魔女として「目撃した」としても、意外ではないだろう。海の男たちが、凪のとき水面にさざ波をつくって嵐が近いことを告げるそよ風を「猫の足」と呼ぶのもそのためだ。実際にはさほど強い風が吹かなかったとしても、猫が跳ねまわるのは強風の前兆といわれている。

またよく知られているように、スコットランドでは、猫がテーブルや椅子の脚を引っかくことを「風を起こす」と呼んでいる。ジェイムズ・マクドナルドは「スコットランド人の母親が娘に『その獣を外に追い出しなさい。その子は風を起こすのよ。猫がいる日には、干し草はいっさい持ち帰らないように』と言い聞かせているのを耳にした」という。

猫という言葉は、さまざまな言語で海にまつわる単語に使われている。英語には、cat-block（キャットブロック、吊錨滑車）、cat-boat（一本マストの小帆船）、cat-harping（キャットハーピン）、cat-tail（ガマ：植物）など、接頭辞にcatがつく単語が数え切れないほどある。

ときには船そのものを猫としてとらえることもある。たとえば、ノルウェーの船舶や、1804年にフランスと戦争中の英国が採用した平底の消防艇などだ。ディック・ウィッティントン〔★訳注★英国の商人。13歳で猫とともにロンドンに出て徒弟となり、教会の鐘の音を聞いてロンドンに踏みとどまり、後にロンドン市長を務めた〕に巨万の富をもたらした「猫」も、実は船だったという説がある。この場合は石炭船と貿易船という意味をもっていたわけだ。

　この聖獣の名を大切に扱おうとする考え方は、おそらくエジプトの神話の影響を受けたものだ。それがイタリアに渡り、ヨーロッパの思想に浸透し、船舶用語にとり入れられたと考えられる。その背景には、イシスに助けを求め、イ

月を掲げ、魔術師の支配者であることを示す、猫の耳をもった像（1868年）

シスの巫女たちに、イシスのために用意した船を守るよう請い願う意図がうかがえる。

ヨーロッパでは、船を破壊するのは魔女だと考えられていた（英国の裁判所の記録にしばしば重大な事件として記録されている）。だが、船乗りたちが深海の女王にそのような頼みごとをしたとは思えないし、女王の信者たちは神聖な船が冒涜されることに正当な怒りを覚えたはずだ。

ノーマン・マクラウド〔★訳注★１８１２・１８７２　スコットランドの聖職者、作家〕が取り上げた次の伝説には、スコットランドのマル島の魔女たちが登場する。彼女らは猫に化けて敵の船を海底に沈めたといわれているが、これは宗教的あるいは愛国的な動機によって広められたものと思われる。

「スペイン王は、娘ヴィオラをデュアート城のマクリーン夫人に殺された。王は復讐するべく軍艦を送りこんだ。すると地元の魔女はみな猫に姿を変え、呪われた軍艦の支策（マストの先端から張るロープ）の上に群がって軍艦を沈めようとした。だが、軍艦の艦長には少しばかり魔術の心得があったので、魔女たちのよからぬ企みを防ぐことができた。勝ち目がないと見た魔女たちは、ハイランドの魔女の女王、モイのガルマル（Great Garmal of Moy）に助けを求めた。女王は見たことのないような巨大な猫となり、軍艦のマストの頂に現れた。そして彼女が呪文を口にするやいなや、軍艦は小石のように海底に沈んでしまった」

次に挙げるジョン・グレゴーソン・キャンベル〔★訳注★１８３４・１８９１　スコットランド西部タイリー島の牧師、民俗学者〕がとりあげたスカイ島の物語は、一風変わっている。魔女が猫に化けて船をだます様子が描かれているのだが、これにはエジプトの影響があることがよくわかる。

「ある晩、ある男が、夜な夜な外出する妻の行き先を突き止めようと思い、こっそりあとをつけた。妻は猫に姿を変え、悪魔の名を唱えながらほかの7匹の猫といっしょに老朽船に乗って海に漕ぎ出した。妻は魔女だったのだ。それを見た男は、三位一体の神の名を唱えてその舟を転覆させた」

レジナルド・スコット〔★訳注★1538-1599 英国の作家〕によれば、魔女は「海が大しけのときでも、卵の殻やザルガイやイガイの中に入れば海を渡り、海中を進むことができる」と信じられていたという。だが、魔女が好む器はカゴやザルだ。これは女神イシスのイメージの一つであり、グノーシス主義の宝飾品にも彫り込まれている。もうおわかりだろうが、カゴやザルのイメージは、イシスが敵対するセトに殺されて切断された夫オシリスのなきがらを拾い集めたという物語から生まれた。

セトは、ギリシャではテュポンとして知られている（typhon は暴風、typhoon はハリケーンの意味）。キリスト教の教会は、異教の神々を地獄の住人とみなす方針に従い、ザルをイメージさせるイシスを悪魔に変えてしまった。それが男神であれ女神であれ、エホバを除く古代の神々すべての代表者となったのだ。

ザルにまつわる物語はあらゆる場所で見られる。どこでも手に入るザルは、イシスの聖なるシンボル・水を満たした海で、悪魔（かつてはイシスの巫女だった）の心酔者を増やしたり、悪魔そのものを育てたりするのに最も有効な道具と考えられていたのである。

海での悪魔のしわざをとりあげるとき、古代の宇宙進化論とキリスト教の二元論における悪魔との関係を思い起こさずにはいられない。悪魔は「オールド・ニック」という呼び名で知られている。

廃墟となったイシスの神殿

また、海と川の神ニクサNicksa、あるいはニクサスNixasは、ネプチューンやイシスに共通する特徴をもっている。この神はかつてバルト海沿岸の地方で崇拝されていたが、暗い海で大嵐が荒れ狂っているときには人類の敵として不気味な姿を見せた。これは「空中に勢力をもつ者（『新約聖書』エペソ人への手紙2章2節）」と同一視されており、魔女や魔術師を荒っぽい空の旅へと導き、嵐の支配権を与えた。

ところで、聖人テオドルス〔★訳注★602・690　カンタベリー大司教となり、英国国教会を統一した〕が制定した英国の初期の教会法は、嵐を起こすべく悪魔に祈りを捧げた人々を罰するためのものだった。

それから百年以上ののち、フランク王国の国王カール大帝が制定した法律のもとでは、大気をかき乱し大嵐を引き起こす悪魔が死刑に処されている。またローマ教皇インノケンティウス8世は、１４８４

年に制定した大勅書において、魔術師をあからさまに糾弾した。
魔女はこのような迷信を利用して、ついには金とひきかえに船乗りに有利な風を起こすようになったのだ。１６００年、トーマス・ナッシュは戯曲『サマーの遺言状』の中で当時の様子をこう記している。

アイルランドでもデンマークでも
魔女たちは金欲しさに風を人間に売りつける
ナプキンの端に金を包めば
彼は風に乗ってどんな海岸にも無事たどりつくことができるだろう
（『サマーの遺言状』）

嵐を起こすとき、魔女や魔術師は猫に化ける必要はなかったようだ。さまざまな記録を見ると、ふつうの猫を使えばそれと同じくらい高い効果をもたらしていたことがわかる。ハイランドの住人たちは、出航した舟の速度を上げるべく風を起こすために、猫を火中に引きまわしたという。ときには凝った儀式を行うことで、望ましい成果をあげたこともあった。たとえばジェームズ１世とアン女王を乗せた船がそうだ。船はデンマークからスコットランドに向かっていた。悪魔はこれを沈めようと企み、猫に洗礼を施して「オーラ！」と叫びながら海に放つよう、手下の魔術師や魔女たちに命じた。そうすれば嵐が起きるというわけだ。

これを実行に移したのが、スコットランド東部ロジアンのサルトパンスにある学校の校長ジョン・フィアン・アライアス・カニンガムだった。神の思し召しによって魔術界に君臨したアグネス・サンプソン〔★訳注★英国で魔女裁判の被告になった女性〕は、彼についてこう表現している。

――フィアンは左の肘が触れるくらい、かってないほど悪魔に近づいた男である。１５９０年、トランネットの猫を追いまわしたことで有罪となった。フィアンはまたたく間に地上から舞い上がり、猫と同じような身軽さであぜ道の上高く跳躍した。何のために猫を追いまわしたのかと尋問されたフィアンは、集会で「悪魔がその場に集まった全員に、猫を連れていけと命じたのだ」と答えた。悪魔に従順なフィアンは言われたとおりに猫を追いかけ、海辺に追い詰め、嵐を起こして海上の船を転覆させた――。

『スコットランド便り／高名な魔術師、ドクター・フィアンの忌まわしい生きざまを断じる』と題した小冊子にも、ジョン・フィアンについての記述がある。彼は「悪魔の一員に登録され、ノース＝バリック・カークにおいて、大勢の悪名高き魔女たちの前で幾度となく教えを説き」、さらに「この博士と魔女たちは……デンマークから戻る船上で陛下に魔法をかけ、溺れさせようと企んだ。こんな不思議な話は聞いたことがない」

フィアンが有罪となった罪状によれば、ある晩「全身黒ずくめで、片手に白い杖を持った」悪魔が彼の前に現れた。悪魔はフィアンが最初に行った誓約に従って「これからも誠実に勤め続けるつもりかと訊ねた。フィアンは面と向かい、悪魔とは完全に縁を切ると宣言した。そして『悪魔よ、近寄るな―私はすべてを捨てたのだ』と告げた」。しかし、その主張は無視され、フィアンは怒り狂ったジェームズ1世とその忠告者たちの命令によって、激しい拷問を受けた。「1591年1月末の土曜日、エジンバラのキャッスルヒルで、まず荷車に乗せられ、喉を絞められたのち、あらかじめ用意された燃え盛る炎に放り込まれて火あぶりにされた」

猫を使って嵐を起こすという趣向を凝らした儀式は、ジョン・フィアンと同じ魔女の集団に属していたライトの『スコットランド便り』によれば、

――魔女の中でも年長のアグネス・サンプソンは、ハリインド・ハウスに連れていかれ、スコットランド王と貴族の面々で尋問を受けた。しかし彼らがいくら問いつめてもサンプソンは口を割ることなく、問われた罪をことごとく否定した。その後サンプソンは、魔女を懲らしめるために行われているスコットランド式の拷問を受けた。

サンプソンは再び王と貴族たちの前に連れていかれ、魔女たちの忌まわしい集会や取り引きについて尋問を受けた。そして、総勢200人ほどの魔女たちとともに海に向かった。それぞれがたくさんのワインを持ってカゴやザルに乗りこみ、陽気にワインを飲みながらノースバリック（North Barrick）をめざし、上陸した。

「王がサンプソンの告白に感嘆した」こと自体はさほど意外とはいえない。だがアグネスは王や貴

族たちに、それ以外にもさまざまな驚異を話して聞かせた。

――国王がデンマークに滞在したとき、サンプソン一行は猫を連れていって洗礼し、猫の体の各部分と男の死体に何本かの骨を結びつけた。その夜、魔女たちはカゴに乗ってその猫を海に運び、スコットランドのリースという町に置き去りにした。すると、それまで見たこともないような大嵐が起こり、ブラント島の町からやってきた小舟や船が次々に難破した。船には、リースを訪れたスコットランドの新しい女王に献上するための、大量の宝石や高価な贈り物が積まれていた。

再びサンプソンは告白した。デンマークからやってきた貴族たちは、なんとも不思議なことに、その猫のせいで自分たちが乗った船が、同行するほかの船とは逆向きの風を受けたことを知った。ほかの船がみな順風を受けて進んでいたときに、その船だけがまったく逆方向の風を受けたのだ。さらにサンプソンは、王は、貴族たちを従わせるほどの強い信念をもたない限り、無事に陸に上がることはできないだろうと断言した――。

魔女の不思議な技を記録した法的な文書には、魔女が乗り込んだカゴ以外の詳細がすべて記されている。プレストンパンズの魔女団は、リースの魔女団に宛てて「全世界を吹き荒らすような嵐を海上に起こす」よう忠告する手紙を送った。そこには、猫を使って嵐を起こす方法が示されていた。

スフィンクスと猫　第12王朝（紀元前650-950年頃）（大英博物館）

6章 カルデアおよびエジプトの魔術信仰における猫

太古の昔からこんにちに至るまで、原始的な生活を営む人々は「見えざる偉大なもの」に恐れを抱いてきた。自然の破壊力や人々のあいだのさまざまなトラブルは、悪霊や敵対する神々によって支配されていることを示唆している。

霊的な敵は目に見えない。だから物理的な武器は役に立たない。つまり魔術は、霊的な武器を考案する必要に迫られて発展した。魔法や呪文といった「武器」がつくられ、日々の非常事態に応じて変化していったのである。

やがてこのような防御策があまりにも増えてしまい、最も重要なもの以外、一般人にはとても覚えきれなくなってしまった。そこで魔術を扱う聖職者が、特別な訓練なり知識なりの習得に励むようになったのである。

その聖職者の影響のもとで、悪魔信仰はやがて二元的なものになっていく。悪霊と善霊の両方が認められるようになったのだ。そして闇から生まれた神々は、魔術師にそそのかされて地獄との戦いに加担するようになった。こうした神々の加護は大いに歓迎されるが、いったん魔力の味を知ってしまった人間は神にさえ従おうとはせず、自分よりも偉大な存在を支配する「新しくて科学的な」武器を次々に考案していく。

ところで、古代ギリシア・ローマで突出した地位を占め、中世の英国のデカダンスで復活した科学的な魔術の源は、エジプトとカルデアにある。となれば、この2つの教義の根本的な違いに目を向け、後世の魔術につながる2本の鎖の関連性をつかんでおくべきだろう。

アッカド人、カルデア人は、人間は特定の儀式と呪文によって悪霊をあやつり、さらには比較的力の弱い神々を自分に従わせることができると信じていた。「神あるいは魔性の源から、霊を支配するのに必要な超自然的な力を引き出せるかもしれない」と。

確かに人間は、善と悪の源が一つであることを認識していた。断片的に残されている古代の宗教に関する記録にも「ナムタルのような忌まわしい悪霊たちも、ニンダル（Nin-dar）のような慈悲深い神々も、みなムル＝ゲ（Mul-ge）から生まれた」（ルノルマン〔★訳注★フランスの考古学者〕）とある。

アッカド人は神の加護を求めるとき、偉大な神々から力を授かった聖職者たちを訪ねた。この力は強引に奪うのではなく、嘆願することによって得られるもので、その用途は善行のみに限られた。現在残されている文献から読みとれるのは、神の魔術の手法と呪文だけだ。悪魔の側面は厳しく非難されていることからも、悪魔の恐ろしさの一端をうかがうことができる。

古代カルデアは邪悪な魔女と男魔法使いの巣窟であり、その姿は碑文にも数多く描かれている。

興味深いことに、キリスト教下の英国では、魔女や男魔法使いはヘカテの娘たちと似通った能力と手法をもっていると考えられていた。

メディア人のマジズム（魔術信仰）の原点は、主にカルデアとアッシリアの宗教にある。したがってこれらの宗教は、中世の魔術形成の基盤を理解する上で役に立つ。メディア人は、ザルバナ＝アカラナ（Zarvana-Akarana）という共通の親から生まれた善と悪の両方を象徴する2種類の神を想定しており、祭壇では両方を同じように崇めていた。この宗派では、化身や悪霊の力を借りて行う呪術が大いに発展した。

メディア王国が戦争のさなかにあったころ、魔術師オスタネスの書物がギリシャに広まった。どうやらそれは、最高位の魔術師だけが知る機密、つまり死者の霊や地獄の悪霊を呼び出す技術を教えるものだったようだ。

魔術《マギ》を扱う聖職者は、ペルシア全土に広まった。彼らは良き魔法使いであり、魔術師であるとみなされた。だからこそ「魔術《マジック》」という言葉は、こんにちのような魅惑的な意味を獲得したのであろう。

ルノルマンは、カルデアとメディアのマジズム、それにフィンランドの神話に、特筆すべき関連性があると指摘した。彼は「中世になるまでキリスト教を受け入れなかった未開の地フィンランドと、キリスト教が広まる１５００年も前に壊滅したアッカド・カルデアは、時空を隔てているにもかかわらず実に多くの神々が、名前こそ違え同じ性格をもち、一部の呪文に完璧な類似点があること」を発見し、驚愕した。ということは、フィンランドに目を向ければ、カルデアのマジズムを覆い隠す靄を払いのけることができるかもしれない。

アッカドでは、魔術を扱う聖職者は、魔術の最高の秘儀を誤用・悪用するとされていた邪悪な呪術師と明確に区別されていた。そして用途の善悪にかかわらず、呪文や魔術の儀式には絶対的な力が宿ると考えられていた。大地と大気、目に見える世界と見えない世界、水と火は魔力の支配下にあり、死者をよみがえらせて生きている者に苦痛を与え、最も強力な神々に従って行動し、その神々の力を中和し、ときには抑えつけることさえあるというわけだ。

フィンランドの詩には、猫に見られる強力な呪術の効果が描かれている。また、後世の魔女の絵にしばしば見られるように、猫は荷物の運び手として描かれた。

A

A. セクメトあるいはバステト。第18王朝～第30王朝。青い釉薬が剥げ落ち、衣服から男神と想像されるが、頭部は女神そのもの

B

B. バステト。第18王朝～第30王朝。青銅。シストルムとカゴと盾を持っている。（フリンダー・パトリー教授の「魔除け」より）

だが日常生活のいかなる状況でも、猫を荷物の運搬用の動物として使うことはあり得ない。オカルティズム（神秘主義）でそのような見方がされているのは、実に驚くべきことだ。あの小さな体で荷物を運べるわけがないし、たとえ、猫の体がその作業にふさわしい大きさになることを思い描いたとしても、自由をこよなく愛する猫の性質は超えがたい障壁である。もっとも、猫に備わっていると思われていた透視能力が、こうした想像の飛躍を生んだのかもしれない。

フィンランドの民族叙事詩『カレワラ』は、青年レンミンカイネンが駆使する魔法とその後のてんまつを描いている。レンミンカイネンは、大勢の人々が談笑し、歌っている家に入っていった。「人々は、うすよごれた猫に引かれた橇に乗った。すると猫は、全速力でさいはてのポホヨラ（暗闇と悪霊の世界）に向かって出発し、ラップランドの広大な砂漠にたどりついた。だがそこでは馬のひづめの音も聞こえず、ロバの子に食ませる牧草もない……そこでレンミンカイネンは呪文を唱え、若者、老人、壮年期の男たちをからかった」

フィンランドの神話では、あらゆる困難の原因を悪霊と関連づけている。そして『カレワラ』に登場する悪霊ヒーシに見られるように、悪の本質を擬人化している。ヒーシの妻、子どもたち、馬、猫、犬、使用人もまた、彼と同じように醜く邪悪なものとして登場する。そんな家族の中で、ヒーシの猫ヒーデン・キサ（Hiiden-Kissa）は最も好ましい存在のように思われる。行く先々で恐ろしいことを引き起こすとはいえ、泥棒たちに自らが犯した悪事を白状させたりもする。つまり、魔法を善行に使っているのだ。

呪術師たちはこのような悪霊としばしば交流し、ほとんどの魔力を彼らから手に入れている。しかしルノルマンはこう言っている。「魔術をあやつる聖職者たちは、この交流を霊的狂気と神聖な呪文のみによって行い、独自の手法によって善良な霊的存在の力を借り」悪魔を追い払った。また、「彼らが唱える呪文の多くは、邪悪な霊と魔法を撃退し、清らかな霊の助けを求めることを目的としていた」

猫と子猫の魔除け。青い釉薬を塗った磁器（紀元前600年頃）（大英博物館）

さらに、「フィンランドで病の悪魔払いのときに唱える呪文は、同様の目的で唱えるアッカドの呪文とまったく同じ精神、同じ資料をもとにつくられている。フィンランドとアッカドの魔術は同じグループに属し、その言葉にも驚くような類似点がひんぱんに見られる。これとは対照的に、エジプトの呪文は超自然的な世界について、フィンランドやアッカドとは非常に異なる思考をもとに作られており、まったく異質なものと考えられる」とも言っている。

エジプトの文献には、カルデア人が鎮めようとしたり、追い払おうとしたり、支配しようとした自然の精霊への信仰に関する記述は見られない。エジプト人の考える魔術はまったく異質な原理に基づくもので、この世界を無限の存在から生じた一つの階層とみなしている。このシステムによれば、人間自身はオカルトの科学や清めの儀式によって神に近づくことが可能であり、神と一体化することで自分より下の階級の存在を支配できるようになるというのだ。

カルデアの典礼と同じく、エジプトでも魔術の呪文やまじないは広く普及していた。したがって私たちは、中世の魔術の暗い通路の扉を開く鍵をエジプトに見出し、思いもよらぬ光で照らし出すことができるかもしれない。

女神イシスは「魔女の女王」で、彼女のもつ魔力の大半は呪文やまじないから得たものだった。バッジによれば「イシスは徹底的に訓練され、完璧な呪文を唱えた」という。ブバスティスの猫、テーバイの雄羊、メンフィスとヘリオポリスの雄牛、それにエドフのホルス神殿のタカも、長きにわたって各都市で崇拝されてはいたが、バステト、アモン、プタハ、ホルスといった神々はそれを凌駕した。それまで人として描かれていた神々の理想像を、これらの神々が大きく変えたことは疑いの余地がない。

人間を越えた神のイメージは先史時代、文明の黎明期にあったリビアの人々によってもたらされたと推測される。異なる民族の融合とともに各民族の神が習合し、その結果、動物の頭をもつ人間の姿をした異様な神が生まれ、ローマ時代までエジプト人に崇められた。いまもなお残っている聖獣の姿をした無数の魔除けの像が、それを証明している。

フリンダーズ・ピートリー（★訳注★1853-1942 英国のエジプト学者）は、ロンドン大学ユニヴァーシティカレッジ所蔵のエジプトの魔除け像のコレクションに詳細な解説を寄せている。そこには興味深い事例が数多く見られる。それらの像は、ホルスの眼を表わす記号「ウジャト」を意味し、猫の姿をした古代の神への尊敬の念を示している。

ピートリーの目録にあるのは以下のとおりである。「i4ic：青緑色の光沢のある背中の平らな19匹の猫、瞳孔の上にウジャト、i4id：青と黒の光沢のある13匹の猫、i4ie: 青と黒の光沢のある9匹の猫」

ピートリーはこれらの像を第23王朝の作品と考えているが、ホルスの眼であるウジャトが太陽と月を意味することを指摘するだけで、そのシンボリズムに関しては何も説明していない。猫の数にも何かしらの意味があることは確かであり、猫に関連性のある9という数字もその一つだ。さらにウジャトは「四角形の両目、あるいは片目だけに名前が刻まれた7人組の女神と関係がある」という。この7人の女神には、猫の頭をしたバステトとセクメトも含まれる。バステトもセクメトも、数多くの魔除け像に見られるが、どちらもイシスの一面であることを考えれば、それも当然といえるだろう。

エジプト人は、自然、超自然を問わず、あらゆる悪からわが身を守る力をもつ猫を深く信仰していた。ただし、猫の魔除け像が手に入らなくてもお守りやまじないに頼ったし、後世には神々の降臨を請えばそれで事足りた。悪霊は、無防備な状態の人間を悩ませたり傷つけたりする。人々はその悪霊を追い払うために猫に姿を変えて、邪悪なアペプを滅ぼす太陽神ラーに祈りを捧げ、悪霊が犯した悪事を伝えるのである。

エジプト人は神々について瞑想するとき、自分が抱える問題につながるような神の逸話を思い起こし、その神だけに呼びかけることがある。たとえばサソリに刺されたときには、猫の女神バステトのことを思い浮かべる。バステトは旅の途中、同じようにサソリに襲われる不運に見舞われて命の危険にさらされた。しかしトトから学んだ呪文を唱えることで、ただちに太陽神ラーの助けを得ることができたのである。そこで猛毒のサソリに刺されたエジプト人は、すぐさまバステトのドラマを再現し、こう呼びかける。

「おお、ラーよ。汝の娘のもとに来たれ！　ひとり旅の途中、サソリが彼女を刺した！　彼女の悲鳴は天まで届く。猛毒は彼女の血管をめぐり、彼女はその唇を傷口に押し当てている」。だがラーはこう仰せになった。「恐れるな、恐れるな、素晴らしきわが娘よ、私がついているではないか。この猫の四肢をめぐる毒をなきものにするのは、この私だ」。彼はこの手順を踏んで、ラーの助けを得た。助けを求める者は、このまじないによってバステトの身になり代わり、何度でも救いを得られることを知っていたからだ。

エジプト人は言葉というものを、この世の人間だけでなく死者も同様に使うことができる強力な武器だと考えていた。バッジはこう指摘する。「正確に言葉を発する術を身につけた死者の魂、言葉を発するのにふさわしい口調を知る者は、行きたい場所でやりたいことができる。どんな神も、精霊も、悪魔も、悪霊も、彼らが発した命令に従わずにはいられないからだ」
つまりエジプト人は、この世の善を確保するだけでなく、霊魂の安全と幸福を確かなものにすることを目指していた。第5王朝の終わりごろに書かれたウナス王の文章には、このような呪文が数多く見られる。とりわけ死者の書のテーバイ・テクストとサイス・テクストのいくつかの章は、全編が呪文とまじないで占められている。

ニグリティアン（スーダン人）は、旅に出る前に魔除けを体にぶら下げて身を守ろうとした。エジプト人がこの世を去るとき、腐らないように処置を施した遺体の上にそのお守りを置くと、地上で習得した呪文によって魂は防御を固め、見知らぬ道へと旅立っていく。さらに、お守りとまじないの併用で最良の結果が得られると考えられていたため、この世とあの世の両方の人間を守るために、表面に呪文が彫り込まれた花崗岩や玄武岩の、無数の小さな石板（ステレ）が作られた。

第26王朝の終わりごろには、この石板が家の魔除けとして使われるようになった。ここには子どもとしてのホルスの姿が彫られるようになり、家庭の守り神とみなされた。ヨーロッパの博物館には、この魔除けが数多く展示されている。このような魔除けは、一般的に「ホルスの石碑」と呼ばれている。

その中でも最大かつ最重要の石柱には、前述の猫の呪文が彫られている。これは、ネクタネボ1世の時代、紀元前378年から360年のあいだに造られた「メッテルニヒの石碑」で、1828年にアレクサンドリアで発掘されたものだ。バッジはこう述べている。「この石碑は全宇宙のすべての神々がもつ人間を守る力の象徴であり、これがあればあらゆる悪霊や有毒な爬虫類も通れないようなバリアを形成した」。生身の猫がそばにいようが、単独であろうが、石碑はすべての害悪から家族を守っていたというわけだ。

すでに他界した人のために、よりシンプルな護身術が提供されることもあった。たとえそれが彫像であったとしても、猫の四肢には神や女神の潜在能力が備わっている。バッジによれば、聖なる猫は「ラーの頭、ウラーウス（蛇形記章）の目、トトの鼻、ネブ・エル・チェルの耳、テムの口、ネヘブカウの首、トトの胸、ラーの心臓、神々の手、オシリスの腹、メンシュの太腿、ケンスの脚、アメン＝ホルスの足、ホルスの臀部、ラーの足の裏、メフルトの鉢」をもつ姿で描かれたという。

故人の忠実な友人たちが、猫の頭の飾りがついた小さな象牙の棒を埋葬することで、故人の魂は冥界のサソリとの戦いに勝利をおさめ、死者の住む妬みの地への危険な旅を続けることができるのだ。

死者の書の125章では、死者が冥界の神々に強力な言葉を請う。「私の口も手も清浄なり」死者が言った。「私に声をかけてくれ。『穏やかに来たれ、穏やかに来たれ』と。霊的な肉体がその強力な言葉をハプトレ（Hapt-re）の家の猫に呼びかけたのを、私は聞いたことがあるのだ」その呪文がどんな言葉なのかは不明だが、神々が自らを連想させる秘密の名前を人間に教えていたという記録も残っている。

死者の書に登場する猫は、猫のバステトの姿をしたイシスと考えられるだろう。となれば「強力な言葉」とは、おそらくイシスが魔法を使って蛇をつくったときに、ラーから聞き出した秘密の名前だ。その蛇に咬まれたラーの苦しみは、イシスにしか癒すことができない。ラーがもっている数多くの名前の中で、イシスは彼の秘密の称号を知りたがっていた。そしてついに、イシスは傷の痛みに苦しむラーからそれを聞き出した。

こうして、あらゆる超自然的な力を秘めたその名前が、ラーの胸からイシスのもとに贈られた。だがそれはほかの神々にも、そして人間にも知らされなかった。おそらくこの伝説は、カルデア人の考え方を説明するために創られたものだろう。すなわち「神々さえも法に従うのだから、法の知識を得た人間は自分よりも優れた者を自分の思いどおりにあやつることが可能だ」という考え方であり、イシス自身がその道筋を示しているというわけだ。

アレクサンドリアの作家たちによれば、エジプト人は、神を従わせ、自分たちの存在を誇示できると主張したという。神は、真の名前で呼ばれたときには、霊を呼び出す呪文の威力にあらがうことができなかった。M・マウリーによれば「エジプト人は神の名前を呼ぶどころか、神が姿を見せないときには出てくるよう脅したのである」

このような不敬な行為がおよぼす影響は、恐ろしい儀式、タイエルム（Taigherm）（16章参照）に見ることができる。黒魔術の儀式で猫の生贄が捧げられたのも、同じ考え方によるものだろう。

だが、その真意を考えるとき、常に念頭に置かなければならないことがある。初期の宗教における神や天使は、それに取って代わった後の宗教では悪霊になり、民衆の意識の中で徐々に退化したあげく、魔術の3番目のバリエーション、ありていにいえば悪魔的なものに形成されていったということだ。

偏見に満ちた新たな宗教によって生み出された魔術師は、いにしえの神々に魔性を見出し、古い儀式を使ってそれを呼び出すと、自らの魂と引きかえに神秘的な力を得た。このような魔術の例としては、「悪魔崇拝」といわれるヤジディ教〔★訳注★イスラム教以前から存在する原始宗教。クルド人が多く信仰する〕があげられる。魔術の二元性を深く認識しながらも、この宗派は悪の原理のみを敬うものだ。

中世の魔術は、その大半がここに端を発していると推測される。さらにさかのぼれば、いにしえの神々に対する冒涜にたどり着くことになるだろう。このような退廃のプロセスについては、魔術における猫の地位をテーマとした各章で、随時とりあげていきたい。

7章 フレイアと猫

古代北欧の愛と美の女神フレイアは、ヴァン神族の神ニヨルドと、のちのゲルマン神話の地母神ネルトゥスの娘である。双子の兄フレイは太陽光の神であり、夫のオーディンは夏の太陽を意味する。フレイアは青い目と黄金色の髪をもっていた。

天空で最も美しい女神
だれよりも崇められるフレア、オーディンの妻
『バルドルの死』マシュー・アーノルド

フレイアはビーナスと同一視され、崇拝者たちにとって、溢れる愛の女神として卓越した存在だった。そのためフレイアは、家畜の中で最も愛らしく多産な動物、猫に引かれた車に乗っていた。ここで重要なのは、車を引いていたのは一対の猫だったということだ。また、猫をシンボルとする

太陽とのつながりにも注目すべきである。

フレイアは愛と美の女神として、自分に祈りと生贄を捧げるすべての恋人たちを祝福した。彼女を祀る神殿は数多くあり、長いあいだ信者が守っていたが、最後に残ったドイツのマグデブルグ神殿は、カール大帝によって滅ぼされた。

北欧で崇められたフレイアとその兄フレイの名前は、「主人」や「女主人」を意味する言葉に変化した。その昔、一週間の中で神聖な日とされた金曜日（Friday）は「フレイアの日（Freya's day）を意味するFreytagと呼ばれていた。この日は婚礼を挙げるのに最もふさわしいとされたが、キリスト教の司祭が、神が殺された金曜に新しいことを始めるのは不吉だといって人民を説得してからは禁止されてしまった。

それでも人々は、恋人たちを連想させる心優しい愛の女神と、その猫たちがじゃれあい、求愛する姿を思い起こさせるその呼び名を、変えることはできなかった。

黒髭をたくわえたニヨルドのあとから
薄い衣をまとったフレイアがやってきて
その足元では灰色の猫たちがじゃれあっていた
『グドルーンの恋人たち』ウィリアム・モリス

フレイアは、愛と美に密接なつながりをもっている点では猫と同じだ。だが単にかわいらしいだけの存在ではなく、興奮すると鎧に身を固め、最強の敵にたち向かっていく。ワルキューレ（女戦士）を率いて戦場におもむくとき、彼女はヴァルフレイアと呼ばれた。そして戦死者の半数を選び、残りの半分はオーディンのために残していった。彼女が戦死した英雄たちを連れていくと、天国は喜びに沸きかえった。彼らの未亡人や姉妹たちは、自分も戦死者として選ばれたい一心で、危険を顧みず戦いに身を投じることもあった。

フレイアは、すべてを養う大地のシンボルである母ネルトゥスと同一視されることもある。聖なる馬車に乗り、大地を新緑と花で満たし、種をふくらませては芽吹かせ、収穫物を授けるのだ。フレイアの猫のためにトウモロコシ畑にミルク皿を置く心優しい人々に対しては、ことのほか礼儀正しく、悪天候や災難から農作物を守ってやった。

北欧の神話エッダには、この偉大な女神に関する記述が散見される。それによると、主神オーディンが彼女に9つの世界、別のバージョンでは9番目の世界を支配する力を与えたことがわかる。そこではブラーフマンの自然の女神カーリーのように、生と死の両方を司る女神として半分は屍のように、半分は色鮮やかな姿で描かれている。

一方、ドイツ南部では、フレイアはヘル、あるいはホルダと呼ばれた。優しく美しい女神ではあるが、冬の季節の象徴だ。自然災害に見舞われる季節には、その光り輝く冷たい鎧で、あらゆる害から大地を守る。その意味で、ヘルは生命の女神であると同時に死の女神でもある。もっとも、その死の女神は崇拝者たちにとって歯をむきだした恐ろしい骸骨ではなく、疲れた子どもたちを胸に抱いて眠らせる愛情深い母親なのである。

そのように暗い一面をもつとはいえ、もともとヘルは破壊的な力をもっていたわけではない。下界にある自分のすみかを支配していただけで、そこで死者の魂を受け取り、長く辛い旅の果てに、ハルヤル（Haljar）、すなわち地獄に到着するのである。

ヘルは、ローマ神話に登場する疲れはてた死者の魂を優しく胸に抱く地母神テラマーテルとも比較される。だが、この観念的な思考に物質主義が入り込むことによって、それらを示すシンボルにも明白な影響が現れた。ゲルマン神話では、ヘルは家事の女神、糸を紡ぐ女、機織り女、家政婦のホレおばさんとなって登場する。雪が降ると、ヘルはベッドを揺り動かして羽根布団の羽根を飛ばし、雨が降れば衣服を洗濯し、厚い雲が空に垂れ込めたときには機を織る。

このようなヘルの降格は、キリスト教によって完結する。キリスト教は死の女神を認めなかったが、ヘルを懲罰が行われる恐ろしい場所と同一視し、地獄（ヘル）に変えてしまった。

フレイアはといえば、その他ほとんどの古代の女神と同じように、悪魔や魔女の烙印を押され、かつて彼女が神聖な存在だった世界の山の頂に消えていった。中世のゲルマン神話では、フレイアは強欲で冷酷なシワだらけの老女として描かれている。彼女の巫女たちも、それと同じ運命をたどる。そこには命の母の美しい娘の面影はない。干からびた醜悪な地獄の子孫に成り下がってしまったのだ。

それでも、かつてフレイアの馬車を引いていた猫たちは、空中で魔女が乗りまわす馬に姿を変え、あるいは日常生活の伴侶となった。やがて猫は、キリスト教徒から「悪魔の同伴者」と呼ばれるようになってしまったのである。

宗教的な見解が極端に変化したにもかかわらず、魔女たちは、愛の女神のしもべにふさわしく、愛のお守りや妙薬を作り続けた。そしてそこには、しばしば猫の体の一部が描かれた。毎週フレイアの聖なる日には魔女集会（サバト）が開かれたが、これはキリスト教徒の新たな攻撃対象となった。キリスト教徒はその日をキリストが十字架にはりつけられた悲劇と結びつけ、断食の日と考えていたからだ。

ここでは、キリスト教という新しい宗教の祭司が、それ以前の宗教の敬虔な信者たちを拷問・虐殺したことについて詳述する必要はないだろう。異教は徹底的に根絶されてしまったので、こんにちではその教義そのものさえ不明瞭だ。しかし人々のあいだに根強く残る迷信が、靄に覆われた道の向こうを指し示している。その変型が、暗闇の中にかすかに見えてくる。

この点を指摘したのはR・ウォルシュ師で、彼は船旅に出たさいにほかの乗客が「縁起の悪いとされる4つの事柄があると心から信じている」ことに気がついた。つまり、「金曜日に乗船し、黒い猫を持ち込み、妊婦か聖職者のいずれかを同行させると、必ずや悲惨な結果を招く」というのである。

害とはまったく無縁であり、明らかに人畜無害な事柄に、そこまで嫌悪感を抱くのはなぜだろう？ウォルシュが彼らに訊ねたところ、おおむね「それが不吉だといわれているから」という答えが返ってきた。具体的な理由が挙げられたのは最後の一つ、聖職者だけである。すなわち「大気の力の王子」として風の向きをあやつるサタンにとって、最大の敵は聖職者というわけだ。サタンは自分の手先――凪、逆風、嵐を送り込み、聖職者を乗船させる乗組員に罰を与えたという。

それは一体なぜなのか。聖職者については海の悪魔の敵愾心をあおるから、ということで理解できる。

しかし、「老紳士（オールド・ジェントルマン）」たる悪魔は、魔術儀式の中でしばしば自分自身に捧げられいる黒猫ならむしろ歓迎するはずである。

となるとこのような4つのタブーの背後にはもっと深い理由があるはずだ。

神秘なる大海原、すなわち生命の母に向かって、その母と同じ名前をもつ金曜日（フライデイ＝フレイアはビーナスと同一視される）に出港するもの、大女神に象徴される偉大な生命の原理の具体的な現象である胎児を宿した妊婦を船に同行させるもの、生命の創造と再創造の原理に献じられた生き物である猫を連れているもの、さらにマリアであれ、イシスであれ、その原理を信仰する聖職者は、意識的にせよ、無意識的にせよ、海の大いなる神秘を刺激してしまうのであろう。船乗りたちは悪の力と戦うだけでは不十分なのだ。悪の力を退けるよりもずっと重要なことは、偉大な生命の原理を刺激しない、賢明さをもつことであったのであろう。

8章 キリストと猫

聖書の正典に猫の記述がまったく見当たらないのは、注目に値する。が、考えてみれば、エジプトの支配者なり主人なりが神聖視することは、ユダヤ人の忌み嫌うことである。それを思えばある程度の説明はつくだろう。あるいは、この特異な民族はあまりにも長く放浪の旅を続けたために、猫が家庭の良き伴侶であることを知る機会に恵まれなかったのだろうか。

しかし、いちばんもっともらしい理由は彼らの国民性にあるのかもしれない。周辺国の国民がみな動物をペットにしたり、ともに暮らしたりしているのに、その聖書にはユダヤ人が動物を飼っている記述が一つもないのだから。

キリスト教教会が承認した4つの福音書にもなお断片的に見られるイエスの教えには、イエスが生きとし生けるものに神的な命が宿ると考えていたことがほのめかされている。人間は、神の思し召しが顕わされても神に畏怖を抱くことはめったになく、わずかなお金で5羽の雀を売ってしまう。だがそのうちの1羽さえ、神に忘れられることも地に落ちることもないのだ（ルカによる福音書12

章6節「5羽の雀が2アサリオンで売られているではないか。だが、その1羽さえ、神がお忘れになるようなことはない」より)。

この一文が、イエスによって神の大きな愛を強調された唯一の機会だったとは思えない。数えきれないほど多くの福音書がキリスト教教会によって異端視されたし、こんにち残っている福音書でさえ(ウィルバーフォース〔★訳注★1805・1873 英国国教会の主教〕いわく)「著しく改ざんされ」、教会のメンバーに任命された「校正者」が正当と認められたものに利するように「聖書のテクストを修正した」のである。

現存する福音書から欠落した部分は、『12使徒の福音書』という驚くべき文献によって埋めることができる。著者のG・J・ウーズリー師によれば、「ユダヤ教エッセネ派の人々が破壊者たちから守るため、チベットの寺院に保管していた」とされる初期キリスト教の文献を翻訳したものだという。実に多くの聖句がもともとは霊感によって伝えられたといわれるように、この文献の出典も、その他の数多くの文献と似たり寄ったりだと思われる。したがってその信憑性については、この文献の内在的証拠によって判断するべきであり、最近の反響に基づく偏見をもつべきではないだろう。

さて、イエス・キリストが洞窟で誕生した逸話について、『12使徒の福音書』では次のように記されている。

「その洞窟の中には、雄牛と馬とロバと羊がおり、飼い葉桶の下には親猫と子猫たちが、また上方には鳩もいて、しかもそれぞれが、雄と雌のつがいになっていた。つまり、イエスは動物たちに囲まれて誕生したことになる」

また、イエスが、みずからの誕生に立ち会った動物たちに注ぐ愛情は、次のように描写されている。

――イエスがある村にやってきたとき、男たちがよってたかって猫を虐待しているのを見かけた。その様子を見たイエスはやめるように命じ、説教を始めた。ところが男たちは聞く耳をもたず、イエスをののしった。そこでイエスは結び目をつくった紐を鞭のように振りまわし、「この世界は我が父と母が歓喜を与えるために創ったものだ。しかしおまえたちは暴力的で冷酷なふるまいによって、それを最低の地獄におとしめてしまった」と言い、彼らを追い払った。男たちはイエスの前から立ち去ったが、その中でもとくに性悪の若者が戻ってきて、再びイエスをののしった。イエスが手を差し出すと、みるみるうちに若者の腕が縮んだので、あたりは恐怖に包まれた。ある男が「彼は魔術師だ」と叫んだ。翌日、若者の母親がイエスのもとにやってきて、どうか息子の腕をもとに戻してほしいと嘆願した。するとイエスは、愛についての教えと、すべての命は神に守られた一つの家族であることを説いた。さらに、この世でほかの動物に対してやったことは、あの世で自分がされることになるのだと語った。若者はその話を信じ、わが身の罪を懺悔した。イエスは手を差しのべ、若者の縮んだ腕をもとどおりに戻してやった。こうして人々は、人間にこれほどの力を与えてくださった神を崇めるようになった――。

さらに読んでいくと、イエスが再びかわいそうな猫を守り、その孤独を癒し、幸せな余生を過ごせるようにしてやった場面がある。

猫と聖母子　習作　レオナルド・ダ・ヴィンチ（大英博物館）

――イエスはある村で、1匹の捨てられた雌猫を見つけた。おなかをすかせた猫は、イエスを見て鳴き声をあげた。イエスが猫を抱き上げて上着の胸元に入れると、猫は彼の胸に体をすりよせた。村の中心部までやってきたイエスは、猫の前に食べ物と飲み物を置いた。猫はそれをたいらげ、イエスに感謝するような表情を浮かべた。イエスは弟子のひとりであるロレンツァという名の未亡人に、その猫を預けた。ロレンツァはその猫を飼うようになった。人々はこう噂した。あの男は、どんな動物の面倒も見る……動物も、彼が愛情を注ぐべき兄弟や姉妹なのだろうか？　するとイエスは言った。「まことにこの動物たちは神に守られた大家族の一員であり、汝の仲間である。彼らは汝の兄弟であり姉妹であり、神のもとで同等の生涯を過ごすのだ。そのうちのたった1匹を慈しみ、必要な食料と飲み物を与える者は、私に対しても同じことをする。また、助けを求めている動物を嬉々として苦しめ、そうでないときに守る者は、私を苦しめたのと同じように悪魔でさえも苦しめるだろう。汝がこの世で行ったことは、あの世で汝の身にふりかかるのだ」――。

この逸話は、神の奇跡を過剰に積み重ねてはいないので、さほど抵抗なく受け入れられるし、素朴な語り口には真実味も感じられる。子ども時代をエジプトで過ごしたイエスが、自らの原型とする聖なるシンボル、オシリス＝ホルスに深い共感を覚え、彼の地で深く崇められていた動物が、同郷の男たちに悪しざまに扱われている光景に衝撃を受けたことは容易に想像がつく。

9章 聖母マリアと猫

英語の「Puss（猫）」の語源は、古代エジプトの女神イシスの別の姿である「Pasht（パシュト）」にあるといわれている。つまり、私たちがこの猫の仲間を「Puss」と呼ぶときには、その聖なる名を唱えていることになる。

パシュトにはさまざまな名前がある。ギリシャ人はアルテミスとして祈りを捧げ、ローマ人はディアナとして助けを求め、仏教徒はマヤとして崇め、サクソン人はフリッガと呼び、キリスト教徒は聖母マリアとして敬った。だが、どんな名前で知られているにせよ、彼女の特性は変わることはなかった。時代や場所が違っても、彼女は常に聖母であり、女性形の神の本質である。母性に満ち多産であるにもかかわらず穢れなき女神であり、純潔にしてそれを貫きながらも豊穣をもたらす存在である。

中世イタリアの画家バロッチは、この矛盾した比喩を考えながら、聖母マリアのイメージを「猫の聖母」と題した絵に描いた。彼は観る者に、たとえ外観が大きく違っていようとも、過去と現在の信仰は本質的に一致していることに目を向けさせようとした。バロッチが示したように、古代のシンボリズムである月の聖母とその息子の太陽の姿――腕を三日月の形にした月の聖母が、腕に息子を抱くか、夜空に横たえて眠らせる形で描いた――を、キリスト教教会は採用した。これが変化して、こんにちの聖母マリアが太陽と月と星で象徴されるようになったことは明らかだ。

聖母マリアの被昇天を描いた絵には、彼女の足元に三日月が置かれている。一方、キリストの磔刑の絵には、十字架の一方に欠けた月、もう一方に太陽が描かれている。モーリーによれば「聖母マリアは、ケレスとビーナスの聖域のすべてを支配している」という。聖母マリアの祖先という特性をもつ猫は、彼女にふさわしいシンボルなのである。

猫と三日月という対になったシンボルと、聖なる女神の結びつきを示す興味深い例がある。それは1845年、バーカーによって、トルコの古代都市タルススを発掘したときに発見された。バーカーは、古い塚やごみの山から多数のテラコッタ像の一部を収集した。収集品にはたくさんのシギラリア（古代ローマの祭で贈り物にされた小さな像）があった。その一つについて、彼はこう記している。「小さな猫が、三日月を逆さにした形のペンダントを首につけた姿が描かれていた。これは、月にとって猫が神聖な動物であることを示している。思い起こすのは、セルシニティス山の鹿の首に巻かれた飾りだ」

おそらくこの猫は、ギリシャ神話の聖なる女神パラス・アテナの象徴だったと考えられる。パラス・アテナは、タルススで崇拝された。しかしこの都市がキリスト教に征服されると、それ以前の宗教像は破壊され、ごみの山に埋もれてしまった。シギラリアに描かれたような猫の首に下がる逆さの三日月は、アテナの支配力を示すものだ。ほかの女神と同様、アテナは水に関する要素に影響力を及ぼすとされ、船乗りたちから大いに崇められた。

古代アテネの月の女神として、パラスはときに、猫科の長であるライオンにまたがった姿で登場する。両腕には幼子を抱いている。彼女を称える祭では、「神の母」として人々から崇められた。これは、キリスト教教会が聖母マリアに与えた称号や、イエスと「ユダの一族のライオン」または「正義の太陽」との同一性と、比べてみるといいだろう。

ガロロマン時代の墓碑の彫刻（ボルドー美術館）

ところで、世界共通の遊びであるあやとりのルーツは、キリスト教の奥義にあるとの示唆がある。あやとり（cat's cradle＝猫のゆりかご）という名称は飼い葉桶やゆりかごの変形であり、イエスが誕生した飼い葉桶を指すからだ。

もっとも、あやとりの歴史はキリスト教よりもはるかに古い。その起源は、太陽を崇める儀式にさかのぼると考えられている。裏には共感呪術によって、太陽の聖獣・猫を支配する意図があったようだ。気温の高い地方では、太陽に休んでもらうために紐でゆりかごを作った。また北極に近い地方では、太陽がいなくなることを恐れ、その足を絡ませるための罠として網を用意した。

スター教授はコンゴの少数民族の調査で、60種以上のデザインの違うあやとりを収集した。またフレイザー教授によれば、カナダの極北地方のイグルーリクのイヌイットは、秋になって太陽の軌道が南に移り、北極の空のはるか下のほうに沈むようになると、太陽が姿を消さないようこの遊びをしたという。一部の地域の宣教師たちは、先住民がこの遊びのエキスパートであるばかりか、知性を測る道具とみなしていることを知った。その先住民にとって、あやとりの知識は不可欠だったというわけだ。

聖母マリアと猫の寓話は、昔話のシンデレラが変形した『暖炉の猫』にも見ることができる。この物語のヒロインは、ローマの女神ディアナの変形であるヴェスタである。ヴェスタは暖炉と家庭の女神であり、それになりすました巫女でもあった。後世の魔女たちが神秘的な儀式で着飾ったのと同じように、ヴェスタは猫の皮でつくったマントを身につけて魔女集会に参加した。

シンデレラの物語で、最初のうち彼女がたどる煙と灰に覆われた暗い運命は、当然受けるべき扱いをされていない聖母マリアの一面を示しているように見える。聖歌の「私は黒いが、魅力的だ」

マドンナ・デル・ガット、フェディリコ・バロッチ（ナショナルギャラリー）

という一節について、一部の敬虔な作家は聖母マリアを意味すると考えている。自然の母胎としての聖母マリアは、月と星を産む夜空のように黒々としている。このイメージから、ディアナ（あるいはシンデレラ）の娘たちに寄り添う猫がそれと同じ色をしている理由も理解できる。このことは、以下のハーグレイヴ・ジェニングズ〔★訳注★1817－1890 英国人のバラ十字会員〕の説明によってさらに明瞭になるだろう。

「黒はサトゥルヌスの色であり、エジプトの女神イシスの色でもある。闇における神の化身という観点から見ると、次のような意外な事実が浮かび上がってくる。聖母子は、フランスのムーランの大聖堂、ロレットの有名な礼拝堂、ローマの受胎告知教会、サンラザロ教会、ジェノバのサン・ステファノ教会、チロルのブリクセン教会、アウグスブルクの教会と大聖堂で、黒く表現されている。また、ローマのボルゲーゼ礼拝堂、パンテオンのサンタマリア・マジョーレ大聖堂、サンペテロ教会の小さな礼拝堂を入った扉近くの右手には、等身大の黒い聖母子像がある」

聖母マリアの黒さと彼女を象徴する黒猫は、悪魔の暗黒を意味するのではない。それは奥深くに潜む、永遠の知られざる神を意味する。それは無限であり、無形であり、言葉では言い表せない存在であり、唯一の真実の光なのだ。

10章　5月の子猫

彼は元気なく、かげ薄く
生気を失い、刺々しく
用心深く、不誠実な顔をして
髭を生やしている
5月に生まれた子猫のように
（バークレー）

この詩は、私たちの祖先が、5月に生まれた子猫に抱いていた根深い不信感を表現している。確かにケルトの文化圏には、「5月生まれの子猫は蛇を家に連れてくるので飼わないほうがいい」という言い伝えがある。さらに発展して、5月生まれの子猫は手がかかり、行儀の悪い猫に育つともいわれている。

5月は欺き
不運を招き
必ずや汚れた猫を生む

これは、イングランド東部のハンティングドンシャーの古い諺だが、地方ではいまだに広く信じられており、数多くの幼く無垢な命が殺められている。

この迷信の原点は、ケルトの神話にある。5月1日は死の神ビーレにとって神聖な日で、ベルティーンと呼ばれた。英国の神話に関する文献の中で、チャールズ・スクワイヤはこう述べている。

「何か不思議なことが起きるのは、決まって5月だった。中世ウェールズの神話集マビノギオンでリアンノンがいなくなったのも、テイルソン・トゥリヴ・ヴリアントが幼いプレデリを見つけたのも、すべてその日なのだ。王スィッズの治世など、5月は毎晩、2匹のドラゴンが甲高い鳴き声をあげて戦っていたものだ。毎年5月1日には、ニッズの息子グウィンが、グライダウルの息子グウィシルと、スィッズの美しい娘クライディラトをめぐって戦うよう定められていた。ウェストミンシャー近くの森や野原で、彼女が5月の花摘み遊びをしているとき、物語《ロマンス》ではサー・メリアグランスと呼ばれたグウィンが、アーサー王の妃グウィネヴィアを捕まえた」

ケルト民族は、見えない世界と密接なつながりをもつと考えられていた猫のような生き物が、5

月という不吉な季節に誕生することに、迷信的な恐怖を感じていた。

もっとも彼らは、猫と同じく5月もまた、ありとあらゆるものを象徴していることを忘れていた。5月という月は死神の月だが、それだけではない。ドルイド僧（ケルトの魔術師）は、5月1日を祭日としてとらえていた。死んだように眠っている大地の復活と暖かさ、それに植物の再生を祝福するため、5月の火を燃やし、山々に生贄を捧げたのだ。

ドルイド僧は消滅したが、彼らの5月の儀式は魔女たちによって受け継がれ、ヨーロッパ各国、そしてフィンランドではキリスト教が伝播してからかなり後になっても、農夫たちは、ワルプルギスの夜や十字架称賛の日（5月1日にはさまざまな名称がある）の真夜中に悪霊や呪術師が丘の頂上に集い、太陽や月が空に昇って自分たちの魔力がよみがえるのを祝うと信じていた。

キリスト教化されたフィンランドの悪霊や呪術師が、残酷に曲解された古い宗教の神や祭司であったこと、また、彼らが不寛容なキリスト教徒によって迫害されたことについては、あえてくり返すまでもないだろう。

魔女たちが猫やほうきに乗って空を飛び、山の頂にやってくるといわれていたことは、猫と魔女集会の章（12章）で改めて述べる。要するに、魔女たちが太陽神の目覚めを歓迎するときには、猫がそばにいたものと思われる。

恐ろしいことに、猫はしばしば生贄として使われた。猫は太陽を称える炎で生きたまま焼かれ、人々は死の消滅を祝福した。フランスではこのような残酷な儀式が、ルイ14世の時代に法律で禁じられるまで続いた。聖ヨハネの日には、町長や市長の目の前で、生きた猫、狼、狐を入れたカゴを、丘の頂上で炎にかけて燃やした。聖ヨハネの日つまり夏至は、太陽の出現、力、衰えを示す年に4度の祝日の2番目に当たるが、ドルイドの儀式ではそのいずれにも生贄を捧げなければならない。当然、5月1日も例外ではなく、それどころかすべての祝日の中で最も重要な日とされた。

5月の儀式の中で忘れてはならないのは、メイポール（五月柱）である。古代の男根信仰のなごりで、柱と輪は自然界における二元的な生殖の原理を象徴している。ハーグレイヴ・ジェニングスが指摘するように「5月に結婚することが禁止され」5月が『女性の月』であり、『五月祭（メーデー）』のある月であり、『メイポール』がいたるところに立てられた一方で、男根崇拝のシンボルでもある猫（29章参照）が5月に生まれることが不吉だと見なされたのは、単なる偶然といえるだろうか？

迷信や古代の信仰のなごりは、そう簡単に消えるものではない。1929年4月3日のデイリーニューズ紙には「4月は結婚の月だ。5月が来る前に急げ」という見出しの下に、こう書かれていた。「5月に結婚するのは縁起が悪いという迷信は、1929年のいまも優勢だ。その結果、4月は空前の結婚ラッシュの時期となっている」

猫が、男根と同時に聖母マリアの象徴でもあることで、明らかな矛盾を示している点についてはすでに触れた。5月（May）と乙女（Maiden）は同じ語源をもつ。5月の結婚を禁じることは、もとを正せば、処女性崇拝を示そうとする願望と結びついているのかもしれない。

禁忌（タブー）と、あることを守らなかった場合に罰を与えるという考え方には密接なつながりがある。時代が進むにつれてタブーの理由は忘れられてしまうのだが、迷信にそむけば不幸になるという思考は、単に記憶されるにとどまらない。人々の想像力は、タブーの対象やそのシンボル自体をタブーとしてゆく。5月生まれの子猫への不信感・嫌悪感が、いまだに尾を引くもう一つの理由はそこにある。

11章 穀物の猫

ごく最近まで、ヨーロッパには穀物の精霊、あるいは小さな神にまつわる伝説が残っていた。それらは穀物の豊作を願って特別に気を配り、収穫のときを迎えるまで順調に育つよう守っているというのだ。収穫期になり、穀物が刈りとられて束ねられると、この守り神は自分のために用意されたその穀物の束に逃げ込む。そして再び種まきの季節になるまでその中で過ごし、野原に豊かな実りがもたらされるよう見守るのである。

穀物の神は、たいてい動物の姿をしている。ただし、動物の種類は地域によってさまざまである。その中で最も興味深く、それにふさわしい動物は猫だろう。オカルトの伝承によれば、猫は太陽と月の両方のシンボルだ。人間は太古の昔から、この2つの天体と植物の成長を結びつけて考えてきた。

太陽は穀物と密接な関係にある。人間にとって太陽は、「生命の糧」だった。バビロンでは太陽神を「コーン（トウモロコシ）」として崇め、エジプトでは「種子」として知られていた。太陽神オシリスはラーと同一視され（ラーのシンボルは猫だった）、植物の神としての一面をもっていた。

サー・ジェイムズ・フレイザーによれば、このようなオシリスの特徴は「穀物の使い方を最初に人間に教えたという伝説から、また、年に一度の祭りは耕作から始めたという伝説から、明白だろう」。フィラエ島にあるイシス神殿のオシリスのためにつくられた部屋の一つに、次のようなものが奉じられているという。

「まず、オシリスの亡骸が、その体から生まれた穀物の茎とともに描かれている。祭司が手に水差しをもち、それに水をやっている姿も描かれている。これにまつわる伝説として『名前はついていないが、水から湧き出た謎めいたオシリスの姿である』と説明されている。

穀物の化身としてのオシリスを、これ以上写実的に描くのは難しいだろう。このレリーフに添えられた碑文を読めば、穀物に姿を変えることがオシリスをめぐる謎の核心であり、最も奥深い秘密はその秘伝を授かった者のみに明かされるということがわかる。オシリスの神話的な性格を評価するには、このレリーフを重視すべきだろう。オシリスの遺体が切り刻まれてあちこちにばらまかれたという物語は、穀物の種をまいたり選り分けたりする作業を、神話的に表現したのかもしれない。切断されたオシリスの遺体を、イシスが穀物用のザルの上に置いたことも、この解釈の裏づけになる。あるいはこの伝説は、穀物の精霊の象徴としての人間を生贄とし、豊作を祈っては台地にその肉や灰をばらまいた習慣を連想させる」

オシリスの殺害をめぐる伝説は、彼の役割を担う穀物猫（コーンキャット）とともに農地での儀式として残り、再現されている。儀式の参加者は、目に見えない穀物の精霊を殺すよう、頭の中に思い描くだけで満足することもある。

フランス東部のフランシュコンテ地方では、収穫の終了を「猫を殺す」と呼ぶ。ボージュ山脈では、虐殺を連想するだけでも度が過ぎていると考え、収穫や干し草づくりの作業の終わりを「猫を捕まえる」という比喩的な表現に抑えている。この場合、収穫の良し悪しによって、太った猫になったり、痩せた猫になったりする。また、干し草の最後のひと束を刈り取った男は英雄となり、仲間から「穀物猫の捕獲者」として認められる。彼は仲間の祝福を受け、小さな花束を贈呈される。ときには色とりどりのリボンで飾られた、小さなモミの木を贈られることもある。

この慣習にはさまざまなバリエーションがある。詳しく調べてみるとおもしろいだろう。

スコットランドでは、束ねずに地面に無造作に置かれた穀物や麦わらのことを「猫」という。なんとも示唆に富む呼び名だが、現在、これに結びつくような慣習は残っていない。だがこの呼び名を、同じ意味をもつスコットランド語の〝tat〟、古英語の〝tath〟や、〝that which is scattered（ばらまかれたもの）〟と比較すれば、手がかりをつかめるだろう。tat、tait、taith は古代のアイルランド系スコットランド人に崇拝された農業を司る神で、収穫期の8月1日を、その神の名で呼ぶようになった。

この神はエジプトの重要な月の神であり、時間の計測を司る神として太陽の方向を示したトト（もしくは Tauut、Tat）と同一視されたといわれている。確かに、〝tath〟のもつ意味は、オシリスの伝説を思い起こさせる。どうやらスコットランドの穀物猫は、古代ヨーロッパの慣習に数多く残っているエジプトの教えとの接触によって生まれたものらしい。

ヴェズール周辺の農夫は、最後の穀物を刈り取るとき誇らしげにこう叫ぶ。「猫の尻尾を捕まえたぞ！」。

また、ドフィーネのブリアンソンに見られる儀式では、収穫が始まると猫の体にリボンや花や穀物の穂を飾り、「ボールスキンの猫」と呼んだ。作業中にだれかが怪我をしたら、猫に傷口をなめさせなければならない。収穫作業が終われば再び猫をリボンや穀物の穂で美しく着飾らせ、農夫たちはダンスを踊って陽気に騒ぐ。ダンスが終わると、少女たちが厳かに、穀物猫の飾りをはずしていく。

もう一つの興味深い例は、シレジア（ドイツ、ポーランド、チェコにまたがる地方）のグリュンベルグの農地に見られる。ここでは、穀物の最後の1本を刈り取った者は、トムキャット（雄猫）と呼ばれた。仲間たちはその男の体をライ麦の茎と緑色のヤナギの枝で飾り、編み上げた長いしっぽをつける。ときにはもう一人のシーキャットと呼ばれる別の男にも同じような飾りつけをする。彼らは視界に入ったすべての人を、追いかけてはひっぱたくのである。

ドイツ北部のキールの周辺で、穀物畑に入ろうとする子どもたちに「そこに猫がいるぞ」と警告するのも、この慣習と関係があるのかもしれない。アイゼナハの高地では、もっと大げさに「穀物猫に捕まるぞ」と警告する。

だがそれ以外の地方では、この儀式はあまり愉快なものではない。翌年の豊作を願い、生きた猫が生贄に捧げられるからだ。前述のさまざまな事例を紹介したサー・ジェイムズ・フレイザーによれば、フランスのアミアン周辺では、収穫作業が終わりに近づくことを「そろそろ猫を殺すころだ」と表現し、最後の1本が刈り取られると、農夫たちは農家の庭に行き、猫を殺してしまうという。

フランスの一部の地域ではさらに複雑だ。これは儀式のルーツと意味を探る上で大きな手がかりになる。なんと、最後に脱穀される穀物の束の下に猫を置き、穀ざおでたたき殺すのである。猫の死体は次の日曜まで保管されたのち、火であぶって祭日の料理とし、食される。

これは明らかに聖餐を意味している。殺された太陽神オシリスは聖なる猫に置き換わり、彼にとっての聖なる日に、忠実なしもべである人間に聖餐として供されることで、彼が長いあいだ祝福し、守り続けた穀物畑での作業が終了するのである。

ここで忘れてはならないのは、エジプトのシンボリズムがたいていの場合、内に秘められた意味と外に表れる意味という二重の解釈をもつことだ。太陽神オシリスが人間の姿になった目的は、自らの命を人間のために犠牲にするだけでなく、彼らの魂の滋養物、神秘的な食物に生まれ変わることにあったのだ。

イシスは穀物のザルを持っていた。そして穀物の神であるオシリスの祭儀は、イシスの神殿で行われていた。オシリスと同じように、イシスのシンボルとして最もよく知られているのは、母性の象徴としての猫である。

ディオドロス・シクルス〔★訳注★古代ギリシャの歴史家〕が指摘するように、また一般に広く認められているとおり、イシスは古代ギリシャ・ローマの農業の女神であり、「穀物の母」と崇められたケレスの原型である。ケレスが産んだ子どもは「種」を意味する〝ヘシリ〟アッシリアでは〝バル〟と呼ばれている。この名前は「息子」と「穀物」の2つの意味をもっている。素朴な民衆にとってケレスは、肉体に食物を与えてくれる穀物の母だった。だが、秘伝を授かったごく一部の人々にとっては、命の糧、太陽神の化身である聖なる息子バルの、聖なる母として現れた。

同様の考え方は、両手に穀物を持ち、ライオンに乗った姿でエジプトの銘板に描かれる女神ケンにも具現化されている。この名前は、第18～19王朝の時代に登場するが、明らかに外国由来の女神であり、その信仰は羊飼いによってもたらされた。

次に、天文学の象徴学の観点から穀物猫を見てみよう。

乙女座でいちばん明るい星は、「穀物の穂」（ラテン語でスピカ）と呼ばれている。スピカには広い意味があるが、一般的には「子孫」の意味で使われる。さらに、女性の卵子との関連性もあるため、乙女座は必ず手に麦の穂を持った姿で描かれる。そのせいで、女性そのものよりも、麦の穂が意味する豊穣が強調されることもある。その結果、乙女座は穀物の穂を意味するキーと呼ばれるようになった。

この聖なる穀物スピカ・ヴィルギヌス、つまり聖母の子どもは、地上の影として守護神の猫をもっていた。月の白猫、夜の清浄者は、夜の灰色のネズミがむさぼり食おうとする聖なる穀物の、守り神なのである。

このバリエーションとして、朝焼けや夕映えの美しい空を、太陽に照らされて金色に輝き、用心深い白猫が見守る穀物倉になぞらえることもある。

こんなたとえ話もある。冷酷な継母あるいは魔女である夜が、娘のオーロラに、暗い空に生える毒草から、夕方の残照となる小麦を取り除くように命じた継母に無理難題を押しつけられ、心の清らかなオーロラは涙に暮れた。そこへ聖母あるいは妖精の化身である月の猫が現れ、暗い空から穀物を取り除いてくれた。だが月のない夜には、暗闇の象徴である邪悪な黒猫が魔女のようにオーロラを脅し、不幸におとしいれようとするのだ。

3つ目のバリエーションは、フレデリク・クルズワルドが記録したフィンランドの神話にある。この物語に登場する年老いた魔女は、死後、猫として生まれ変わり、尻尾をつかまれて火の中に放り込まれる。イタリアの東洋学者グベルナーティスによれば、この魔女は、明け方に現れるオーロラの炎に焼かれた夜を象徴しているという。

12章 猫と魔女集会（サバト）

古代のディアナ崇拝では、年に4回、教えの奥義を祝うために信者たちが集った。この集会はサバト（魔女集会）と呼ばれ、共同体としての信者たちのよりどころになった。「サバト」の語源には諸説あるが、どれも決め手に欠ける。ヘブライ語では、文法上の語尾変化で女性形になっている。

語根には「休息」の意味はなく、他動詞では「切り離す」「終わりにする」を意味し、自動詞としては「やめる」「終わる」の意味になる。つまり「休息日」と解釈することは不可能である一方、shabbath の文法的な形が「分割する者」を類推させることから、サバトが月に4度、年に4度の魔女の祭を指すとすれば、1年の節目節目を意味しているとも考えられる。

ヘブライの聖典の古い版の記述を見ると、新月とサバトには、必ずといっていいほど関連性がある。新月は、ユダヤ人の宗教的な行事だった。再び夜空に三日月が現れることで、大きな歓喜がもたらされるからだ。

だが満月もまた、宗教的に重要な意味をもっていた。毎月決まった日に大規模な農業祭（もともとはサバトだったと考えられる）が行われるようになったが、それに選ばれたのが満月の日だった。同様の理由から、古代のインド人は新月と満月の日に生贄を捧げ、その夜をウパヴァサタと呼んだ。

こうしてディアナの娘たちは、早くからサバトを月の満ち欠けに関連づけた。年に4回行われる社会的・宗教的な集会の中でも、特筆すべき性的な儀式があった。それは人間、動物、植物の実りを育んでくれる月を祝福するものだった。

エジプトの古くからの象徴である猫が月を意味していたことから、彼らは猫を、サバトの秘儀にとり入れるようになった。この儀式の参加者は、猫などの動物を真似て皮や仮面で扮装した（13章「猫になった魔女」を参照）。式の長は華やかに着飾り、慈悲を請いたいと願う神の象徴である動物の姿を演じるのだ。

後世になると、キリスト教教会はサタンをこの世の神として崇め、魔女をサタンのしもべと見なすようになった。するとその長は「魔王」と称され、彼に仕える12人のメンバーにも同様の称号が与えられたため、言葉の用法について大きな混乱を招いてしまった。このグループはコヴン（秘密集会）と呼ばれたが、その集団の構成人数として定められた数字は、明らかに1年を13カ月とする月の満ち欠けに関連している。だが、イエスと12使徒の合計が13人で、そのうちの1人の裏切りによってイエスが磔にされたことから、13という数字はキリスト教徒にとって破滅を意味する数字となっていたために、この規則は物議をかもすこととなった。

魔女たちはサバトを開くとき、ディアナの娘たちに気に入ってもらえるように人里離れた場所を選んだ。クリスチャン・ストリチェクは、サバトが「たいがい森や山奥や洞窟の中、あるいは人間の居住地から遠く離れた場所で開かれた」と記している。

またポンポニウス・メラの『世界地理』第3巻44章には、魔女の集合場所であり、魔女の故郷にあるアトラス山について、「ブラウンシュヴァイク公国の、一部ではメリボーズと呼ばれているブルクテリの山は、魔女のたまり場として悪名高い」と記されている。

ドイツでは、魔女はハルト山脈の最高峰であるブロッケン山に集まるとされてきた。遠く離れたラップランドやノルウェイから、目のくらむような切り立った山々にやってくるというのである。

魔女は、なにか恐ろしげな手段を使ってこのような超人的な妙技をするわけではなく、空飛ぶ猫や、ときにはほうきにまたがって、あちこちを飛びまわっていると考えられていた。確かに猫やほうきは魔女が好んで使った移動手段ではあったが、彼らが使った乗り物はそれだけではない。主人である女神と同じく、魔女には人間を動物に変える力があるといわれていた。

リヨン大聖堂の入口の石板には、魔女が人間をヤギに変え、それにまたがる姿が描かれている。魔女は、ヤギになった哀れな男のまわりで猫を振りまわしている。そのため男の顔は、いまにも猫の爪で切り裂かれそうだ。魔女はサバトに出かける途中なのだ。

魔女とその不幸な乗り物には、この石板上の物語を裏づける証拠がある。ノーサンブリアのコヴンの一員だったアン・アームストロングは、１６７３年、自分をとある場所に連れて行った人々に、不利な情報を提供した。彼女はその場所で魔王と言葉を交わしたという。「月曜の夜、父親の家にいたアンは、コーブリッジのジェーン・ベイッツと会った。ジェーンは、馬のくつわを足にぶらさげた灰色の猫の姿で現れた。その猫は魔王の名のもと、アンに息を吹きかけ、殴り殺そうとし（失神させ）、彼女の体にくつわをつけてまたがり、南に向かったが、アンは場所の名前は覚えていないらしい。ジェーンは顔を輝かせ、手綱を引いた」という。この話から、ジェーンは猫の姿でサバトに向かうために、アンを馬に変えたことがわかる。

サバトに向かう猫を連れた魔女　リヨン大聖堂の羽目板より

ディアナ崇拝者のサバトについては、数多の現代作家が怒りを込め、またいくらかの疑念をもち、実際にあった出来事としてではなく、悪魔に幻惑された結果として記録している。

有名なベネディクト修道会の修道院長レギノは「道をはずれてサタンに従い、悪霊たちの幻想や妄想に惑わされる悪女がいる。彼女たちは夜中に異教徒の女神ディアナとともに、また数えきれないほどの多くの女たちとともに、ある種の動物にまたがり、夜のしじまに広大な国土を駆け抜け、ディアナを自分たちの主人と見なし、その命令に従い、彼女に忠誠を誓い、奉仕するようある決まった日の夜に呼び出されるのだ。このようなことを信じて疑わない悪女たちがいることを、決して見逃すわけにはいかない」と非難している。

魔術が幻想だと主張するのはレギノだけではない。英国のエクセター主教、バーソロミュー・イスカヌス（1161-1184）も同じように非難している。「魔王の策略のわなにはまった者はだれでも、ヘロディアスだかディアナだか知らないが、下品な名前の女のあとに続いて、無数の群集が乗り物に乗り、その女の命令に従ったと信じ、そう公言するのかもしれない」。

15世紀の半ばに開かれたアンキュラ教会会議の決議では、ディアナとヘロディアスとともに異国に飛んでいったと告白する女性が登場する。

レギノやイスカヌスが示す懐疑的な態度には、しばしば執拗な冷酷さが見られる。魔女や呪術師は、サバトに参加するために空中浮遊の技が必要だと主張するが、これは数多くの宗教で可能だと見なされていた。クロッドはこう指摘する。

――空中浮遊にまつわる話は、聖ネリ、聖ダンスタン、聖イグナチウス・ロヨラ、聖テレサなど、聖人伝の集大成『アクタ・サンクトルム』に名を連ねる聖人たちの周辺でよく聞かれる。知名度が高く現在により近いところでは、16世紀初頭に生まれ、1541年に東洋に渡った聖フランシスコ・ザビエルの空中浮遊が挙げられる。その目撃者は、複数の場面で彼の体が空中に昇っていくところを見たという。

さらに17世紀のフランシスコ修道会の聖人、コペルティノのヨセフも、しばしば空中を浮遊し、結社の団長に地上に呼ばれるまでそこにとどまった。年をとってからも、亡くなる前日まで短い空の旅を楽しんでいたという。メキシコの魔術師も、同じような力をもっていた。16世紀のアコスタ神父によると、彼らは空を飛ぶことも、なりたいものに姿を変えることもできたという。

同様の伝説は東洋にもある。ブッダとその弟子たちも、ブラーフマンも、太陽の儀式を完璧に行える高さまで浮遊した――。

仏教では、敬虔な信者であるラジャ・カラソカの妹が「普通の仏教徒がもっている空中を飛ぶ能力」をどのように手に入れたのか、また、兄が窮地におちいったときに、この能力を使って彼を助けにいったことについての記録も残っている。同様に、紀元前246年ごろ、ネパールのマヘンドラ王は他の信者たちとともに、仏教の布教のためセイロンを訪れ、「空高く舞い上がり、瞬時に壮麗なミサ山の頂上に降りた」という。そこには仏教寺院の跡が、いまでも残っているかもしれない。

近代のスピリチュアリズムの研究者にとって、空中浮遊はすでに証明された事柄であるようだ。だから空を飛ぶ魔女について記録した人々も、余計な説明や言い訳をするには及ばないのだろう。

ディアナ信仰の仮面舞踏は、山の頂上ではなく洞穴の中で行われていた。それを考えると、ディアナのもつヘカテの部分に対して祈りが捧げられたものと推測される。もともと洞穴で埋葬が行われていたために、冥界が聖域と見なされるようになったのだろう。

この儀式の目的の一つは、この世の人間が影と心を通わせることにあった。ケルトの信仰によれば、死者の魂が空中をさまようハロウィーンは、ディアナの娘たちが活発に動きまわる日だった。この年に一度の祝祭の日には、暗い神殿の墓から死者たちが解き放たれ、巫女たちとともに過ごす。そしてその交流を祝福するために、肉体的な拘束も緩められるのである。もちろんヘカテ自身も姿を見せ、魔女や呪術師、「良き隣人たち」、幽霊の行列の先頭に立つ。一行は、この儀式のために真っ黒な馬に姿を変えられたぶち猫に乗って、通りを進む。あるいは竹ぼうきにまたがり、空中を飛んでいく。

このような出来事は、スコットランドの詩人ダンバーの『ダンバーとケネディの飛行』によっていまに伝えられている。当時、この詩は詩人たちのあいだで大きな反響を呼んだ。ローマ軍との戦いに加わったブーディカ〔★訳注★ケルト人〔イケニ族の女王〕〕は、ケルトの戦いの女神アンドラステの名のもと、サバトの参加者に崇められた女神に「勝利、救済、自由」を求めたという。彼女はこう呼びかけた。「汝に感謝する、おお、アンドラステよ、私は汝の名を呼ぼう、心優しい淑女よ」

ケルトとゴート族の信仰が習合し、広く受け入れられるようになると、ケルト信仰におけるヘカテはニックニーヴンとして知られるようになった。スコットランドにおいてその信仰は、18世紀まではかなりの勢力を維持していたようだ。一方、イングランドでのディアナ信仰は、中世に迫害が始まって信者を根絶やしにするよりも前に、消滅してしまった。現在残されているのは、その教義の歪んだ断片にすぎない。

キリスト教教会は、太陽や月の神を奉じる儀式・信仰をあまりにも多く採用した。だからこそ逆に、とりこぼした風習に対する風当たりはすさまじく、中世を通じ、魔女のみならず猫までもがキリスト教の組織によって迫害され、拷問された。キリスト教以前の宗教では猫などの動物は聖獣だったため、教会は、古い宗教が復活して民衆が聖母マリアと聖母ディアナの関連性を知ることを恐れたのだ。

つまり、キリスト教も本質的には以前の宗教と変わらないという事実から、目を背けようとしたのである。

13章 猫になった魔女

程度の差こそあれ、どの時代にも「自然は秘密のエネルギーの保護者である」という考え方が広く浸透していた。このエネルギーは、秘術を伝授された人々が獲得し、他人の利益のため、あるいは他人を破滅させるため、恋愛のような個人的な目的のため、富と権力を獲得するために使われてきたようだ。

いまも昔も、予言者や呪術師、魔術師のいない国は存在しないだろうが、こうした人々に代表される半ば秘密のベールに隠れた教えだけの話ではない。数々の奇跡、超自然的な伝達者あるいは手段によって表に出た教えに対し、どの国の人々も恐怖と憧れを抱きながら、各々の宗教的な信条に誇りをもっているのだ。

まだ初期段階だろうが、すでに老年期、あるいは全盛期だろうが、野蛮だろうが文明化されていようが、征服者であろうが征服されようが、知的であろうが無知であろうが、その国の発展の度合いにかかわらず、宗教的な現象と魔術的な現象の驚くべき類似性は認めざるを得ない。

古代エジプトでは、宗教と魔術が密接に絡み合っていた。三相の女神ヘカテ（エジプトでは魔術師の女性形をヘクという）、イシス、あるいはバステトは、魔法を司り、7回呼ばれると生贄のもとに姿を見せるといわれていた。儀式の終わりに姿を見せる亡霊は、ヘカテへの敬意を込めてヘカテアと呼ばれた。

ヘカテは地上ではディアナになるが、このことは、魔術をめぐる不明瞭で難解な問題の数々を理解する鍵となる。地上の神々に目を向ければ、女神たちやその記章、巫女たちの中に、後世の魔女の原型を見い出すことができる。一般的にはあまり知られていないが、これらの女神の多くはディアナの特徴を分化したり、ある地方に限定するなどしたバリエーションにすぎない。

たとえば、苦しむ女性を助ける誕生の女神ユノ・ルキナについて、トゥックはこう記している。「片手にはなにも持たず、赤ん坊を抱く準備をしている。もう片方の手にはたいまつを掲げている。それは生命の光を表わし、生まれたばかりの赤ん坊が享受できるものだ」

古代ギリシャの歴史家ディマイオスは、アレクサンダー大王が生まれた夜にディアナの神殿が燃やされたことに触れ、きっぱり断じている。「そのとき、ディアナが神殿を留守にしていたのは間違いない。オリュンピオスが息子アレクサンダーを出産するのに、ディアナの手助けが必要だったのだ」

ディマイオスはさらに「インテルキドーナは、薪にする木材を斧で切る技術を最初に教えた女神である」と書いている。これらの友好的な地上の女神たちの特徴は、日々、奮闘する女性たちを助けるために使う道具にあり、そしてまさにその道具が、キリスト教教会に汚名を着せられた魔女を見分けるために使われたのだ。

なおもトゥックの風変わりな神話集から。女神デヴェラは、

――ほうきを発明した女神として崇められた。ほうきを使えば、どんなものでもきれいに掃き清めることができる。不潔な環境がもたらす体調不良も、これで防げるというわけだ。臨月の女性にきまって苦痛を与えるシリアの神々も、これらの女神たちによって一掃された。もうやつらに悪さをされることはない。聖アウグスティヌスいわく、どんな木も斧なくしては切ることができず、すりこぎなくしてはパンをつくることができず、ブラシがなければ物を清潔に保つことはできない。これらの道具は、良き主婦の印と考えられ、野蛮で不潔な神々は、二度と妊婦の部屋に足を踏み入れようとはしないと考えられていた――。

聖アウグスティヌスは、魔術に関して豊富な知識をもっていた。これは彼の後継者たちが、魔術に対してとった態度からうかがい知ることができる。神が、愛あふれる父親ではなく、専制君主として思い描かれるとき、宗教は有力で恐るべき悪の道具となる。

16世紀から18世紀にかけてキリスト教世界全体が魔術への恐怖にとりつかれた時代が、まさにそれだった。あらゆる自然現象は、魔女のしわざとみなされた。稲妻、雹、牛乳が腐るとすっぱくなることなど、人間や家畜を襲うあらゆる不幸や疾病は、有害な呪術師がもたらしたものと考えられたのである。

「神の怒りの激しさ（『ヨハネの黙示録』14章19節）」と「悪魔の激しい怒り（同12章12節）」のあいだで、キリスト教徒は絶望と恐怖にさいなまれながら生きていた。彼らが残酷になるのも無理はない。彼らの神は、魔王と同じように、道徳を超越していた。だが彼らは、神が勝つに決まっていると信じていた。神が勝者であることを証明したあと、神の敵はみな生きたまま地獄の業火に焼かれる。その「苦しみの煙」が神の王座に「世々限りなく立ち昇る」のである（同14章11節）。

神は「復讐する権利は自分にある」と言った。人々はそう信じ、神の復讐を待つことで神を喜ばせようとした（『ローマ人への手紙』12章19節）。それどころか、自分の兄弟姉妹を地獄に落とすよう神を急かすことによって、自分が天国で高い地位を得られると期待したのである。

ジェームズ1世は、有名な悪魔研究の専門家であり、火薬による自らの暗殺計画に関する法律において、英国史上「最も偉大で博識、しかも敬虔な王」と記された。この王の治世、キリスト教教会は、高貴で神秘的な三位一体《ディアナ・トリフォルミス》の女神信仰の、断片的かつ堕落的な復活を攻撃する決意を固めた。

こうした中で、民衆はオカルト信仰の暗い側面に目を向けるようになった。だが、無知で不敬で偏屈な人々が、ベールをむしりとって垣間見ることができた三位一体の女神……それはヘカテだけだった。

「魔術は青ざめたヘカテの捧げ物を祝福する」。シェークスピアが当時の一般通念をこのように表現すると、ほどなくして魔術は役人や廷臣の興味の的となった。当然のなりゆきとして、新たな研究者たちのアプローチは、そこに秘められた深遠な意味を明らかにする可能性を閉ざすものだった。

ってしまった。

キリスト教教会による厳しい迫害を促す一方で、本来の教義はさらに歪められ、隠される結果とな

ヨーロッパの魔女裁判に関する文献を読むときには、この点を念頭に置くべきである。また、このような文献は例外なく、自他ともに認める不倶戴天の敵が記録したものであることも忘れてはならない。公正な目で判断したいと思っても、魔術に共感する記述はただの一つも見つからないのだ。

ローマカトリック教会の魔女研究の成果は、魔女に関する驚くべき論文『魔女たちへの鉄槌』として知られている。この論文は1489年、インノケンティウス8世のもとでヤーコプ・シュプレンガーとハインリヒ・クレーマーによって執筆された。これは、サタンの子どもたちにはあらゆる種類の動物に変身する習慣があり、父親である魔王がイヴを誘惑するために、ときには蛇に姿を変える（『創世記』3章）ことを裏づける文献となった。

さて、ここでは当時の宗教裁判所で証拠として採用された、猫に姿を変える人間にまつわる奇妙な物語を紹介したい。

まず注目すべきは、1596年の事件である。アバディーンの魔女たちが猫の扮装をし、フィッシュ・クロス周辺でだれにも邪魔されずに酒宴を催した。これが罪に問われたというものだ。おそらく、魚市場（フィッシュ・マーケット）に十字架（クロス）が建てられたことからこの地名がついたのだろう。魔女と思われたのは実は本物の猫で、魚市場の匂いにひかれて集まったものと考えられる。

　だが、別の解釈もある。次の章でも触れるが、魔女たちが儀式的な踊りの場で毛皮の仮面やマントを身につけるのは、彼らが象徴する動物との同一性を示唆するものである。つまり、彼らは望みどおりの変身を遂げた……少なくとも世間はそう思っていたという解釈である。

　アバディーンの魔女会《コヴン》の一員ベシー・ソムに対する訴状にはこう記されている。「魔王の仲間とともに、ある者はウサギに、ある者は猫に、ある者はそのたぐいの動物に身をやつし、フィッシュ・クロスのあたりで踊っていた」

　アバディーンの魔女たちが自分たちの宗派にとって神聖な動物の扮装をしたという説には、これに似通ったケースとして、第7代カンタベリー大司教セオドアが断固たる言明を行ったという背景がある。彼はこう宣言した。「1月1日に雄鹿や雄牛のかっこうをして歩きまわる者、つまり家畜の皮を身にまとい、獣の頭部をかぶって野獣に化けるという悪魔的な行為をした者には、3年間の苦行を与える」

　マーガレット・マレー〔★訳注★1863-1963 英国の人類学者、エジプト学者〕はこう指摘している。「魔女たちは、仮面をかぶり、ベールをかぶっていたことを認め、他の証人から得られた証拠もそれを裏づけるものだった。アンリ・ボゲ〔★訳注★1550-1619 裁判所長〕によれば、確かに彼らは自分たちの正体を隠すために変装したこともあったかもしれないが、証拠から判断するに、仮面とヴェールを身につけるのはあくまでも儀式上の装いであるという考え方のほうがもっともらしい」

　教会は間違いなく、古代の儀式に仮面舞踏が行われていたことを知っていたはずだ。それでも、魔王から授かった力によって魔女は自在に姿かたちを変えることができるという一般通念を支持し、またそう確信していたようだ。彼らの目的は、古い宗教の復活に対する民衆の恐怖と嫌悪感をあおることにあったのではないだろうか。

当然のなりゆきとして、人畜無害な動物も、迷信から生じる不安の対象になった。当時の文献にもその影響が見られる。

たとえば、ジョージ・ギフォードは『魔女と魔術に関する対話』の中でこう述べている。「あなたを友人と思って打ち明けるのだが、私がクロゼットに入ると、ときどきそこに野ウサギがひそんでいて、私をじっと見つめるのだ。思うに、それは魔女か魔女の霊ではないだろうか。さらに納屋の中には、私が苦手とする汚い大きな猫がいる」。どんなに神経の図太い人間でも、日常的にこのような危険に向き合わなければならないのは骨の折れることだが、幸い、それに対処する方法はいくらでもあった。

詩人のエリザベス・ブラウニングは「頬ひげの生えた猫が、追い払われて逃げていく」と詠ったが、この言葉は「猫という動物は魔女と密接な関係をもつばかりか、同一視されることもあり、聖なるナナカマド（rowan または roan）の木の枝で追い払うと逃げてしまうのは、ナナカマドの森の周辺では魔女たちの力が失われるという古い言い伝えと関連がある」ことを表わしている。

ここでの「追い払われる（aroint）」という言葉は、「ナナカマドの木（ronan-tree）」が変形したものと考えられる。だがそれ以外にも、さまざまな語源が示唆されている。シェークスピアは、この多様な意味をもつ言葉の紹介にひと役買ったとされる。マクベスの「立ち去れ(aroint)、魔女よ！」というセリフについて、一部の評論家は「去れ（avaunt）」の同義語ととらえるべきだと主張する。また別の評論家は、この言葉の本来の意味は「選定する、聖職者に任命する（anoint）」であり、神聖な儀式によって悪を消し去るよう魔女に厳命することにあるのではないか、と主張する。

ブラウニングが断言したように、魔女の所有物である猫は、「追い払われ」れば当然ながら逃げていく。「頬ひげが生えた」猫であろうが、魔女の保有物であろうがなかろうが、ごく普通の猫はみな、木の枝で追い払われたくはないだろう。ナナカマドの木を見分けることさえできないかもしれない。どんな木の枝であろうが、目の前で激しく振りまわされて脅されれば、一目散に逃げていくものだ。

魔女が猫に化けた事例の中で、その場に居合わせた被害者が、強力な呪文をくり返すことで窮地を脱した事例もある。コットン・マザー〔★訳注★1663-1728 牧師〕の『見えない世界の驚異』には、スザンナ・マーティンの魔術に関し、1692年6月29日に行われた裁判での証言が取り上げられている。スザンナは無罪を主張したが、多くの証人がそれを否定した。その一人、ロバード・ダウナーはこう証言した。

「この囚人が数年前に魔女裁判で有罪になったとき、ある男が彼女に向かって、『あなたが魔女だと思っていた』と言った。スザンナはそれに反論して、彼だけでなく周囲の人間にも聞こえるように、『魔女の女王がじきにおまえを連れ去るだろう！』と叫んだ。翌日の晩、彼がベッドに横になっていると、窓から猫のかっこうをした人間が入ってきて彼に飛びかかった。彼はのど元をつかまれてベッドに押しつけられ、窒息しそうになった。前日にスザンナが自分を脅したことを思い出した彼は、必死に声を振り絞って叫んだ。『近寄るな！　女の魔王よ！　父なる神、息子、聖なる霊の名にかけて、近寄るな！』。するとその侵入者は彼から手を放し、床の上を飛び跳ね、窓から出ていった」

それ以外にも何人かの証人が証言したが、ダウナーが証言すると、スザンナとその家族は、ダウナーをどうやって手なずけたのかと裁判官に向かって毒づいた。

猫の姿をした魔女の手荒なやり口を示す例は、ほかにもある。

１６０７年、魔術を行ったかどで有罪になったイゾベル・グリアソンは火刑に処され、その灰は風に飛ばされた。彼女の罪状は、ある晩、プレストン・パンズに住むアダム・クラークの飼い猫に化け、たくさんの猫とともにアダムとその妻の家に侵入したというものだ。すさまじい騒ぎに、クラーク夫妻と女中は心臓が止まりそうなくらい震えあがった。猫の群れのそばには、黒い肌の男の姿に化けた魔王がいた。魔王は哀れな女中の髪の毛と頭をつかみ、上下に振りまわした。さらにイゾベルは、同じ町に住むブラウンの家にも猫の姿でしばしば侵入し、ブラウンの妻と家具を投げ散らかした。だが名前を呼ばれたとたん、退散した。また証言が事実なら、ブラウンはイゾベルにかけられた病を患って死亡した。

１６１６年のジョネット・アーヴィングの裁判では、証言に一つ、興味深い疑問が生じる。女の姿に化けた魔王がキリストの名を耳にしたとたん、二度目の変身を遂げ、「黒猫のようにドアの穴から逃げ出した」のだ。サタンのもとに避難するとき、女よりも猫に化けるほうが安全だった理由は推測の域を出ないが、善と悪、キリストと魔王の両方のシンボルとされる猫が休戦の白旗と見なされ、敵対する両者から尊重されたということか？

イーストバーンズの「牧師」で、ジョージ・スミスの妻であるもう一人のイゾベルは、1629年に魔女裁判にかけられた。訴状によると彼女は、「ある晩、クリスチャン・クリントンを自宅で誘惑した罪に問われた。魔女であるイゾベルは、猫の姿に化けて屋根の穴から逃げ出し、その後、猫から人間の姿に戻るところを陪審員である夫に目撃された。気の毒なことに、彼が妻に、自分が目撃したことを打ち明けるやいなや、手痛い仕打ちを受けることになった。翌日、彼は転倒して死亡したのだ」

エジンバラの公式の記録には、魔女が保有するすべての遺産や所有物が議会に没収され、復帰財産としてキャノンゲートの参事会員に与えられたという逸話が残っている（1661年7月17日）。キャノンゲートの参事会員ウィリアム・ジョンストンの報告によると、その後「魔女裁判にかけられたジョネット・アランは、バーバラ・ミルンを告発した。ジョネットは、バーバラがウォーターゲートに猫の姿で現れ、もとの姿に戻って家に戻ったところを目撃したのだ」

復帰財産のとり決めがあったために、ジョネットの証言は重視された。ジョンストンは、復帰財産の件が議会に周知されるまでバーバラを監獄に入れたが、さらなる尋問を行うめどがたつまで彼女を釈放するよう指示された。

スコットランドの魔女の女王として知られるイゾベル・ゴウディーは、1662年4月、罪を自白した。この事件は、希少なスコットランドの魔女の儀式に光を当てる意味で、非常に興味深いものだ。ゴウディー自身、自白によってわが身に危険が及ぶことを十分に自覚していたにもかかわらず、彼女は尋問官に強要されたわけでもなく、自ら進んで自白したのである。

ゴウディーは言った。「私はここで無傷のまま、楽に座っていられる立場ではありません。むしろ、鉄の台に寝かされるべきでしょう。たとえ馬に引きずられたとしても、罪をあがなうことはできません」。ゴウディーの証言によれば、

――オルダーンには大勢の魔女がいて、コヴィン、あるいはコヴンと呼ばれる複数の集団をつくっていた。それぞれのコヴンは2人の司祭によって指揮されたが、そのうちの1人はコヴンの乙女と呼ばれ、たいていは美しい少女だった。

1659年、彼女が所属するコヴンのメンバーたちはラマスという町で、猫、カラス、野ウサギに姿を変え、あたりを歩きまわり、飲み食いし、隣人たちの所有物を無駄づかいし、オルダーンの染色工場に侵入して大樽に細工し、それ以降「魔王の色である」黒しか使えないようにした――。

ゴウディーは、猫に変身し再びもとの姿に戻る魔法について、記録を残している。この呪文は3度くり返すという。

私は猫に変わる
悲しみと、ため息と、黒い一撃によって
魔王の名のもとに行き
再び帰ってくるだろう

猫から人間に戻るときは、こう唱える。

猫よ、猫よ、神は汝に黒い一撃を与える
いま私は猫の姿をしている
だがこれからは、女の姿に変わる
猫よ、猫よ、神は汝に黒い一撃を与える

マリー・ラマントも、猫の姿を好んだ魔女である。「この18歳の娘は、1662年3月4日、トリエルで自ら罪を告白した」という。マリーは法廷で「私はあまりにも長く魔王に仕えていたので、神に心を動かされ、罪を告白する気になったのです」と述べた。また、マリーの記録には、ブリディリンの魔女集会についての記述がある。

「茶色の犬の姿になった魔女たちが魔王を囲み、集会の終わりには激しい嵐を起こし、出航した船が魚を殺さないようにした。ケティ・スコットとマーガレット・ホルムは猫に化け、アラン・オーの家を訪れた。アランの妻のあとをついて奥に入っていくと、樽の中からニシンを取り出して食いちぎり、残骸を置き去りにして出ていった。アランとその妻がそれを食べたところ、重い病にかかって死んでしまった」

またある晩、マリーと彼女が所属するコヴンのメンバーは、アードゴワンの後門で、それぞれの本来の姿で集合した。だが「このときの魔王は悪魔のひづめをもつ黒い男の姿で現れ、魔女たちに海岸から白い砂を取ってこさせると、アードゴワンドの各門にばらまかせようとした――だが、魔女たちが作業に取りかかろうとすると、魔王は頭上で両手を振り、彼女たちを猫に変えてしまった」

これによく似た話は、ギリシャ神話のガリンティアスの物語に見られる。ゼウスの愛人アルクメネに仕える侍女ガリンティアスは、アルクメネがヘラクレスを出産するさい、女主人の陣痛を和らげるために機転を利かせた。しかし、ゼウスの妻である嫉妬深いヘラによって、ガリンティアスは猫に変えられてしまい、その後、出産するときにはひどい陣痛に苦しむこととなった。

こんにちでも、多くのヨーロッパの国々には、これに似かよった伝説が残っている。たとえばイタリアのモンフェラートでは、2月に屋根の上を歩きまわる猫の正体は魔女であり、撃ち殺さなければいけないといわれている。

ハンガリーでは、猫は7歳から12歳のあいだ魔女に変わり、黒い雄猫にまたがって飛びまわるという言い伝えがある。その猫の毛を十字架のかたちに刈り取ると、魔女から猫に戻すことができるという。

魔女の猫への変身にまつわる逸話を集めれば、本が何冊もできるだろう。キリスト教教会が魔女の存在を全面的に信じていたのは、さほど昔の話ではない。彼らが示した説はいまでも残っている。魔女の変身をめぐる怪しい逸話の数々は、私たちがパニックをきたすようなものではない。

それでもこうした話は、「説明のつかない不可思議な現象の根底にある法則を明らかにしたい」という、私たちの願望を呼び覚ましてくれる。

14章 魔女の猫と跳ね返り

魔術の起源が宗教にあることは広く認められているが、カルトは、堕落し、消滅しかけた信仰の生き残りとみなされている。それを考えれば、なぜ魔女が動物に化けるのか、だいたいわかるというものだ。

敬虔な信者たちは神と融合したいと願い、その願いを、神を象徴する動物の姿を真似る形で表したのだ。動物への変容を実現するには、初期の宗教と同じ手段がふわさしい。そしてそれは、中世に行われた呪術に不気味な残骸として残っていた。すなわち、神の象徴である聖獣の毛皮を身にまとったり、仮面をかぶったり、特徴的な鳴き声や動作を真似てみたり、呪文を唱えたりするのである。それだけで、信者たちはそれらの聖獣に変身することができると信じていた。

さらに古いカルトでは、魔女は踊りなどの儀式で、しばしば仮面とベールをかぶっていた。彼らが猫、ヤギ、野ウサギなどに化けるのは、単に外見を真似るだけで本質的に変身するわけではない。それでも魔女たちは、自分を動物の名で呼び、自分を含む大勢の魔女たちが見守る中で姿を変えた。

魔女が動物に化けるという考え方は、広範囲に広まった。実際、このような考え方のバリエーションは世界各地に見られる。当初、変身の儀式は聖餐式として行われていたが、月日の流れとともに徐々に変質し、誤解され、世俗化していった。

エリファス・レヴィ〔★訳注★1810-1875 フランスの詩人、魔術師〕はこう指摘する。「迷信（superstition）の語源は、遺物を意味するラテン語にあり、宗教的な儀式のなきがらを意味する」。魔術は、女神、すなわち創造主たる神の永遠の母性への信仰の遺物だ。そして猫は、神のそのような側面の象徴であり、分かちがたい絆で結ばれているのである。

こうして猫は、イシスが手にしたシストルムの上に飾られることとなった。そして怪物テュポンが現れ、神々が動物に身をやつしてエジプトに逃げるとき、身の危険を感じたディアナ（あるいはヘカテ）が変身するさいの動物として選ばれたのだ――おそらくこの伝説は、人間性が堕落したことによって、宗教が世俗の目から逃れるためにシンボリズムのベールに隠れなければならなかったことを意味している。

さて、猫に姿を変えたディアナが月に身を隠したように、時代や国を問わずあらゆる月の女神は猫と密接なつながりをもっている。かつてディアナの巫女だった魔女たちは、変わらぬ畏敬の念をもって月を崇めた。その結果、聖母崇拝が著しく衰退したのちも、猫はディアナ信仰において重要な地位を占め続けることとなった。

ここで、いにしえの美しい聖母崇拝が衰退した謎を解き明かしてみよう。それには猫の多様な性質はもちろん、丸めた体を思い出す必要がある。その象徴とされた月が次々と姿を変えるように、猫の体は母なる自然を体で示しているわけだ。

　猫は美のビーナスであり、恐怖のビーナスでもあり、生と死を司る。東方ではエジプト語で「聖なる女性」やイシスを意味する〝アル・フサ〟あるいは〝フザ〟と呼ばれている。ちなみに、アル・フサとはヒアシンスやユリを意味する。光は物質の魂であり、神の存在の対極にある神の影なのである。

　このように、宗教が霊の出現や影を通してありのままを尊重し、受け入れ、懐柔しているあいだは、悪も限りあるものも創造主にとっては不可欠な道具であり、それゆえに安泰でもあった。ところが、神への忠誠心が「霊的な光である未知の闇」から離れ、現実には闇と妄想にすぎない「目に見える物質的な自然の光」へと移ったとき、この歪曲された構想は、嫌悪感とともに、またたくまに黒魔術と悪魔崇拝に変貌していった。

　現実は不変だが、虚構はその不安定さによって区別される。月は常にその形を変えるが、形の変化はディアナの娘たちの特徴的な能力だ。ハーグレイヴ・ジェニングス〔★訳注★1817・1890　英国ヴィクトリア朝の薔薇十字研究家〕によれば「魔女の大釜は、元来、霊魂が生まれ変わるさいに使われるつぼやかめだった。そこではこの世のあらゆるものが変容した」という。

　実際的な話をすれば、動物に姿を変えたときに人間に傷を負わされると、その傷はもちろん、人間の姿に戻ってからも残る。この現象は「跳ね返り《リバーカッション》」として知られている。こうした獣化妄想（自分が動物だと思い込むこと）を描いた物語はたくさんある。現在、スコットランド、フランス、イタリア、ドイツには残っているが、イングランドにはほとんど見られない。イングランドでは魔女の猫を魔女自身の姿ではなく、魔女に仕えるものと見なしているからだ。

次に紹介するスコットランドでよく知られた「跳ね返り」の物語には、サーソーの魔女が登場する。

1718年12月、スクラブスターのバーンサイドに住むウィリアム・モンゴメリーという誠実な商人が、「自宅に猫の群れがやってくるので、家族が安心して住めない」という陳情書を保安官に提出した。女中の話によると、モンゴメリーの妻は離婚してサーソーに引っ越すと言ってはモンゴメリーを脅し、使用人たちは契約期間がまだ残っているにもかかわらず恐れをなして逃げてしまったという。ついに堪忍袋の緒が切れたモンゴメリーは、幅広の刀と短剣と斧で武装し、2匹の猫を殺し、もう1匹の猫の片脚を切り落とし、逃げようとしたほかの猫を痛めつけた。

それからほどなくして、魔女の疑いをかけられていたヘレン・アンドリューが急死し、もう一人の魔女、ムイスタンが岩の上から海に身投げして溺れ死んだ。さらに、モンゴメリーの家から1マイル半ほど離れた場所に住んでいたマーガレット・ニンギルバートという老婆が、隣人たちの目の前で「片脚が折れ、自宅の入口でばったりと倒れた」

この3人の魔女たちが、殺されたり傷つけられたりした猫と同一視されたのはいうまでもない。マーガレットの腐った黒い脚が保安官のもとに届けられると、彼は即座にマーガレットを収監するよう命じた。数日後、尋問を受けたマーガレットは、自分はモンゴメリーの家でモンゴメリーに「短剣か斧で片脚を切り落とされ」たとき、猫に化けていたと告白した。

この不自然な自白から数週間後、マーガレットは獄中で亡くなった。以前から患っていた壊疽かハンセン病が悪化したと思われるが、彼女が共犯者として名を挙げたほかの囚人たちに殺されたのではないかとの噂が広まった。

この話には、いくつかのバリエーションがある。

一つは、モンゴメリーが猫の脚を切り落としたとき、それが女性の脚だったことに気づき、翌朝マーガレットの脚もなくなっていた、というものだ。マーガレットの死後、「彼女に中傷された3人」に自白を強要する動きが見られたが、けっきょく法務長官はそれ以上の追及を断念した。

こんな話もある。1730年にキャプテン・バートがとある聖職者から聞き書きしたものだ。地主の男が、自宅の酒蔵からワインがなくなっていることに気づいた。魔術のしわざに違いないとにらんだ男は、ある晩、武器を持って地下の酒蔵に向かった。盗賊が酒宴を催しているかもしれないと考えたのだ。

ところが中に入ったとたん、たくさんの猫が男に襲いかかってきて、しばらくすると姿を消してしまった。床には血痕が残っていた。男が反撃したとき、1匹の猫が傷を負ったのだ。翌日、地元で魔女だと噂されている老婆が、自宅のベッドの上で片脚を失った姿で発見された。

さきほど触れたとおり、イングランドには〝跳ね返り〟にまつわる逸話はほどんどない。だが、

17世紀の著名な哲学者であり、ロイヤル・ソサエティで活躍し、魔術の信奉者でもあったジョセフ・グランヴィルが、興味深い事例を記録していた。

それによれば、「ケンブリッジシャーの老婆の霊が巨大な猫に姿を変え、ある男の家に入ってきた。男は暖炉のそばでひとり座っていた。猫は彼のかたわらで、暖炉の前に座り込んだ。男が火かき棒で猫の背中をたたくと、猫の背骨が折れたような感触があった。猫はさっと逃げ出し、どこかへ姿をくらましてしまった。ところがまさにその晩、魔女と噂されていた老婆がベッドの上で死んでいるのが見つかった。彼女の背骨は折れていた。この話は、数年前の記録に確かに残っている」

16世紀のフランスの法律家で政治評論家のボダンは、1566年に裁判にかけられたヴェルノンの魔女についての記録を残している。ヴェルノンの魔女たちは、猫の姿になって朽ち果てた古城に集まっていた。その呪われた場所では4人の勇敢な男が一夜を明かしていたのだが、猫に化けた大勢の魔女は彼らに襲いかかり、4人の男のうちの1人が殺され、残りの3人も重傷を負った。ところが男たちは、猫に印をつけていた。翌日、近隣に住む大勢の老婆が、その印によって正体を暴かれてしまった。

アンリ・ボゲもまた、いくつかの物語を紹介している。ストラスブルグの労働者が3匹の巨大な猫に襲われたが、反撃したさい、猫にかなりの傷を負わせた。1時間後、彼はストラスブルグでよく知られた3人の女性を虐待した罪に問われ、逮捕された。驚いた彼は、自分は猫に襲われただけだと身の潔白を主張し、無実の証拠となるものを示した。3人の女性の体を調べると、彼女たちが猫の扮装をしたときに、男に攻撃された傷あとが見つかった。

マイヤーは、シュワーベンの若い娘とその恋人である兵士の物語を紹介している。兵士は休暇のたびに娘に会いに行っていたが、あるとき娘から、金曜の夜は都合が悪いので会いに来ないでほしいと言われた。疑いを抱いた兵士は、翌週の金曜に彼女の家に様子を見に行った。兵士が彼女の家に向かっている途中、通りに白い猫が飛び出してきた。猫は彼にすり寄ってきて、いくら追い払ってもあとをついてきた。困った兵士は剣を抜き、猫の1本の脚を切り落とした。すると猫は、あわてて逃げ出した。兵士はそのまま歩いていき、恋人の家に到着した。中に入ってみると、娘はベッドに横たわっていた。兵士がどうしたのかと訊ねても、わけのわからないことを言うばかりだった。ベッドカバーには血痕がついており、娘の片脚が切り落とされ、血まみれになっていた。「そういうことだったのか、この魔女めが！」。兵士はそう吐き捨て、その場を去った。3日後、娘は亡くなった。

バスク地方では、ごく最近まで〝跳ね返り〟が信じられていた。これは『バスクの伝説』（1877年）のための資料を収集していたウェントワース・ウェブスター師の言葉によって明らかとなる。

「魔女はいまでも猫に姿を変えることがあるが、たいていは黒猫だ。2年ほど前、ある男が真夜中に、自分の牛に魔法をかけようとしていた黒猫の耳を切り落とした。ところが翌朝になってみると、その耳は女性の耳で、イヤリングまでついていた。男はそのイヤリングを役所に届けた。そこに行ってみれば現物を見ることができたかもしれないが、私たちのいた場所からはかなり離れていたので、実際に見ることはかなわなかったた」

このような魔女信仰は、ヨーロッパに限られたものではない。ベンガル地方の少数民族であるオラオン族は、こう信じている。「一部の女たちは、自分の霊魂を黒猫に変える力をもっていて、病人のいる家に現れる。この黒猫は、ほかの猫とはまったく違う鳴き方をするのですぐにわかる――黒猫が傷を負うと彼女（魔女）も同じ傷を負い、猫の耳や脚を切り落としたり、目玉をくり抜いたりすると、彼女も同じ目に遭う」

次に紹介するのは、近代エジプトの話だが、同じような迷信に触れている。イギリスのデザイナー、ダフ・ゴードン卿夫人が記録した、大変興味深いものだ。

――ドイツに伝わる、体を震わせる、変身の術を学ぶために旅をした少年の話を覚えているだろうか？　私自身は〝体が震えた〟ことは一度もないが、数日前の朝に、似たような経験をした。その朝、私は4、5人の男たちと静かに紅茶を飲んでいた。すると、ドアのところに猫が1匹現れた。私はミルクを飲ませてやろうと猫に呼びかけたが、猫は私たちを見つめ、逃げてしまった。

「奥さん」物静かで賢そうな商人が言った。「あなたはあの猫に親切にしてやりましたね。きっと、少しはくつろいだ気分になったと思いますよ。彼の父親は貧しくて、毎日子どもたちに食べさせてやれないのです」。そして、説明するように付け加えた。「あの猫は、アリ・ナセリの息子で、ユスフだと思いますよ。彼の双子の兄弟のイズマインは伯父とネガデフで暮らしていますからね」

さらに商人は続けた。「実は、私は体の震えを経験したことがあるのです。ヨーロッパで殿方や奥方から聞いた話はどれもばかげたものでしたが、カフタン（中東の長い衣服）を着て〝贅沢〟をするのは、燕尾服を着たときよりも効果が上がるのです」

「まあ！　肉を届けにきたあの肉屋の息子が――猫ですって？」私は息をのんだ。

「間違いありませんよ。それにあの少年は、どこに行けば美味しいものにありつけるか、ちゃんとわかっている。双子の兄弟は、夜、腹がへって眠れないと、猫に化けて外を歩きまわるんです。そのあいだ、ベッドの上には彼らの体だけが死体のように横たわっている。あなたの息子さんのアクメトだってそうですよ。おや、アクメト！」。そこへ、アクメトが姿を見せた。

「きみは夜になると、猫になって外を歩きまわるのかい？」

「いいえ」アクメトが穏やかに答えた。「ぼくは双子じゃありませんから。姉の息子たちはやってるみたいですけど」

そういう猫を、ほかの人たちは怖がったりしないのかと私は訊ねた。

「大丈夫ですよ。食べ物をほんの少し食べるだけですから。でも、猫をたたいたりすると、翌日、両親に言いつけて体の傷を見せるんです。それができるのは双子だけです。でも、生まれた直後に玉ねぎのスープとミルクを与えてやれば、猫に化けて歩きまわることはありません」

商人はそんな話は聞いたことがないと主張したが、商人が嘘をついていることを私は確信していた。笑いものになるのを怖がっているのだ。アメリカ人の宣教師からも、エジプトのコプト人のあいだに同じような話があると聞いた。その手の話はエジプト全土にあるという。私が実際に何人かのコプト人に訊ねたところ、一様に、それは本当の話で内容も同じだと請けあった。これは転生説の名残りなのだろうか？　とにかく、人々が猫を殺すことに恐れを抱くのには、このような理由があるのだ――。

コプト人は、エウテュケス派の中の〝異教〟信奉者、つまり、キリスト単性論者のヤコブ派だが、一部の専門家のあいだでは、習慣や儀式が似通っていることから古代エジプト人の末裔ともいわれている。

特筆すべきは、コプト人は同胞の人間がいたいけな猫の姿になって歩きまわっていると信じ、彼らを守ってやりたいという高潔な感情をもっていた点だ。同じ状況下でヨーロッパのキリスト教徒が見せた残忍さとは、実に対照的である。当時、文明化と呼ばれた周知の形式と、これに連動した数百年のキリスト教布教の成果を見れば、彼らの残忍さがわかろうというものだ。

神は本当に忘れ去られてしまったのだろうか？　どうやらそのように見える。キリスト教教会は神を葬り、キリストの古いシンボルだった動物もまた、迫害されてしまったのだ。

15章 秘密の宗派と猫信仰

12世紀、エルサレムを守るために設立された三大騎士団の中で最も有名なのは、テンプル騎士団（1312年に教皇クレメンス5世に制圧され、1313年のヴィエンヌ公会議で廃止された）だろう。テンプル騎士団は規模、富、権力を驚異的に拡大し、ヨーロッパの政治形成において百年以上にわたり強い影響力をもち続けた。だが、フランス王フィリップ4世の治世に急激に衰退、そして壊滅という劇的な運命をたどった。

フィリップ4世は、一部の有力な団員に対する私怨を晴らすために、騎士団を厳しく弾圧した。彼らは異端であり、重罪を犯したと告発したのである。1307年10月13日、フィリップ4世はフランスの騎士団のメンバー全員を捕らえ、拷問にかけた。

一時期はテンプル騎士団への特別な愛情を示していたというのに、フィリップ4世はついにその撲滅を決意した。団員たちが真夜中に秘密の儀式を行っているという噂を利用し、自分自身の転向を正当化したのだ。

騎士団は主に2つの理由によって告発された。一つは、第1条から8条に示された神とキリストの否定でであり、もう一つは魔王崇拝と呪術である。「騎士団による真夜中の秘密集会では、主催者であるサタンが黒い雄猫や不気味な四つ足動物に姿を変えてほかの参加者とともに現れ、悪魔の怒りを和らげるため赤ん坊や少女を生贄に捧げた」と断定された。

こうした忌まわしい行為を裏づける証拠は何ひとつなかったにもかかわらず、団員たちは神の敵としてただちに非難された。「自分たちはキリスト教徒だ」という主張も、冒涜的な儀式や淫らな酒宴をカモフラージュするための口実だとみなされた。

フィリップ4世の疑念は、拷問された団員たちの自白によって確認された。1307年10月19日から11月24日にわたるパリでの異端審問官の尋問を受けた団員のうち、儀式で十字架を汚したことはないと言った者は、まずいなかった。大半の者はその他の容疑も認めたが、中には最も忌まわしい行為とされる、目上の者に対する〝恥の接吻(オスクルム・インフェイム)〟(悪魔に忠誠を誓い、臀部にキスをする)も含まれていた。

こんにちの研究では、テンプル騎士団に対するこれらの醜悪な告発は誤りであり、彼らの自白は拷問によって強制されたもので証拠としての価値はないと証明されている。ただ、騎士団が、ボゴミール派と、ボゴミール派と密接なつながりのあるルシフェルやサタンの信者たち(サタニスト)が結びついた異端の宗教の信者であることは、間違いないようだ。

ボゴミール派の名前の由来は、スラブ語で「神の友」を意味している。この宗派では、神には2

人の息子がいると考えられている。長男はサタナエルという。ユダヤ人からはエホバとして崇められ、神に反逆したあとでこの世界を創造した。次男がイエスで、兄の邪悪な行為を是正する存在になった。ボゴミール派は、十字架はキリストを苦しめた道具とみなし、崇めようとしなかった。

ところがルシフェルの信者は、富と現世の幸福を支配するサタナエルを崇拝した。彼らはサタンのシンボルとして黒猫を崇め、秘儀を執り行い、夜の集会では子どもたちを生贄に捧げ、その血を使って聖餐のパンを作ったといわれている。

M・ロワズルールは、テンプル騎士団はボゴミール派から最高神への信仰を、サタニストからこの世の神への信仰をとり入れたと考えている。ロイゼラーはその根拠として、ボゴミール派やサタニストの教義とテンプル騎士団の教義には、用語だけでなく、それ以外の面でも驚くべき一致が多く見られることを指摘している。

エリファス・レヴィも、テンプル騎士団がルシフェルの信者のオカルト的な習慣に従っていたことを非難し、さらに「カバラの神秘的な教義を伝授された」と断言している。

テンプル騎士団は東方の宗派との交流を通し、当時のヨーロッパではまったく知られていなかったさまざまな宗教的推測や見解を知ることとなった。そしてそれらの思想は、コンスタンティノープルが陥落し、東方から避難民が流入したことで、のちのヨーロッパにもち込まれることとなった。さらに古代ギリシャの学問の復興、それを機に始まった自由思想の高まりが、東洋の思想や神秘主義の導入を促したとされている。

こうした動きを、テンプル騎士団はある程度予測していたものと思われる。パレスティナに長く滞在していたテンプル騎士団は、そこで得た広範な知識を示すことによって、各地の聖職者たちに衝撃を与えた。

古物研究家によると、テンプル騎士団の教会に彫り込まれた奇妙なシンボルの多くは、グノーシス主義のそれと一致していたという。したがって、両者の教義や習わしも似通っていたのではないかと結論づけている。確かに、騎士団は宗教的に敵対する人々によって容赦なく迫害されたが、それでもその教義、儀礼、儀式などの根絶には至らなかった。しばらくなりを潜めていた騎士団は14世紀に復活を遂げ、15世紀、ドイツのバラ十字団の発展によってさらに勢いを増すことになる。

カンタベリーのフランス教会の柱頭に描かれた猫『Archaeologia』より

テンプル騎士団と同様、途方もない重大な罪を犯したとして告発されたマニ教のグノーシス派も、黒猫の姿をした魔王を崇拝するとされた。

マニ教は、216年ごろにバビロニアで生まれたペルシャ人のマニによって創始された。医者、天文学者、芸術家、哲学者、詩人でもあったマニは、魔術師のあらゆる英知を習得したといわれている。もっとも、彼の教えの一部は、ギリシャの哲学者エンペドクレスの弟子、サラセン人のスキタイアヌス〔★訳注★西暦50年頃のアレクサンドリアの宗教上の師といわれている〕の書物を譲り受けて引用したものや、エジプトの知識などをとり入れたものと考えられる。

マニが初めてマニ教の教義を明らかにしたのは、242年ごろだった。それは彼独自の教えに、仏教、ゾロアスター教、ユダヤ教、キリスト教の教義を融合したものだ。教義の根本にあるのは二元論である。彼は、エホバを、最高神に従属するアフリマン、すなわち永遠の悪の本質であると考えた。したがって人間はサタンから生まれたものであり、光と同等である闇の力を鎮めるべきだとした。

キリストや生命の霊魂である〝ミトラ〟は、その力によって太陽に宿り、知恵によって月に宿る。キリストやミトラに懺悔する者は、エホバを否定しなければならない。天体は、ゾロアスター教の最高神であり善神オルマズドの目に見えるシンボルだ。

現在知られているマニ教の教義は、敵対者によってマニ教徒に押しつけられた、いわば曲解されたものである。それを考慮すれば、マニ教徒が猫を崇めていた可能性も考えられる。猫は太陽と月に関連性があり、キリストやミトラの象徴でもあるからだ。

テンプル騎士団と同様に、マニ教徒も忌まわしい秘儀を行ったかどで告発された。彼らは特定の日に、各自ランタンを持ってある家に集まった。連祷の朗唱のようにさまざまな悪霊の名を詠い、最後には魔王が猫などの動物の姿になって現れる。これを合図にすべての灯りが消され、乱交が始まるのだ。

またマニ教徒に子どもが生まれると、生まれて8日目に集会が開かれ、炎の中に赤ん坊の体をくぐらせる儀式を行うともいわれている。赤ん坊が焼かれると、その灰は聖餐式のために保管される。「熟練者」（極意を極めた者）の目の前で、まだ年端のいかない少女を強姦するのも儀式の一部だという。

マニ教に好意的な記述を見れば、天使の役割と特性を思わせる名をもつ人々にマニ教徒が捧げた賛美歌がとりあげられている。それでも、この教派がローマカトリック教会に容赦なく迫害された理由は、容易に想像がつくというものだ。彼らはサタンによってサタンを追放し、大勢の教徒を生きながら火あぶりにした。マニ自身は276年かその翌年に十字架にはりつけられたとも、生きたまま皮をはがされたとも伝えられている。またそのなきがらは、犬の餌にされたという話もある。

だが、明らかに根絶を狙った厳しい迫害を受けたにもかかわらず、マニ教の教義は驚くほど広範囲に広がり、数多くの分派が生まれた。神学者のアウグスティヌスも一時期マニ教を信奉し、その教えを説いていた。マニ教は千年にわたりヨーロッパで命脈を保ち続け、こんにちでもアジアで生き残っているといわれている。

モンタギュー・サマーズ〔★訳注★1880-1948　イギリスのオカルティスト、ゴシック・ロマンス研究家、ローマ・カトリックの聖職者〕によれば、11世紀の初めのローマカトリック教会は、マニ教徒と魔術師を同一視していた。オルレアンの宗教会議の裁判のあと、1022年、ロベール1世の命により多数のマニ教徒が火あぶりの刑に処せられた。サマーズはこれに触

れ、「当時の文献では、彼らは魔女や、動物の姿になった魔王の信奉者と同一視されていると
している。

11世紀にリヨンで結成されたマニ教の宗派、ワルドー派（ヴァルド派）も、同じような迫害を受けた。この宗派の名称については、創始者のピーター・ワルドの名前をとったという説と、呪術者を意味するプロバンス地方の方言 vaudes が変形してヴァルド Vaudois になったという説がある。この宗派は、あらゆる邪悪な行いをしていたとみなされ、14世紀のごく短い期間にはこんな疑いもかけられた。「魔王が猫の姿で現れると、信者たちはその尻尾の下に接吻した」

ワルドー派と同時期には、フランスのアルビという町の名前に由来するアルビ派も生まれている。こうした異端の宗派が勢力を増すことに困惑したローマカトリック教会は、教皇の使節が殺された事件を機に、荒療治に乗り出した。

インノケンティウス3世（1198～1208年）は、ワルドー派とアルビ派の撲滅を宣言し、老若男女を問わず多数の信者を虐殺した。

わずかに生き残ったワルドー派の信者は、イタリアのピエモンテの谷に逃れ、以後も徹底した迫害に遭いながら、その末裔は宗教改革まで生きのびた。だがアルビ派は、異端審問によって徐々に根絶やしにされていった。ジャン・レジェが記録したピエモンテのワルドー派の大虐殺は、血も凍るようなすさまじさだ。

「母の腕から引き離された赤ん坊は体を引き裂かれ、あるいは岩に頭をたたきつけられて殺された。ある者は生きながら皮をはがれ、ある者は火あぶりにされ、ある者は腹を裂かれた。果樹園の木に体をしばりつけられ、心臓をえぐり取られた者もいた。むごたらしく殺された信者の遺体の残骸は街道に吊るされ、野獣の餌となり、人間の姿をした悪魔たちは信者の脳みそを煮て食した。耕地の溝に生き埋めにされた者もいた。父親たちはわが子の頭部を自分の首にぶらさげて、処刑される場所まで歩かされた。彼らは筆舌に尽くしがたい仕打ちを受けた」

「暗黒から生まれた子どもたち――サタンよりもどす黒い子どもたちの所業を書きつらねるとき、ペンを握れないほど手が震え、インクが涙でにじんだ」とレジェは記している。

ウィリアム・ワーズワースは、キリスト教徒から迫害されたこれらの勇敢な犠牲者たちに、同情を込めて詩を捧げた。

ワルドー派の一団を
憎悪が襲う、根絶やしにするために
耳をつんざく誹謗中傷が、彼らを追いまわす
だが彼らはやめなかった――そしてその聖なる炎は
生い茂る未開の森の奥で再び点火し
動き、たゆまぬ配慮をもって後世に伝わり

空き地を、野営地を、洪水を乗り越え
海に囲まれたこの島は、折しも新たな炎を分かちあい
その炎は消えることなく

（『教会のソネット』）

ワーズワースは注釈の中で、迫害者たちが「ワルドー派の窮状をあざ笑うかのように、〝苦しむ〟を意味するパティ（pati）から、パタレニアン（patarenian）、あるいはパトゥリニ（paturni）と呼んでいた」と説明している。

狼と暮らす者と名づけられた彼ら
潜むのは松、それに緑色の樫の木の下
敵の企みをはばむ夜の闇
彼女は呼ぶ「空飛ぶほうきに乗る者、魔術師よ」
そして同化していく、体も顔も
邪悪な儀式の果てに

ワーズワースはワルドー派の信者を、パタレニアンやパトゥリニ（ミラノに生まれ、11世紀に発

展した教派）と同一だと主張したわけだ。その真偽はともかく、これらの教派も、テンプル騎士団と同じような迫害に遭った。

パトゥリニは、魔女のサバト（夜会）に似た真夜中の儀式を行ったかどで告発された。この儀式では猫とヤギが重要な役割を担っていた。参加者は怪しげな隠れ家で賛美歌を歌う。やがて参加者の真ん中に、黒猫が置かれる。それを合図に部屋の灯りが消され、マニ教やその末裔であるワルドー派と同じように、祈りを捧げることが許される。

アルバート・チャーチワードはこう指摘する。過去の秘教の研究によって「ドルイド、インドの裸体主義者、ペルシャのマギ、アッシリアのカルデア人は、それぞれの祭司たちがまったく同じ宗教儀式を行っていたことが明らかになった。どの祭司も教義の深い秘密を異教徒から守ることを、厳かに誓っていたにもかかわらずである。これらの宗派の源は、エジプトにある」

また、ヒスロップによれば「秘密結社フリーメーソンの起源は、エジプトのイシスの秘儀にあるといわれている」。すでに触れたように、女神バステトはイシスが手にする楽器シストルムの上部に、猫の姿となって座ることとなった。その結果、猫崇拝に新たな光が当たり、秘密の宗派がそれを実践したのだ。

この点については、聖母マリアと猫、タイエルムをテーマにとりあげた章で詳細に検討するので、ここでは元来、高貴で美しいシンボリックな概念であった二元論が招いた変質について言及するにとどめたい。二元論が入り込むことで堕落したさまざまな秘儀において、イシス（あるいはバステト）はおとしめられ、彼女の陰の姿であるヘカテやプロセルピナだけが崇められるようになった。
これらの奇妙な宗教儀式の中で私たちが興味を惹かれるのは、猫というシンボルが重視された宗派である。秘密結社や秘密の宗派を研究してきた現代の作家たち（ネスタ・ウェブスター、モンタギュー・サマーズなど）が、それに光を当てている。

中世の暗黒時代から連想される、このような興味深いカルトや奇妙で邪悪な儀式は、いまも生き続けている。ネスタ・ウェブスターは「イルミニズム、カバラ主義、そして悪魔崇拝さえも、いまだに実在するのだ」と述べている。

16章 生贄としての猫

生贄としての猫について考えるとき、神と人間がともに食するごちそうという一般的な概念は、まったく役に立たない。

ここで私たちが検討するのは、より崇高な考え方だ。すなわち、この聖獣を神の性質を共有する動物としてとらえ、それが生贄として捧げられたとき、神は神秘的な意味で彼の民のために死ぬという考え方である。ギリシアの哲学者、セクストゥス・エンピリクスが記録しているように、これは古代エジプトに見られるもので、猫（太陽神のシンボル）は、朝日を象徴するホルスに捧げられた。

猫は「食用」ではない。だから人形《ひとがた》をした神の空腹を満たすために殺されるという発想は、そもそも信奉者の思考と相容れないのである。猫は、この世の住人たちのために日ごと姿を消し朝になるとまた昇ってくる、あの光り輝く神と同一視された。あるいは、イシスがもつ数多くの顔や化身の一つ、大母神と結びつけられた。

この観点から見ると、生贄とは神、自然、人間の存在を通し、神のエッセンスが循環することを意味しているのだ。バラモン教の聖典リグヴェーダには「生贄として捧げる植物はあらゆる世界を含み、神々の父を意味するものであり、生贄として捧げる馬は、神々の名前とその特質をもっている」という記述がある。

生贄がどんな形をとるにせよ、このように純粋で荘厳な概念を基盤とする以上、それは良い結果をもたらすと考えられる。

ところが、とぐろを巻いた蛇と同じく猫がすべての神を象徴し、生命体の特性がさらに複雑になっていくにつれ、悪も強大でより明確となり、人間はその報いを逃れられなくなっていった。二元論が神聖な宗教の転落を引き起こした。三位一体はもはや評価されなくなってしまったのだ。ルナ、ディアナ、ヘカテは離れ離れとなり、大母神の3つの側面とはみなされなくなった。天国では戦いが始まった。

ときに宗教は、魔術の昇華としてとらえられることもある。だが一般的には、魔術を宗教の退化したかたちとみなすほうが正しいだろう。もともと呪術は神聖な芸術であり、魔法の知識をもつことは神々の特性だった。呪術師は預言者や祭司と同等にランクされ、最高の栄誉が与えられた。

紀元前の魔術の特性と地位は、それ以降のエジプト人の信仰や、中世ヨーロッパのユダヤ・キリスト教とはまったく異なっている。しかしキリスト教が伝播するはるか以前から、古代の宗教に本来備わっていた崇高な理想は既にくずれ始め、誤解され、徹底的に貶められた。

ディアナ信仰という邪悪なしきたりの信者たちは、悪霊や不幸な霊、悪しき魔力を司る地獄の恐るべき支配者ヘカテあるいはプロセルピナを大母神とみなした。その頭は髪の毛ではなく不気味な蛇で覆われ、両足も蛇のような形をしている。大母神は、7回呼ばれると生贄のもとにやってくる。生贄の儀式が終わると、彼女に呼ばれて亡霊たちが現れる。

なぜわざわざ敵対する邪悪な力を呼び出すのか、その目的は定かではない。だが呪術師は、魔法の道具を使って悪霊を自分の意に従わせようとしたのだ。マリノウスキーが指摘したように、魔術が「愚かな希望の最たるものを体現している」ことを理解しなければならない。

邪悪な力は、二元論の観点だけでとらえられていたわけではない。古い宗教の衰退とともに、一つの悪質な思考が根を張り、育っていった。つまり「神の国は力ずくで奪うことができる、祈ることで神を動かせなくても、強く勇敢な人間が万人の望む神の恵みを天国から強奪できるはずだ」という考え方だ。

こうして少しずつ、生贄の儀式は黒魔術の邪悪な儀式に取って代わっていった。神はもはや、崇められることもなければ恐れられることもない。神への祈りとして表現され、示されるべきものが、人間たちに向けられるようになり、人間たちの無礼なふるまいに対する神の怒りは、儀式を行う者が自衛のために置く魔除けによって阻まれた。

大地の顔は私をいらだたせ
私はその神秘の中に逃げ込み
大地の支配者の住処に穴をあける

バイロンはこう言った。この決意は、現世の幸福を求める信者たちが長年追い求めてきた、崇高な目的の残響だった。

あるスペインの作家は言う。「われわれの理念は神秘主義だ。……神の手から、神の秘密とわれわれの運命の秘密をもぎ取るために、神との戦いは永遠に続く……この燃えたぎる情熱が消えることはない。不滅の狂気が、科学が求める審美的な穏やかさからわれわれをはるか彼方に遠ざける」。これは、個人のエゴを美化しそれを維持するために、抽象的な善悪に関するすべての考察を覆した者の言葉といえるだろう。

昔から、暗闇や地下に住む神々にとって、夜行性の猫は最も受け入れやすい捧げものだった。猫を生贄に捧げることは、これらの神々とコンタクトをとる確かな手段だったのだ。また、神の象徴である猫がもつ予知能力を、自分たちにも授けてくれるよう促す意味もあった。

だが、神に無理強いするという考え方が浸透するにつれて、生贄としての猫に新たな解釈が生まれた。神は、自ら選んだ神聖なシンボルである猫を愛した。猫を容赦なく苦しめれば、神々は、猫の解放と引きかえに人間が提示するどんな条件も呑まざるを得なくなる。あざとい人間が、目に見えない武器を手に入れたというわけだ。
この暗黒の時代に、キリスト教が世界に広まった。キリスト教に改宗した人々に「おまえたちが以前信じていた神は悪魔だ」と教え込むことによって、またたくまに異教の壊滅が完了した。

魔王はいにしえの神々の力と地位を奪い、神のシンボルである猫をみずからの身代わりとして選び、保持した。魔王が人間を、あるいは聖獣である動物を自分に従わせ、責め苦を与えることに異議を唱えられる者がいるだろうか？

もっとも、キリスト教教会に公平を期すなら、彼らが本物で強力だと考えた黒魔術は、キリスト教教会自体によって厳しく禁じられていた。この点は注意しなければならない。教会は自称サタンの精通者とサタンのしもべを区別はしなかったが、彼らを根絶することにかけても容赦しなかった。教会は、他宗教の教義には激しい敵意を燃やしていたが、古代エジプトの伝統との接触が断たれるまでには、まだかなりの時間を要した。

キリスト教と古代エジプトの宗教が根本的に一致していると考える人々のあいだでは、両者の融合と和解に向けての努力が続いていた。１７５７年の終わりには、ホルスのシンボルである猫の像をキリスト教の秘術にとり入れることで（キリストはエジプトの太陽神の新たな現れであり、化身であるとみなされた）、キリスト教徒の民衆の想像力に訴えるシンボリックなアピールが行われた。

それ以前にも、エクサンプロヴァンスでは、猫が主役となる年に一度の風変わりな儀式が行われていた。この地方で最高の雄猫に赤ん坊のおくるみを着せ、壮麗な聖堂に祀るのだ。猫が通る道は花で覆われ、猫を乗せたカゴが近づいてくると、人々はみなひざまずく。
こうして猫は、民衆のために毎日死を迎える太陽神ホルスと同一視され、恐るべき頂点に達した。

ウェストンスーパーメアのセントジョン教会の猫の悪霊
（1268年ごろ）

6月24日、太陽が最南の点に差しかかると、猫を籐のカゴに入れ、町の中心部で大きなかがり火に生きたまま放り込む。これは明らかに、キリスト教教会の全面的な支援のもとに行われる儀式である。その間、生贄に敬意を表して司祭が賛美歌を歌い、厳かな行進をして儀式を締めくくるのである。

次に紹介するキリスト教の庇護のもとに行われる猫の生贄についての話は『われわれの友である猫』（1899年）からの抜粋である。

――市の役人たちが厳粛な面持ちで市の中央広場に姿を見せ、何匹もの猫を入れたカゴを、大きなかがり火にかけた。猫のすさまじい鳴き声を聞いた市民は、かつて猫に化けた罪に問われ火あぶりの刑になりかけた魔女が、いま再び拷問を受けているのではないかと考えた。
19世紀に入っても、イルソン郡のピカルディでは、このような残酷な見せ物が行われていた。受難節（イースターまでの46日間）の第一日曜日にはビホールディと呼ばれる祭りがあり、この日、合図があると、村の人々は村の中央にしつらえられた支柱に薪を積み上げ、そのまわりでダンスを踊り、少年たちはライフル銃を発砲し、フィドル弾きはバイオリンを演奏した。最後には、ビホールディの支柱から猫が火の中に落ちて焼け死ぬ。この村の野蛮人たちは、火あぶりにされた猫を見て大喜びするのだ！　火あぶりの拷問から動物を救うことは、その国の文明化の一つのステップだ――。

イングランドでは、ごく最近まで、告解の三が日に猫を鞭打ち、殺すという慣習があった。とくに、西部のシュロップシャーのアルブライトンという村では非常にポピュラーな行事だったようで、旅館の看板にはこんな詩が掲げられていた。

太陽の下の最高の娯楽
それはアルブライトンで猫を鞭打つこと

この野蛮な儀式は、明らかにギリシャ・ローマの太陽神アポロン信仰の名残である。場所によっては、猫の代わりに太陽神のシンボルである雄鶏（または雌鳥）を使っていた。

この場にいるわれわれは
アポロンの告解の日を厳粛に祝い
われわれの言葉とペンで貴方を迎え
われわれの告解に雌鳥を捧げる
（W・ホーキンズ）

鶏は猫と同じようにたたき殺されたあと、人々の胃袋に収まった。
ウェストミンスター寺院では、キリスト教教会の猫の生贄が行われていた。有名な骨董品のコレクションの一つ（1690年に公開され、1799年にオークションで売却された）で、チェルシーのチェイン・ウォークにあるドン・サルテロのコーヒーハウスに展示されていた餓死した猫のミイラは、ウェストミンスター寺院の東の一部が改築されたときに壁と壁のあいだから見つかったものだ。この猫が、生きたまま壁のあいだに閉じ込められ、キリストと同一視された太陽神ホルスへの生贄として捧げられたものであることは間違いない。
だが、消滅しようとしている信仰と新たに生まれた宗教を一つにしようとする散発的な動きは、けっきょくは失敗に終わった。分裂させようとする勢力が、古い宗教に対してあまりにも強く作用したからだ。そのため新しい宗教の中で、古い宗教が再生することは認められなかった。神々がおとしめられたことについてはすでに述べたが、こんどは濃密な霊の闇が、神々を覆い隠した。キリスト教聖職者の言によれば「全イギリス諸島に加えてスコットランドの高地も、ソロモンが鍋に閉じ込め、バビロンで滅んだ霊の大群のような悪霊たちによって侵略された。だが財宝を探して鍋を開けたとたん、空中に噴き出して天にばらまかれ、アジアにまで広がった」

イギリスが悪霊の拠点だったと聞いて驚く読者もいるかもしれないが、有史以前から、スコットランドの高地や島々には超自然的なものが息づいていたことを忘れてはならない。荒涼とした風土ゆえに、ほかに例を見ない魔術や奇跡の未知なる世界と、共感的で親密な関係を築いたのであろう。

私たちの祖先はごく自然に、呪われた霊たちがスコットランド西方へブリディーズ諸島に消え去ると信じていた。あのむせぶような風や延々たちこめる霧は、霊たちの不幸な影の存在を物語っている。プルタルコスも、たえまなく荒れ狂う嵐のただなかで逆巻く波が打ちつける、断崖絶壁に囲まれた荒涼とした不毛な島々の不気味さに心を奪われた。霊の棲みついた環境にあって、常に恐怖にさらされた余生を送らなければならなかった不幸な囚人たちが、幽霊を目にすることも珍しくなかったという。

それから数百年の月日を経て、教会に関する文献を記録した神学者ビードがそれを証明した。著書『英国教会の歴史』によれば、８世紀になるまでルイス島（アウター・ヘブリティーズ諸島の島の一つ）は、人間、果実、樹木、草がほとんど見られず、邪悪な霊が好んで集う場所であり、敬虔な信者カドブレクトに追い払われるまでは悪魔の儀式が執り行われていた。

だが、この人格者の努力も賞賛されることはなかった。残虐な猫の生贄の儀式は、タイエルムという名のもとで生き残り、1750年までヘブリディーズ諸島に存在した。この儀式が生まれた経緯についてはすでに説明したとおりだが、当時は儀式の起源は古代の靄の彼方に消えてしまっていた。

この非道な儀式がどこからヘブリディーズ諸島にもち込まれたのかはわかっていない。最も信憑性の高い説は、アイスランド、グリーンランド、ノルウェー、フェロー諸島からこの地に渡ってきた最初の移住者たちがもたらしたというものだ。ご存じのとおり、中世以前のスコットランドには、北からやってきた妖精や自然神が棲みつき、土着の精霊たちと交流し、人々の日常生活に深い影響を及ぼした。スコットランドの高地や島々に密かに棲みついていた神や悪霊は、ブラック・キャット・スピリット（黒猫の霊）と呼ばれた。人々はタイエルムの儀式で、その力を求めた。

タイエルムという名には、発音の仕方によって「武器の貯蔵場所」と「猫の鳴き声」という2つの意味がある。虐待された猫の鳴き声と、儀式の参加者が抵抗する悪霊を制圧するのに使う武器のぶつかる音が似ているというので、あえて両方をかけたものと思われる。

白という色は、インドから西ヨーロッパにかけてどの国でも、聖職者の衣服の色である。一方、黒は冥界の神々に捧げる生贄が身につける色で、神々が棲んでいる暗闇の隠喩と考えられる（エジプトの冥界の神オシリスは黒い色をしていた）。

ゆえに、生贄として捧げる猫は黒猫で、儀式は真夜中に始まるのだ。規定の時刻は、金曜から土曜にかけての真夜中の12時。儀式は4昼夜に及び、そのあいだ、儀式を執り行う者は断食しなければならなかった。

ホーストはこう説明する。「すべての魔王に猫が捧げられ、猫に恥ずべき仕打ちを行い、激しい苦痛を与えて魔法にかかりやすい状態にすると、そのうちの1匹を串刺しにして、すさまじい鳴き声が響く中で、ゆっくりと火であぶる。その猫が死に至り、鳴き声が消えた瞬間、別の猫が串刺しにされる。冥界を支配するためには、一瞬たりとも間隔をあけてはならない。この儀式は4昼夜にわたって続く。悪魔払いの祈祷師（エクソシスト）がそれ以上もちこたえることができるなら、儀式はさらに続けなければならない。たとえ彼が精根尽き果てていたとしても、やはり続けなければならなかった」

生贄の儀式がある程度経過すると、悪霊が猫の姿になって現れる。その数は次第に増えていき、悪霊たちのこの世のものとも思えぬ叫び声と、串焼きにされた猫の鳴き声がいっしょくたになって響きわたる。そして最後には、巨大な猫が周囲を威嚇しながらやってくる。儀式がすべて終わると、生贄を捧げた者は、悪霊たちに捧げ物の報酬を要求する。報酬は、金銭、子どもなどさまざまな形で与えられる。予知能力を要求する者も少なくなかったが、その能力を授かった者は、生涯、それを保つことができた。

ホーストによれば、末期のタイエルムは、17世紀の半ばにマル島で行われた。エネモザー〔★訳注★医師178〕

7・1854）は次のように記している。

——呪文と生贄の儀式を行う司祭のアラン・マクリーンと助手のラクラン・マクリーンは、決して信念を曲げない強固な意志とがっしりした体格をもち、どちらも独り身だった。4日間生贄の儀式を続けていたアランは心身ともに疲れ果て、ついに気を失ってしまった。だが、アランとラクランはこの日から予知能力を授かった。地元の人々のあいだでは、いまでもその儀式が行われた場所が知られており、タイエルムを行った者には当然、予知能力が与えられると信じている。

「悪霊は、生贄の儀式の初めのうちに、黒猫の姿で現れる。最初に1匹が現れると、悪霊たちは儀式を行う者を恐ろしい目つきでにらみ、こう言った。『猫を痛めつける者よ』。すると、アランがラクランに、『何を見ようが、何を聞こうが、動揺することなく、生贄の串をずっと回し続けるように』と警告した。最後に、巨大な猫が現れ、ぞっとするような鳴き声をあげると、『最も大きな兄弟が現れる前に儀式をやめなければ、神の顔を拝むことはできない』とラクランに言った。ラクランは、『冥界の魔王がひとり残らずやってきても、やめることはない』と応えた。4日目の終わりに、納屋の屋根の梁の端に燃えるような目をした黒猫が現れ、ムル島の海峡からモルヴェンにまで響き渡るような咆哮をあげた」

4日目になると、次々と現れる恐ろしい亡霊のせいでアランは疲労困憊し、ただひと言「幸運を」とつぶやいた。だが、アランよりも若く精神的にもたくましいラクランはどこまでも冷静だった。2人は、ラクランが求めたものを授かった。アランが死の床に横たわっていると、キリスト教徒の友人たちがやってきて、魔王の策略にはまらないように注意しろと言い聞かせた。するとアランは、勇気を振り絞ってこう答えた。「すでに息絶えたラクランと私がもう少し長く武器を持ち続けることができたら、サタンを追い出すことができただろうし、何があってもサタンの王国の最高の手先どもを捕らえることができただろう」

アランの葬列が教会の墓地に到着すると、透視能力をもつ人々は、ラクランが武器を持って黒猫の群れの先頭に立っているのを見た。あたりには猫から漂う硫黄のような臭いが立ち込めていた。アランの墓標には彼の武装した姿が掘り込まれ、彼の名は、タイエルムの記憶とともに残っている――。

この事件が記録される少し前に、スコットランド人のカメロン・オブ・ロキールがタイエルムを行った。彼は悪霊から小さな銀の靴を受け取り、男の子が生まれるたびに左足に履かせるようにと命じられた。靴を身につけた者は、不屈の精神と勇気をもって敵に立ち向かえるのだ。ロキールの息子たちは、1746年にロキールの家が火事で焼け落ちるまでその靴を履き続けたが、別の部族出身の母親に似て足が大きかった息子だけは履くことができなかった。悪霊たちの予言どおり、彼はシェリフミュアの戦いで敵前逃亡してしまった。

これらの古い神話や伝説をひもとけば、魔王のもつ神性の原点を探ることができる。サミュエル・ハースネット〔★訳注★1561・1631 ヨーク大司教〕の「悪魔は紳士である」という言葉は的外れではない。魔王は、仲間にも敵にも彼自身にも正直であると認められている。

お気に入りの動物に対する魔王の正直さが悪用されることは、タイエルムの悪辣な儀式が示すとおりだ。

次に紹介する伝説には、ずる賢い人間に出し抜かれても、魔王がその動物を犠牲にして自分の言葉を尊重するさまが描かれている。魔王は潔く負けを受入れ、自分の力を利用して不正な行為や姑息な真似をすることもなかった。こうした古い伝説は、魔王を「嘘偽の父」とする聖書の記述をまっこうから否定する。魔王との駆け引きで嘘いつわりを並べるのは、たいていの場合キリスト教徒なのだ。年代史家たちは結果が手段を正当化すると考え、キリスト教徒の策略を賞賛する。一例として、サマセットシャーのダルヴァートンの近くにあるバール川に先史時代に造られた橋、タール・ステップスをめぐる伝説を見てみよう。

——この橋は、魔王が自分だけの用途のために一夜で架けたもので、人間がそれを渡ることは許されなかったといわれている。全長5・5メートル、幅は1・5メートルで、板状の石を並べて造られており、いちばん大きい石は長さが2・6メートルある。人間が渡れないようにするために、魔王は、最初にそれを使った者を破滅させると宣言し、そんな大それたことをする輩がいないかどうか、こっそり見張っていた。

地元の住民たちは、魔王のお気に入りの動物である猫を犠牲にしてやろうと考え、1匹の猫に橋を渡らせた。魔王は脅迫したとおり、その猫が川の向こう岸に着くと八つ裂きにしてから、魔法を解いてやった。
次に渡ろうとしたのは牧師だった。牧師は魔王と言葉を交わし、魔王をカラスと呼んでさげすんだが、魔王は約束を守り、牧師の邪魔をするような真似はしなかった。以来、魔王と人間は和解し、人間もその橋を自由に渡れるようになった――。

次に紹介するのは、『ベルギーの猫の雑誌』に紹介された興味深い伝説をH・C・ブルックが翻訳し、『キャット・ゴシップ』という雑誌に掲載された猫の生贄に関するロマンティックな物語だ。

――1787年、パリではフランス革命の兆しが見えていたが、西フランスのブリュターニュはまだ迷信に閉ざされていた。旧家で下級貴族であるブルトン族の娘、アン・マリー・ドゥ・トレゴーは、2匹の猫と、美青年の漁師ジャン・ルイに愛情を注いでいた。アンは人目を忍んでジャンと逢瀬を重ねていた。ところが、近くに住む地主の息子、アラン・ドゥ・ケルゲラン伯爵もまた、アンに好意を寄せていた。アランもジャンに負けずとも劣らない美青年だったが、傲慢で薄情な男だった。アランは自分よりも卑しい身分の漁師に先を越されるのが我慢できず、ジャンに対する憎悪をたぎらせ、復讐しようと心に誓っていた。
ロスコフのパルドン祭（ブリュターニュ半島の宗教的な祭）が開かれる日曜日、アンはひそかにジャンと会う約束をした。ところが、それを知ったケルゲラン伯爵は、配下の者に命じてジャンを捕え、屋敷の地下牢に監禁した。この事件は町中の知るところとなったが、人々は伯爵の権力の前に沈黙を強いられた。だがその晩、ブルトン族の長老たちが集まり、悪魔の呪いをかけた。ジャンを救い出すために、アンが伯爵の要求を呑もうとしていたまさにそのとき、長老たちは、もしアンが自分の猫を生贄として壁と壁のあいだに閉じ込めることに同意すれば、ジャン・ルイを救えるだろうと言った。

愛猫を生贄にすると聞いて、アン・マリーは苦悶した。そのとき、アンは1年前にケルゲランの地下牢の看守の大切な娘、イヴォンヌ・ル・ゴフが海で溺れかけていたところを助けてやったことを思い出した。確かにあの看守は厳格な男だが、愛娘の命の恩人である私のために、便宜をはかってくれるかもしれない。伯爵は幾度となく、地下牢につながれたジャンの様子を見に行った。だが、彼のアンへの愛情が変わらないことを知り、看守に、ジャンを秘密の土牢に投げ込むよう命じた。

万策つきたアンは、絶望に打ちひしがれた。足元で丸くなっている無垢な猫たちを、生贄に捧げるしか方法はないのだろうか？　アンはひざまずいて祈りを捧げ、２匹の猫を生贄に捧げた。哀れな猫たちは、鐘楼の陰に建てられた修道院の天井裏にある祈祷室に閉じ込められた。

同じ日、イヴォンヌはケルゲラン伯爵の城の近くをさまよっていた。父が飼っていた犬が、茂みに隠れていた深い穴の中に消えてしまったのだ。必死になって犬を探しているうちに、草に覆われて外からはほとんど見えなくなっていた古い階段を見つけた。長年放置された入口は、城の古い地下室に続いている。

イヴォンヌはアンを呼びにいき、夜になってから再び2人でその場に戻ってきた。地下室の壁に穴をあけて、そこからジャン・ルイを救出したが、彼はかなり衰弱していた。町の人々のあいだではすでに死んだものと思われていたジャンは、ぼろを身にまとって乞食になりすまし、セント・ポルに現れた。彼の正体を知っているのは、アンとイヴォンヌだけだった。

それからほどなくして、満潮のときに海で釣りをしていたジャンは、伯爵が流砂に埋まって身動きできずにいるところを発見した。ここで彼を助けようものなら、自分の正体をばらすことになりかねない。ジャンは、伯爵が砂に生き埋めになるのをじっと見つめるしかなかった。こうして、憎き敵がいなくなり、晴れて自由の身になったジャンは、アンと結婚した。アンは、自分が幸せになれたのも、生贄にした愛猫たちのおかげだと思わずにはいられなかった。そこで、自宅の壁に、愛猫の痛々しい姿と、詩を彫り込んだ。

私の幸せは
苦しみによってもたらされた。以上がこの物語だ。

魔女は、しばしば魔王への生贄に猫を捧げた。ランバート・ダノー〔★訳注★１５３５・１５９０　フランスの法学者、カルヴァン派の神学者〕は、新入りの魔女についてこう述べている。「サタンの不愉快な新顔のしもべは、毎日、自分の持ち物の中から犬、鶏、猫など、何かしら捧げものをした」。また、レジナルド・スコット〔★訳注★１５３８・１５９９　イギリスの作家〕

によれば、魔女たちはサバトが終わったあとも「毎日、犬や猫や鶏、ときには自分の血を捧げることを忘れなかった」という。1630年、エジンバラの法廷で行われた裁判の非公式の文献にも、アレクサンダー・ハミルトンが魔王を尋問する様子が記録されている。

大昔の記録については、これくらいにしておこう。

1929年1月、ペンシルヴァニア州ヨークで、ジョン・ブリマーと2人の助手、ウィルバート・ヘスとジョン・カリーによる、センセーショナルな魔術殺人事件が起きた。この裁判によって、ヨーク郡の人口の4分の3にあたる15万人が、先祖のモラビア派によって200年前にドイツからもたらされた中世の魔術信仰を信じているという驚くべき事実が判明した。

すでにヨーク郡の記録には、1922年のキンゼル・メッツァーの事件によって白日のもとにさらされた呪術、不正行為、不可解な殺人事件の一覧が作られていた。1929年1月13日の『サンデー・エクスプレス』紙にはこんな記事が掲載された。「本日ヨーク郡は、農地も町も魔女への恐怖一色に染まり、郊外の村でも〝魔力〟や霊への恐怖に脅えた。納屋、牛小屋、家畜の避難小屋には奇妙な十字架や魔除けのカラフルな象形文字が描かれた。サタンから身を守る確実な方法は、黒猫を生きたまま熱湯に放り込み、最後に残った骨を魔除けにすることだという。そのため、田舎からは黒猫が姿を消した」

この生贄の儀式の意図ははっきりしていない。何かに脅迫されたわけではないだろうが、牛や羊を焼く芳しい匂いがエホバの怒りを鎮めたのと同じように（一説によればエホバのシンボルは雄牛だが、だとすればエホバ自身が自らの生贄になったことになる)、サタンが重視するものを捧げ、彼を満足させることにあったと推測される。

猫を生贄にするという発想の動機や考え方は、複雑きわまりない。また、このテーマに関わるさまざまな証拠に偏りがあることから、それが善意による白魔術なのか、悪意による黒魔術なのかを見極めることは難しく、ときには不可能な場合もある。神の聖獣を生贄に捧げるのは、儀式を行う者の動機によって正当か不敬かが判断されるのであり、その行為自体が試練になるのだ。いずれにせよ、神々から特別な愛情を注がれた猫はしばしば生贄に選ばれた。

中世の魔術には、数々の問題をはらんだ事例がある。

1629年に魔術を行ったかどで裁判にかけられたイゾベル・ヤングの告発状には、「40年間にわたり、家畜の病を癒すために、生きた牛と猫を大量の塩とともに深い穴に埋めて、魔王への生贄とした」とある。この事例では、癒しの力をもついにしえの神が、サタンやその巫女たちと同一視された。イゾベルは魔王に「生身の」動物を捧げる行為を好み、尊重したものと考えられる。

このような捧げものをしたほうがいいのではないかと考える人間の心理を示す一例として「犬や猫や鶏を神に捧げる」ラップランド人の古い習慣が挙げられる。だが彼らは、動物を殺した人間が神に受け入れられるか否かを確かめる儀式を行うことによって、責任を回避している。その儀式とは次のようなものだ。

「生贄の動物を住居の裏手で縛り上げ、首の下の毛を引き抜き、儀式に使う太鼓についた輪に結びつける。祭司がその太鼓をたたき、人々は短い祈りの歌を歌う。そのとき、動物の毛を結びつけた輪の向きが変わり、トール神のほうに向いたときには、生贄が神に受け入れられたとみなす。反対に、太鼓をたたいても輪がまったく動かないときには、太鼓が鳴り響いているあいだにその生贄を別の神に捧げ、人々は２つ目の祈りの歌を歌う」

17章　猫と転生

死すべき人間の運命が正しく歌われるなら
恐ろしい夜に亡霊が棲みつくことも
死者の魂が冥府の神プルートのもとに行くことも
地下の不気味に静まり返った陰を探すこともない
だが人間は人間として飛んでいき
別の肉体が新たな世界にあることに気づく
（『ルカヌス』ニコラス・ロウ）

「魂」は単なる脳の一つの機能にすぎず、人間も動物も、その肉体は死によって消滅すると主張する唯物論者の理論に矛盾点は見当たらない。
しかし、もし神学の教師が「人間の魂が不死である」と言いながら、同時に「動物が死んでもその魂は欠陥があるゆえに生き残ることができず、そのために消えてなくなる」という唯物論者の言葉をくり返すとしたら、受け入れられないだろう。

この言葉の後半部分は、人間が永遠の存在であるという前半部分の信念と激しく対立する。彼は、永遠の存在か否かを決めるのは、ほんのわずかな進化の差があるだけで十分だと認めざるを得ないことになる。何ひとつ長所がないものが永遠に生き続け、何ひとつ短所がないものが死すべき運命にあろうとは。また、先史時代の人間と類人猿の関係を考えるときには別の問題が生じる。

「魂が肉体から引き離されないようにするには、どの程度まで進化することが必要なのか？　肉体にとどまる魂と引き離される魂の境界線は、どこにあるのか？　類人猿とかろうじて区別できるわれわれの祖先、野蛮な原始人が永遠の命を授かり、かたや気高く大らかで愛すべき猫や犬や馬が、自分の主人やその子どもたちを救うために命を差し出すことが価値ある死なのだと言い切れるだろうか？」

このような不条理を離れ、唯一霊的な進化を説明しうる「霊魂の再生」という説に目を向けてみよう。この説は、この世に住む圧倒的多数の人々の直観がもたらした解決策だ。遠い昔からこんにちまで受け継がれ、多種多様な人種、地域、宗教の変遷を経て生き残ったのも納得できることと思う。

「霊魂の再生」を信じる人々は、魂は気体から鉱物へ、動物から人間へ、限りある命がすべてのレッスンを習得するまで、あらゆる地上の形状を順番に経験することによって進化すべきだと考えている。ヘロドトスによれば、最初にこの考えを教えたのは古代エジプト人だという。300年の月日をかけて、それぞれの魂がその経験をくり返してきたというのである。

古代エジプト人の魂の転生に対する信仰は、遺跡に描かれた絵画にも示されている。オシリスの前で秤にかけられた死者の魂に、天に送るには何かが足りないとされたときに、動物の姿になって地上に戻ってくるさまを描いたものだ。

それからほどなく、動物の姿を借りて人間を表現するという手法は広く受け入れられるようになった。動物はしばしば、人間のさまざまな仕事を行う姿で描かれた。その一部は、ときの流れに埋もれることなく救い出された。ここに紹介する絵は大英博物館所蔵のパピルスに描かれたもので、猫がガチョウの群れを連れて歩く姿を表している。

エジプトのパピルスより（大英博物館）

ピタゴラスは若いころにエジプトを訪れ、祭司から神秘的な宗教の教えを受けた。その後東方に渡り、ペルシャやカルデアのマギ（魔術師）、インドのバラモンに迎えられたといわれている。彼はそこで、エジプトの魂の再生説を教えた。「魂は決して滅びない。ある肉体に宿っていたものが、こんどは別の肉体に宿る」というように、動物から人間へと姿を変え、再び動物に戻っていくのだと主張した。蝋にスタンプを押して、それを再び溶かしてから新たにスタンプを押しても蝋自体の材質が変わらないように、さまざまな形状の肉体に同じ魂が宿っているのだと。

魂の転生を尊重したウェルギリウスの教えは、ピタゴラス派の学説とも一致している。ウェルギリウスは『アエネーイス』の中でアンキセスに語らせる形で、堕落した魂が人間の肉体に宿ることができず、猫、ライオン、犬、虎、猿といった獣の体内に閉じ込められるさまを描いている。おそらくこれは、彼が住んでいたエジプトで、一説ではフリギア人と言われるイソップがすばらしい寓話を書いたことにルーツがあると考えられる。イソップの寓話に、主人に溺愛された猫の話がある。その主人は、

……涙を流し、祈りを捧げた
魔法の力と予言の数々で
すべてがうまくいきますように
ある晴れた日に、この猫が人間の女性に変わりますように

狂気の友は狂気の恋人になり

たぐいまれな美貌の貴婦人は、生涯最高の愛情を
世界中の男性から選んだその男に捧げた

最初のうちは順調だったようだ。

……猫の面影はみじんもなく、
爪で引っかくことも、うるさく鳴きわめくこともなかった

ところが、ネズミが現れたとき、猫の本性がよみがえった。女は四つんばいになって、ネズミを
つかまえようと走りまわった。

彼女の奇行は
男の心に永遠に悲しみを刻むことになった
ネズミを追いかける癖は
どうしても直らなかった

不可解な親近感や嫌悪感の多くは、自分が人間以外の何かだったという潜在意識下の記憶によっ

て説明がつく場合もあるようだ。私がよく知る2人の少年は、自分がかつて馬だったことをはっきりと記憶してる。彼らがもういちど馬になることを想像して馬が跳ねるように歩く様子を真似てみたり、成人になって馬と接する機会を得たときに愛撫したり手入れをしたり調教したりするときには、この上ない幸せを感じることだろう。

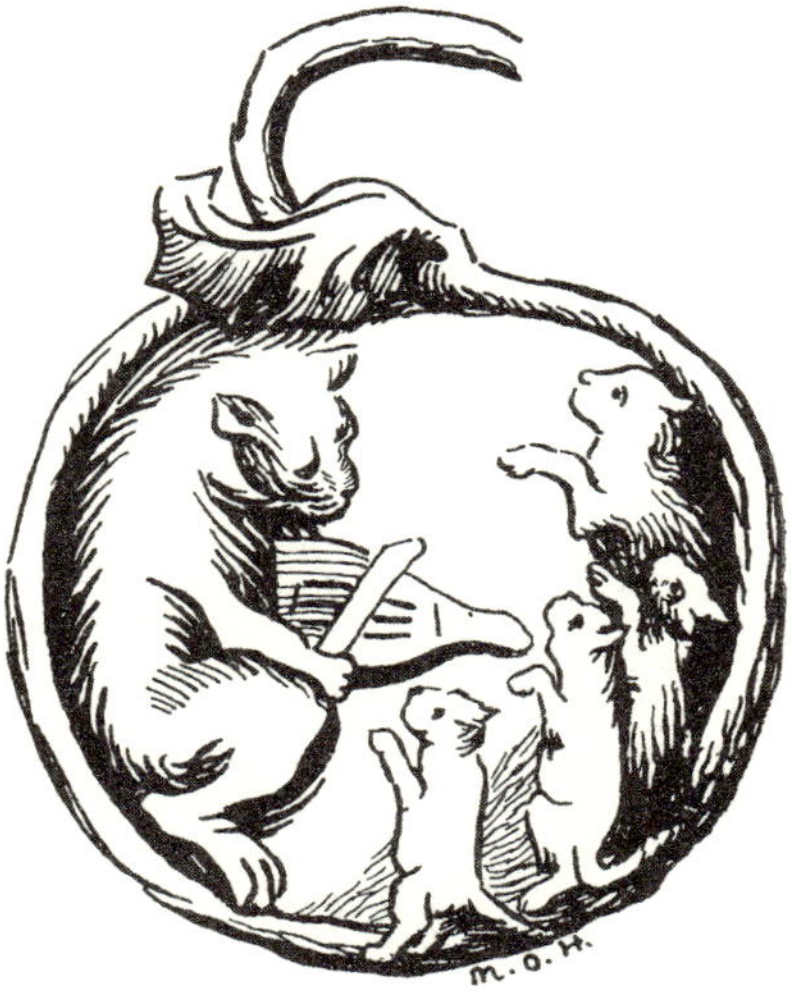

ベヴァリー教会堂の聖歌隊席の彫刻

多くの作家が指摘するように、魂の転生は、初期のキリスト教教会で受け入れられていた。イングランド北部のベヴァリー教会堂にある聖歌隊席の彫刻には、猫がヴィオラを奏でながら子猫たちに踊りを教えている絵が描かれている。エジプトの宗教が受け入れられなくなってからも、キリスト教にはかなり長いあいだエジプトの影響が色濃く残っていた。おそらくこのキリスト教の彫刻家も、本人には自覚がなかったかもしれないが、エジプトからインスピレーションを受けていたものと思われる。

古代エジプトのパピルスに描かれた猫とガチョウの絵と、ヴィオラを弾く猫の絵の根底にある思想は明確であり、エジプトの宗教とキリスト教のあいだに数百年の時の流れがあるとは思われない。あたかも同じ画家が両方の絵を描いているかのようだ。ひょっとするとそうなのかもしれない

近代のスピリチュアリズムは、古代エジプトの教義についてかなりの裏づけを提供した。動物の幽霊をめぐる事例は、彼らが地上の動物たちのままの霊や亡霊だという推測では説明がつかない。そうした幽霊は、生前に特定の野獣、虎や豚などに対する悪事を行い、罪を犯した人々の霊魂を意味するとされる。

ドクター・ユスティヌス・ケルナー〔★訳注★1786-1862 詩人、医者〕は、著作『プレヴォルストの予言者』でこの話題をとりあげている。カーナーによれば、あるとき夢遊病者が霊に向かい「自分が現在とは異なる姿で現れるにはどうすればいいのか」と訊ね、次のような回答を得た。「もしかつて野獣として生きた経験があるなら、霊はあなたの前にその姿で現れるはずだ。だが、こうありたいと願う姿になることはできない。われわれは、かつて経験したことのある姿でしか霊として現れることができないのだ」。またあるとき、この霊はこう言った。「放浪者は、生き方が似通っている動物の姿になって現れることができる」

動物の進化は、霊的なレベルと物質的なレベルの両方で並行して進んでいく。したがって、霊的な進化は物質的な進化を踏み台にして進んでいく。そう考えれば、一見、自然の営みが無駄なものに思われても、実際には何ひとつ失われてはいないことがわかる。

インドでは、輪廻転生への信仰が深く根づいている。インドの先住民は、自分たちの親類が異なる姿になって地上に現れているかもしれないと考え、生物の命を奪うことをためらった。現代のインドでも、この考え方が浸透していることを示す興味深い事例を紹介しよう。これは、サー・トーマス・エドワード・ゴードン〔★訳注★1832-1914 英国軍大将〕が記録したもので、死者の魂を祀るという猫の話だ。

――プーナの近くにある総督官邸の守衛の職務規定には、明文化されたもの以外に、この25年間、代々口頭で受け継がれてきた規定がある。「日が落ちてから玄関の前を通った猫は、総督閣下本人と見なされる。したがってその猫には敬礼をしなければならない」というものだ。これは、ボンベイの総督サー・ロバート・グラントが1838年に他界した日の夜、玄関から1匹の猫が出てきて、生前、総督が夜になるといつもやっていたように、ある道を行ったり来たりしたのがきっかけだった。ヒンドゥー教徒の番兵がこれを見て、信頼できる仲間に迷信的な憶測としてそれを打ち明けた。するとある聖職者が、霊魂は肉体から肉体へ転生するという神秘的な説を打ち出し、番兵の目撃談を、亡くなった総督の魂が彼のペットに乗り移ったものと解釈した。具体的にどの猫なのかは特定できないので、夜になって表玄関から出ていく猫はどれも、グラント総督の魂が宿っているとみなされ、敬意をもって丁重に対応するようになった。総督官邸に勤める全員が一も二もなくこの決定を受け入れ、番兵たちも嫌々ながらそれに従った。玄関の脇の番兵は夜に歩きまわる猫に対して「捧げ銃の姿勢をとる」ようになった――。

この逸話は、ヒンドゥー教徒の信心深さと礼儀正しさを感動的に示している。総督は、権力を失って卑しい猫の姿に身をやつしてもなお、総督であり続けたのだ。

本章の最後に、サー・エドウィン・アーノルド〔★訳注★1832-1904 英国の詩人〕の『アジアの光』からの引用を紹介する。

つかのま、生と死の歯車がまわり続け
過去の物事や思考、忘れ去られた命が帰ってくる
私は覚えている、幾多の雨季を経て
いつ、ヒマラの木立のあいだをさまよい歩いていたか
縞模様の虎は腹をすかせ
ブッダである私は草の上に横たわり
緑色の目をしばたたかせながら野獣の群れを見つめる
野獣たちは草を食み、次第に死に近づいていく
ねぐらのまわりや、星空の下で
餌を求めて歩きまわり、凶暴に、貪欲に
人間や鹿が通った跡を、匂いをかぎながら進んでいく
生と死の歯車は、いたるところで回っている

18章 寺院の猫

ユダヤ人がエジプトに長く滞在し、エジプトの祭司が猫に敬意をもっていたことを考えると、聖書にこの動物がたった一度しか登場せず、しかも正典ではなく外典の『バルク書』だというのは、なんとも奇異に感じられる。

その1カ所の記述も、エジプトの聖なる猫ではなく、バビロンの「民を恐怖に陥れた――金や銀、木の神々」の虚栄心を示すことを意図している。「彼らの体や頭の上にはコウモリやツバメ、その他の鳥や猫が休んでいた」という。そして、バルクは誇らしげにこう付け加えている。「これによって、あなたは彼らが神ではなく、よって恐れるに足りない存在であることを知るだろう」

本書のテーマにも関連するので、このバビロンの神々に神性がないことを示す証拠について掘り下げるのは、興味深い作業になるだろう。

まず、寺院に祀られた神の像の足元に鎮座する猫が、寺院のものであることは明らかだ。いまとりあげたバルク書の記述からも、猫は丸々と太っており、飢えた野良猫ではないことがわかる。また「コウモリ、ツバメなどの鳥」も、同じ枝に窮屈そうに止まっているわけではないだろう。彼らは深く崇められ、古代の人々が信じる宗教において何らかの役割を担っていた。

また、宗教的に高い地位の人が亡くなったとき、猫には、その人の魂を体内に宿すという重要な任務があった。それは、死者の魂が天国に昇る唯一の方法だった。さらに、女神の明白な許可なくして聖なる寺院の中で霊魂の生まれ変わりを体験できたのも猫だけだ。

ビルマの聖なる猫　『キャット・ゴシップ』
1928年10月3日号

したがってバルクの主張は支持できない。

こんにちでも、ビルマ（ミャンマー）やシャム（タイ）の人々は、それぞれの土地の美しい猫に死者の魂が宿ると考えており、それを踏まえたうえで宗教的な儀式に猫を使っている。シャムの王子が亡くなって埋葬されたとき、彼の飼い猫の1匹が、生きたまま王子のなきがらとともに葬られた。王子の墓地に建てられた寺院の屋根には、たくさんの小さな穴が開けられた。もし生き埋めにされた猫がその穴から外に脱出することができれば、祭司たちは王子の魂がその猫に乗り移ったと判断し、その寺院に相応の敬意を表したという。

東洋の国々では、現在でも先祖崇拝が盛んに行われている。

シャム猫　撮影：ミセス・ヴェリー　『キャット・ゴシップ』より

１９２６年、シャムの若い王子が王位に就いたとき、亡くなった先代の王に対する敬意を示すために、宮廷の侍従たちが王の部屋まで１匹の白い猫を運んでいった。自分の後継者の戴冠式で確かな地位を占めたいという亡き王の遺志を、廷臣たちが忠実に守ったのだ。聖なる猫のほかに、堅固な意志の象徴である砥石と、幸福を意味するキュウリ、繁栄を意味する穀物の粒も運ばれた。

金色の目、部分的に黒いつやのある毛をもつシャムの寺院の猫は、宗教的な儀式に欠かせない存在である。お香を焚き、供え物を捧げたあとに、猫を金色の檻に入れる。シャム猫の権威であるミセス・クランは、『キャット・ゴシップ』の中で、ごくわずかな情報をもとに、〝寺院のマーク〟と呼ばれていた猫について書いている。

高貴なシャム猫の背中には2つの明確な印があり、それが真の寺院の猫の特徴だという。僧侶たちは、そのような猫をとくに神聖な存在とみなしている。だがミセス・クランによれば、その印にまつわる詳細な話も「かつて1匹の猫を拾い上げて、その子孫たちに代々、自分の両手の陰が残るようにした」という神の名前さえ不明だという。神の陰による印は、はっきりした模様にはなっていない。それでも「すすで黒く汚れた手で、白っぽい毛並みの猫の首のやや背中寄りのところをつかんだ跡のように見える。このような猫はめったに見られない」という。しかも「その印はくっきりとしたもので、偶然に表れたものではない」とミセス・クランは記している。

後述の『トルティと白猫の伝説』とも比較していただきたい。

シャム猫のもう一つの特徴は、尻尾がねじれていることだ。これは280年以上前から見られるという。この特徴はシャム猫の寓話のテーマにもなっている。その詳細はわかっていないが、「一目でわかるように、目印としてシャム猫の尻尾に結び目をつくった」という概要だ。それがだれのしわざだったのかは不明だが、おそらくどこかの神に違いない。

以来、シャム猫はタイのバンコクにある国王の宮殿だけに生息していた。その種類の猫についてはかなりの年月をさかのぼることができるが、もともとの由来ははっきりしていない。このテーマについて調査したラッセル・ゴードンは、宗教的な謎に包まれたビルマとカンボジアのクメール帝国に、ビルマの聖なる猫とベトナムのアンナン地方の猫がもち込まれ、交配したと考えている。

1885年、英国領事の妻が2匹のシャム猫をヨーロッパにもち帰り、その直後から英国で人気を博した。

ビルマの聖なる猫（いまではバーマンとして知られている）の由来については、その子孫といわれているシャム猫よりもさらに厚いベールに包まれている。唯一、信憑性の高い手がかりとなるのは、ラッセル・ゴードンの説だけである。それは、1885年のビルマ戦争のさなか、彼が英国軍の兵士としてビルマに従軍していたさいにビルマ猫の由来についての情報を入手したというものだ。ゴードンは自らの地位を利用して、生命の危機にさらされていた仏僧たちを保護した。その見返りとして、僧侶たちはゴードンを、それまで外部の人間の出入りが禁じられていた神聖な場所に招待したのだった。

ゴードンの話から、クメール人と彼らに愛された僧侶たちは、インドのバラモン（カーストの最高位）と激しく対立していたことがわかる。18世紀の初めから、インドのバラモンは仏僧たちを容赦なく追いつめ、虐殺した。僧侶たちは迫害の手から逃れ、ビルマ北部の山奥に身を隠した。迷宮のような深い山と、目のくらむような断崖絶壁に囲まれ、僧侶たちは人目につかない場所に、壮麗な寺院ラオツン（神々の住まい）を造り、儀式を行っていたが、その儀式には高い階級の人々しか参加できなかった。

ゴードンの記述によれば、ラオツン寺院は、

――インカオウグジ湖の東に位置し、東洋最大の驚異の一つに数えられる。高い山々が混沌とし

た迷宮のごとく連なり、乗り越えられない壁をつくっている。1898年のいまもなお、僧侶たちの末裔がそこに暮らしている。彼らの好意によって、僧侶たちとその聖獣の暮らしぶりを目の当たりにすることができた。

彼らの反乱と英国軍の占領に伴い、われわれはバモーの地（中部のマンダレーからは遠く離れていた）でバラモンの侵略から僧侶たちを保護しなければならず、虐殺や略奪の魔の手から彼らを救い出した。僧侶は私を迎え入れ、グロテスクな神の足元に聖なる猫が座る姿が描かれたプレートを贈ってくれた。その神の目は、細長いサファイヤでできていた。そして、百匹はいるかというたくさんの猫を私に見せ、その起源について次のような伝説を語ってくれた。

不吉な月夜に、野蛮なシャム人が「太陽の山脈」にやってきた。ラオツン寺院には、ムンハという最も高貴な僧が住んでいた。ソン・ヒオ神は金色の髭をムンハのために編んでやった。ムンハは、寺院に祀られたサファイア色の目をした女神ツン・キャンクセに、日々、深い祈りを捧げていた。ツン・キャンクセはこの世での報いを受ける魂の転生を司る女神で、だれもその目から逃れることはできなかった。ムンハが神のお告げを受けたとき、それを伝えたのは僧侶たちが深く崇めていたシンという名の猫だった。

シンは不安な面持ちの主人のそばに座り、女神に祈りを捧げていた。なんと美しい猫だろう！その目はムンハの光沢のある髭に照らされて金のように輝き、サファイアの瞳をもつ女神の琥珀色の体のように黄色かった。

ある晩、月が空に昇るころ、シャム人はこっそりと寺院に近づいていった。そのころ寺院では、ムンハが老齢と苦悩によって絶命した。ムンハが死んだとき、そのそばには女神と聖なる猫シンがいた。ほかの僧侶たちはムンハの死を悼んだ。と、そのとき、奇跡とも思える転生が起きた。猫のシンがムンハの体に飛び乗り、主人の頭の上で女神のほうを向いた。すると、シンの背中の毛は背骨に沿って金色に変わり、ソン・ヒオ神が編み上げた髭のように金色だった目は、女神と同じような深いサファイアブルーに変わった。四肢は土色になり、ムンハの頭と接触することでその高貴さによって清められたのか、足の先は白くなった。

シンは南の扉のほうを向いて高慢な目つきでそちらを見た。高圧的に何かを命じるその目には、僧侶たちを従わせる揺るぎない迫力があった。僧侶たちは、侵入者を寺院の青銅の扉の奥に閉じ込め、地下道を通って不敬な侵入者たちを捜しまわった。

シンはいっさい餌を食べようとせず、玉座から降りようともしなかった。まっすぐに立ち、女神と向き合い、女神のサファイヤ色の瞳をじっと見据えているうちに、次第にきらめきと愛らしさを帯びるようになった。

ムンハの死から7日が経ったとき、シンは純白の四肢で直立し、まつげ1本動かさないまま息絶えた。地上にはもったいないほど非の打ちどころのないムンハの魂は、ツン・キャンクセのもとに旅立っていった。だが、息絶える直前、シンは最後に一度だけ、ゆっくりと南の扉のほうに目を向けた。

シンの死から7日後、ムンハの後継者を選ぶために、僧侶たちはツン・キャンクセの御前に集まった。すると驚いたことに、寺院の百匹の猫がゆっくりと列をなしてやってきた。どの猫の足も足袋を履いたように白く、真っ白な毛は金色を帯び、トパーズ色だった目はサファイヤ色に変わっていた。

日本の「着物猫」 撮影:ミセス・ヴェリー『キャット・ゴシップ』より

それを見た僧侶たちは恐れ敬い、その場にひれ伏して事が起こるのを待ち続けた。彼らには、聖なる猫の調和のとれた肉体に、主人たちの魂が宿っていることがわかったのだろうか？ みな厳粛な面持ちで、最年少の僧侶レゴアを取り囲んだ。やがてレゴアをムンハの後継者とするという神の啓示があった。

ラオツン寺院で聖なる猫が1匹死ぬと、僧侶の魂は金の神ソング・ヒオの謎めいた至福の地に戻り、二度と出ることはできない。たとえ無意識のうちにでも、恐れ多く尊い猫の寿命を縮めてしまった不幸なやからは身の毛のよだつような拷問にかけられる。それで猫の魂の苦しみは和らぐのだった——。

ゴードンはこうも述べている。

――この伝説は美しい物語ではあるが、何ひとつ科学的な説明がなされていない……ビルマの猫の血筋は非常に古いと思う人もいるだろうが、このきわめて希少な猫について証拠となる文献を入手することは不可能に近く、アジアでもヨーロッパでも、この30年間に私が連絡をとった飼育家や作家でも、せいぜいこの猫のスケッチを持っている程度であり、オーギュスト・パヴィエ〔★訳注★1847・1925 フランスの探検家、外交官〕か私の書いた記録でしかこの猫のことを知らないのだ――。

ゴードンによれば、ビルマの猫の色合いはシャム猫によく似ているが、足先が白く、毛が長く、ふさふさの尻尾をリスのように背中に乗せている。目は深い青で、哀愁を帯び、休んでいるときには優しく、怒ると野性的にぎらつくという。

イスラム教で「キスワ」と呼ぶ、カーバ神殿を覆う布がある。この布にまつわる儀式の話からも、宗教儀式における聖なる猫の、興味深い一端をうかがうことができる。E・W・レーン〔★訳注★1801・1867 英国の東洋学者〕は、1834年2月15日にこの儀式の行列を目撃した。

日本の「着物猫」　撮影：ミセス・ヴェリー『キャット・ゴシップ』より

「ヘンナでかすかに赤く染まった数頭の大きなラクダが、装飾を施した鞍をつけて進んでいた。それぞれのラクダの上には、1人あるいは2人の子どもが乗り、猫が乗っていることもある。そのあとには、先陣の一団、非常に演奏のうまい軍楽隊、守衛が続く」

この行列で、猫は何を意味しているのだろうか？　具体的な情報がないままあれこれ想像をめぐらすのは危険だが、彼らにとって猫が神聖な動物だったことだけは間違いない。

ドクター・リリアン・ヴェリーは『キャット・ゴシップ』の中で、日本の聖なる猫をとりあげている。「ミスター・ブルックは、その記事に使われた写真を私に貸してくれた」。ヴェリーは言う。

——私の知る限り、日本から外国に渡った猫で、1910年に写真に収められたこの猫ほど「神聖な」猫はいない。日本では、少なくとも一部の宗派では、生まれたときに何かしら体に印がついている猫は、先祖の魂が宿っている神聖なものと見なされ、寺に送られるという。

そのような猫が外国に持っていかれるはずはないのだが、この猫は、中国人の従業員が盗んで船に乗せたものを、英国の船長が引き取ったのだ。船長はその猫を寺に返したいと思ったが、それが盗まれたという事実を考えると、どうしてもその勇気が出なかった。けっきょく彼は本国にその猫を連れて帰り、パトニーに住む英国人の家族に引き取ってもらうことになった。猫は伝統を重んじる一家のもとで幸せに暮らし、長く生きたが、私が写真を撮ってからまもなく、1911年ごろに死んだ。

毛は白と黒で、背中に黒の「聖なる」印があり、その印の形は着物を着た日本人の女性のように見えた。尻尾は黒くて長く、幅広で、三角形のような形をしていた。そのしぐさは不気味なほど人間のようで、生の肉以外の食べ物はいっさい口にしなかった。私はこの猫の写真を撮る機会を得たことに感謝し、以来、だれにも写真を見せなかったが、その一家から猫が死んだことを知らせる手紙をもらったときに、記念に一枚現像して送った。その猫は雌だったが、つがいになるのを嫌い、子猫を産まなかった――。

このエピソードについてミスター・ブルックは、次のように言及している。

「ごく普通の猫に見られる特定の模様が、少なくとも一部の宗派では神聖さの印とされ……最初のうちは、純粋に聖職者の政略によるものだったと思われるが……それによく似た事例として、古代エジプトの聖牛アピスを想起させる。アピスの色も白と黒だが、黒地に白の模様がある……メンフィスでは、アピスはプタハ神の転生として崇められ、司祭たちに神殿の中で大切に保護された。アピスが死んだときには、エジプト全土が喪に服した」

猫の驚くほどよく変わる明るい目は、猫が人々に崇められた大きな理由だ。古代ギリシャの歴史家ホラポロンは、猫の目と太陽の類似点を指摘してこう言う。「猫はヘリオポリスの太陽神殿で崇められていた。なぜなら、その瞳孔の大きさは地平線上の太陽の高さによって変化し、その意味で太陽に似ているからだ」

猫が太陽のシンボルであることについては、他の章でもある程度説明したのでここで詳述するのは控えるが、寺院の猫に対する尊敬の念は、これまでとりあげた猫に対するそれよりも強いといえるかもしれない。

19章 動き出す猫の図像

太陽を祀ったエジプトの寺院では、猫のイメージやシンボルが目立つ場所に飾られている。聖獣を描いた像や絵画には、不思議な潜在能力があるということを認めているという意味では、古い伝説も現代の伝説も変わらない。この能力は、図像に描かれた聖獣の中に宿っていると考えられる場合と、共感呪術の概念によって説明される場合がある。本章ではそれにまつわる逸話をいくつか紹介するが、それをどう解釈するかは読者の判断にお任せしたい。

最初に紹介するのは、『サンデー・エクスプレス』紙のカイロの記者が1919年8月24日に書いた「カルナック神殿の猫」という記事だ。

――この物語の主人公はウィリアム・ネトリー。1915年に負傷兵としてダーダネルス海峡からエジプトに送還されたオーストラリア兵だ。そしてヒロインはスペル不明な名前を持つ美しいギリシャ娘である。物語は、アレクサンドリアの病院に収容されたネトリーが、ある日外出の許可を得てドライブに出かけたことから始まる。

ネトリーはハイヤーを借りて、町なかをドライブした。狭い路地を通っているとき、ふとギリシャ人の美しい娘が目にとまり、ひと目で恋に落ちた。彼は運転手に車を停めるように言ったが、そのアラブ人は聞こえなかったのか、聞こえないふりをしたのか、そのまま運転を続けた。そこでネトリーは、ドライブを終えたあと歩いてその路地に引き返し、さっきの娘を探したが、どうしても見つからなかった。

古代エジプトのパピルスより　アビシニア猫（自然史博物館）
『キャット・ゴシップ』より

その後、彼は除隊となり本国に帰った。だがあの日見かけたギリシャ人の娘の魂にとりつかれてしまい、彼女のことが忘れられなかった。そこで再びエジプトに戻り、計画を練って彼女を探したが、努力の甲斐なく彼女の行方はわからずじまいだった。彼はアスワンとルクソールにも足を延ばすことを決意し、それでもだめならあきらめるつもりだった。

ルクソールでは、律儀にもカルナック神殿を訪れて神々に敬意を表した。するとしだいに太古の遺跡に魅了されてしまい、カイロに引き返す予定を変更してルクソールでの滞在を延ばすことにした。そして大半の時間を、遺跡の崩れかけた柱や聖なる石を眺めることに費やした。

ミイラを納めた石棺には、猫の姿が彫り込まれていた。それをまじまじと見つめていると、その猫が生きているような錯覚にとらわれた。猫の目は彼のほうを見据え、その姿はいまにも動き出しそうだった。

そのとき、脚に何かが触れるのを感じた。驚いたことに、石棺に彫られた猫が、彼の足元に立っていた。何も音はたてなかったが、その不気味さにさすがのダーダネルス海峡の英雄もぎょっとした。猫はゆっくりと遠ざかっていった。ネトリーがあとをついていくと、猫は神殿の裏の細い道を進んでいき、小さな下宿屋の前で立ち止まった。そして、ネトリーがいることに気づくと、さっと下宿屋の中に逃げ込んだ。

いよいよ好奇心に駆られたネトリーは、それまでの不安も忘れ、下宿屋に足を踏み入れた。そこで、長いあいだ探し続けたあのギリシャ人の娘に出くわしたのだった――。

この驚くべき逸話では、猫のイメージに生命を吹き込むのは、慈悲深い霊魂だ。しかしたいていの場合、このような霊魂は憎悪や破壊を表している。

アーサー・ウィーガル〔★訳注★1880・1934　英国のエジプト学者〕は、活動的で悪意をもった霊魂が、猫のミイラに憑依した逸話を紹介している。これは迫真の描写なので、私の言葉でかいつまんで説明してしまうと本来の魅力を損ないかねない。そこで勝手ながら、ウィーガルの話をそのままの形で紹介する。

――1909年、古代エジプトのテーバイにある、王族が埋葬された墓地の発掘作業に携わっていたカーナーヴォン上院議員は、大きな黒猫の木像を発見した。これと似た像は、カイロ博物館に所蔵されている。この木像は実は容れ物になっていて、中にはミイラ化した本物の猫が納められていた。

木像が穴の淵で発見されたとき、その姿は猫というよりも、小さな虎のように見えた。太陽の光を受け、黄色い髭を逆立て、黄色く塗られた目でこちらをにらむように鎮座していたからだ。体全体には、滑らかで光沢のある塗料がしっかりと塗り込まれていた。

私たちは最初のうち、聖獣の猫を中に入れて閉じた隙間の線に気づかなかった。だがそれまでの経験から、接合部が木像の中央に、鼻から頭のてっぺん、背中、胸にかけて円形についていることがわかっていた。実際にそれを開けてみると、2つに割れた木像の左右の大きさはまったく同じだった（185ページの挿絵参照）。

このくすんだ色の木像は、ナイル川を超えて私の家に運ばれたが、エジプト人の使用人の手違いで、私の寝室に置かれた。深夜、帰宅して玄関から入っていくと、私の行く手をふさぐように、床の中央にその像が置かれていた。木像に足をぶつけた私はしばらくそのかたわらに座り、向うずねをさすっていた。

ある夜、ベルを鳴らしてもだれも出てこないのでキッチンに入っていくと、サソリに刺された執事が激痛で七転八倒し、使用人たちがそれを取り囲んでいた。ようやく痛みがおさまり落ち着きを取り戻した執事は、大きな灰色の猫に追いかけられたと信じ込んでいた。それを聞いても私は驚かなかった。ついこのあいだ、使用人が間違って猫の木像を私の寝室に置くのを彼も手伝っていたため、そんな幻覚にとらわれるのも無理はないと思ったのだ。

ようやく私は寝室に引き上げた。開け放たれたフランス窓から入ってくる月の光が、黒猫の像を照らし出していた。ベッドに横になってからも、私はしばらくのあいだ、その奇妙な創造物を眺めていた。

黒猫は、私を通り越して背後の壁を凝視している。年代は、3千年をはるかに越えているだろう。私は、はるか昔ペットであり、家庭の守護神であった猫のために、この風変わりな棺を作りあげた古代エジプトの、見知らぬ人々の姿を思い浮かべようとした。窓の外では木の枝が夜風に揺れ、その影が黒猫の顔の上で躍るたびに、黄色い目が開いたり閉じたりして、にやりと笑っているように見えた。

眠りに落ちる直前、確かに一度、猫が首をめぐらせて私を見たような気がした。そしてその黒い顔に、不機嫌そうな表情が浮かんだ。遠くでは不運な執事が、猫を追い払ってくれと使用人たちに哀れっぽく訴える声が聞こえた。その低い泣き声が廊下から響いてくると、黒猫の目がきらりと光ったように見えた。

やがて私は眠りに落ちた。1時間ほどはなにごともなく過ぎた。ふいに、部屋の中でピストルを発砲したような大音響が轟き、私は飛び起きた。ベッドの上にいたのか飛び乗ったのか、灰色の大きな猫が私の膝を飛び超え、手に爪を立てたかと思うと窓から庭に逃げていった。その瞬間、月明かりの下で、木像が2つに割れて床のうえに立った。まるで2つの大きな空っぽの貝のようだった。そして、そのあいだには、ミイラ化した猫が座っていた。体じゅうに巻かれていた布の端が、首のあたりでほどけていた。

私はベッドから飛び出し、木像の片割れを観察してみた。さっきの大きな音は、長年砂漠に放置されていた木材が、ナイル川からの湿気にさらされて膨張し、破裂した音だったのだ。月明かりの下、庭を探しまわると、小道の中ほどに猫がいるのに気がついた。だがそれは、さっき私の手を引っかいた灰色の猫ではなく、私の飼い猫だった。背中を丸めて毛を逆立て、まるで10匹の邪悪な猫がそこに潜んでいるかのように、茂みの奥をじっとにらみつけている。

私が向うずねを打ったり、執事がサソリに刺されたりするよう仕向けたのは、灰色の猫なのか。あれは布をかなぐり捨てて木の器から飛び出し、闇に逃げていった邪悪な霊なのか。それともミイラに施された包帯が数千年のときを経て自然に破れ、たまたま私の部屋に野良猫が迷い込み、古代エジプトの木像が破裂した音に驚いただけなのか。そのあたりは読者の判断に任せたい。偶然は人生の一つのファクターではあるが、いちいちそれを検討するには及ばない。私が体験したことは、その気になればごく自然に説明することもできるのだ――。

少し和やかな気分になったところで、次の逸話を紹介しよう。『オカルト・レビュー』の編集者のページに掲載された奇妙な話で、著者はドイツの著述家として知られるT・H・カーナー・ヴェルンズベルグだ。ここでも再び、原文のまま引用することをお許しいただきたい。

――ある日、ワーテンベルグのアレクサンダー伯爵から私の父のもとに、ごく平凡な黒い額縁に入った絵が送られてきた。青みがかった紙に黒いチョークで描かれた、等身大の野良猫の絵だった。目のあたりにも紙と同じような青い色が使われ、体は黒っぽかった。

この絵の最大の特徴は、長い時間それを眺めていると、猫が生きているように見えてくることだった。目には邪悪で陰気な雰囲気がただよい、見る者を不快な気分にさせる。何年もの月日が経ったいまでも、あの目つきは忘れられない。絵にはこんな手紙が添えられていた。

「親愛なるジャスティンへ。

この絵はとてもよく描けていて、どうしても処分する気になれないのですが、かといってこれ以上手元に置いておくと気がどうにかなりそうなので、あなたにお送りしようと考えた次第です。この絵は、森に住んでいた知人の部屋に飾ってあったものです。彼はとても恵まれた環境で暮らし、幸せな結婚生活を送っているように見えたのですが、いまから2カ月前、これといった理由もなく拳銃自殺を遂げました。私はこの絵を彼の奥さんから買い、自分の部屋に飾りました。ところが絵の中の猫の目つきに、どうしても耐えられなくなってしまいました。四六時中猫の目が気になり、ひどく憂鬱な気分になるのです。一刻も早くこの絵を手放さないと、あの男と同じことをしでかしてしまうのではないか。そんな気がしてならないのです。そこで、霊魂の扱いに長けていることで有名なあなたに、この絵をお送りしようと思ったのです。あなたになら、この悪魔も悪さをすることはないでしょう」

それからほどなくして、アレクサンダー伯爵は亡くなった。その後、その絵は父の部屋に飾っていたが、父も嫌悪感を抱いていた。だが、友人の形見である絵を捨てるわけにもいかなかった。ある日のこと、父がその絵を私に手渡し、処分するようにと言った。これ以上そばに置いておくことに耐えられなくなったというのだ。

それから1年近く、その絵は私の部屋に飾られていたが、私はとくに気にもとめなかった。

ある冬の夜、手紙を書いていると、ふいに部屋の中にだれかがいるような気配を感じた。何かがこちらに音もなく忍び寄ってくるような感覚を覚えたのだ。顔を上げて、絵の中の猫の目を見つめた。私は瞬時に、自分と猫が友好関係にはないことを悟った。猫は、責めるような目で私をにらんでいた。ひどく嫌な気分になったが、最悪なのは、猫の目の威力に圧倒されていることだった。全神経から生気を吸いとられ、すべての思考を奪われるような気がした。この程度のことで屈したくはなかったが、ようやくこの絵を手放す言い訳を見つけたわけである。

私の知人で、スポーツと狩猟をこよなく愛する紳士がいた。彼はちょうど新居の内装に取りかかろうとしていたので、私は猫の絵を彼にプレゼントすることにした。彼は大変喜び、その絵を廊下に飾った。だがその半年後、やはりこれといった理由もなく、彼は塞ぎ込んだあげく、自ら命を絶った。

その後、彼の親戚がその絵を引き取ったが、やはり数カ月後、ベッドで亡くなっているのが発見された。自殺だったのか他殺だったのかはわかっていない。その後の猫の絵の行方は不明である――。


この話をラルフ・シャーリーに伝えたドクター・フランツ・ハルトマンはこう指摘する。

――持ち主に悪影響を及ぼしたのは、絵画そのものではない。われわれが「四元素」とか「思考の型」、「魔法」などと呼ぶところの、ある生きた力がその絵にとり憑いていたことは明らかだ。自然科学者にとってこのような力は、すべてのオカルト信仰者が知る事実を認識できない限り、当然理解できないものだ。すなわち「星と心の次元は、それ自体が司る世界であり、人間の肉眼には見えないが現実であり、実体を伴い、本能あるいは知性によって意図し、考え、行動する力をもつ住人が住んでいる」というような。

心霊の影響力を自覚していない人々にとって、自分たちが目に見えない世界の住人の影響をどの程度受けているのかを理解することは難しい。占い師は、どんなときも人間は独りぼっちにはならないと教えてくれる。目に見えない霊が常に周囲をとり囲み、それらはただ漫然と人間の行動を眺めているわけではなく、ときには人間の生命を左右する決定的な役割をも担うというわけだ。

この章でとりあげた数々の逸話に共通しているのは、すべての霊が猫の図像に憑依しているという点だ。じつに奇妙な特徴である。

20章 死者の都（ネクロポリス）の猫

この章では、神聖かつ象徴的な猫と、墓地のつながりをたどってみたい。

猫が象徴する太陽神は、生命と光の源であるだけではない。夜になると地下の神秘的な墓に沈み、その姿は抹殺され、埋葬される。この一面はプタハやオシリスとして表わされ、死者の神、闇と夜の王になる。闇の中を歩きまわる猫は、依然としてそれにふさわしいシンボルだ。

大英博物館所蔵のあるパピルスに描かれた絵は、あの世での人間の生命を描くとき、猫という象徴がいかに重要な意味をもっているかを裏づけるものとして、興味深い。シャープは、この絵をこう説明している。

「オシリスの背後には、ライオンの頭部をもつ女神ムトが座っている。オシリスの前には、牡羊の角をもつライオンの姿をしたパシュト、猫の頭部を持つイシス、4匹の蛇、1頭のスフィンクスがいる。女神ネフティスは背後に立っていて、さらにその向こうには、死者のミイラが見える——そして、猫の頭部をもつ人間が礼拝を行っている」

猫の頭をした人間は、信仰によって猫科の神々のいずれかと同一視する。少なくとも同一視するために、定められた儀式では猫の仮面を身につけ、そうすることによって神の御前に到達したと考えられる。

ツタンカーメンの墳墓から出土した美術品の中で最も美しいのは、若き王が黒い猫に乗り、冥界へ旅立とうとしている姿を現した金の彫像だ。王は猫の肩から臀部に置かれた台座に直立の姿勢で立っており、片手には鞭のようなものを握っている。その動物は、形から判断すれば豹のようにも見える。だが黒豹はアジアの動物で、アフリカには見られないので、制作者が黒豹を意図したかどうかについては疑わしい。いずれにせよこの彫像は、古代エジプトの宗教観におけるあの世での猫科の動物の重要性を示すものだ。

エジプト最古の猫の彫像の一つは、テーバイのネクロポリス、ハナの墓室にある。ハナは第11王朝に属していたと考えられている。そこには、誇らしげに立つ王の足元に、愛猫のボレハキが座っている。アメンホテプ3世に捧げられた聖猫が納められた棺は、現在もカイロに保管されている。

著名なエジプト学者のボルヒャルトは、彫刻の施されたミイラの石棺についてこう記している。「この小さな石棺は、テーバイを中心とする第18王朝の時代に使われた死者の棺を縮小した複製品である――側面が広くなっていることから、猫がよくやるように、背筋をのばした状態で座っていることがわかる。棺の前にはテーブルがあり、その上にはたくさんの供え物が並べられている。それは、小さな大食漢が未来永劫食べ物に困らないように、魔力によって絶えず新しいものにとり替

猫のミイラの棺（メンフィス）
（大英博物館）

猫のミイラの棺（大英博物館）

えられる。ミイラの石棺にはトトメス3世の紋章があることから、紀元前1580~1320年、代々のアメンヘテプ、トトメスの治世、つまりテーバイの全盛期でもある輝かしい第18王朝の作品と見られる」

敬虔なエジプト人は、無数の猫をミイラにした。ブバスティスでの調査によれば、何千匹もの猫の屍が埋葬されたことが明らかになった。またベニハッサンではある農民が偶然、洞窟の中に猫の墓地を発見した。ふと気づくと、彼の周囲にはたくさんの棚に数えきれないほどの猫のミイラが整然と並んでいたという。

この無数の猫のミイラが公共の財産になると、近隣の村の住民も発掘に乗り出した。そして数多くのミイラを確保し、焼却、あるいは埋葬した。その一方、レヴァント地方の古美術商はさらに多くのミイラを収集し、観光客に売りさばいた。だが、供給は需要をはるかに上まわっており、猫のミイラの在庫は無尽蔵に近かった。

ついに、実益を重んじるとあるアレキサンドリア人が、猫のミイラを農業用の肥料として販売することを思いついた。彼はまだ残っていた何トンものミイラを英国に船で運んだ。18万体のミイラからなる貨物は、1890年3月、リヴァプールの港に到着し、オークションにかけられた。想像力に乏しい係員は実際にそのうちの一つを木槌として使い、その奇怪な品物を、1トンあたり3ポンドのはした金で競り落とした。いまなら猫のミイラ一つ分の値段にもならない。

かつて深い畏敬の念と技術がつぎ込まれた神聖なものが、かくも不名誉な末路をたどるとは、ま

アビュドスの猫のミイラ
ローマ時代（大英博物館）

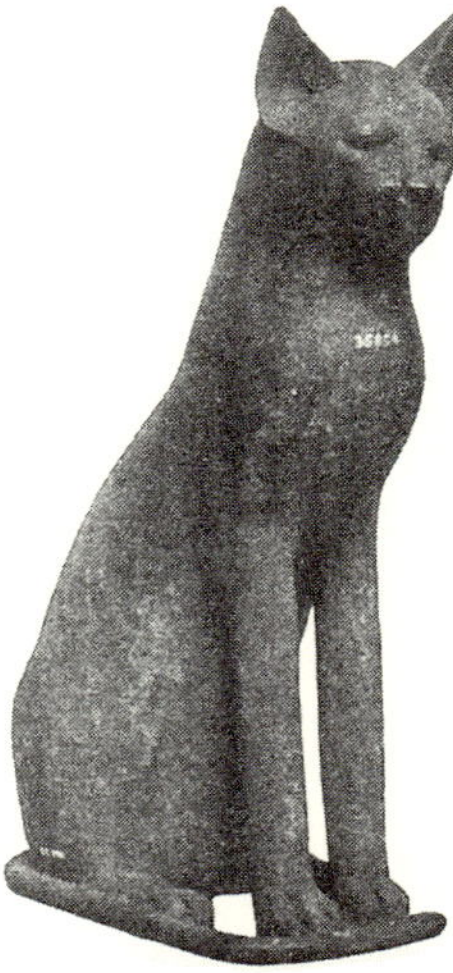

猫のミイラの青銅の棺（大英博物館）

れにみる奇妙な運命のいたずらというべきか。

大英博物館に行けば、古代エジプトの黄金時代において猫が重要な役割を果たしたことがよくわかる。バラエティ豊かな数多くの猫のミイラを鑑賞できるだろう。中には2色刷りの麻布で巻かれたものもある。色を塗った円形の麻布を縫いつけて目と鼻をかたどり、シュロの葉の中央の筋を使って耳のように見せている。木製、青銅、粘土で造られた、猫型の甕や棺に納められたものもある。目は金をはめ込んだクリスタル、瞳孔は黒曜石でできている。

さらに、さまざまな大きさの猫をかたどった青銅の像、ネックレス、スカラベの模様が彫り込まれた像、金の象眼で飾られた像もある。猫像の素材も、クリスタル、青い大理石、磁器、釉薬を塗ったものなどさまざまだ。精巧なつくりの猫や子猫、生前、だれかの胸元に下がっていた大小さまざまな魔除け、表面に猫の姿が彫り込まれた金の指輪、あごの部分が動くようになった子ども向けの木製のおもちゃもある。その一部は神殿の建立のさいに作られたものだが、それ以外は副葬品として墓に埋葬された。

特定の動物を聖獣とする神々が、神聖な場所で重要な地位を占めていた古代エジプトの町や都市。そこではこのような聖獣を、死後、別の都市（猫なら猫神を深く崇めるブバスティスなど）に移すようなことはとくに儀式化されていなかった。

しかし、中には自分の大切な聖猫を遠く離れたブバスティスのネクロポリスに送っていたエジプト人もいた。これは、死の床で自分の遺体を故郷からアビュドスに移すよう言い遺したオシリスの

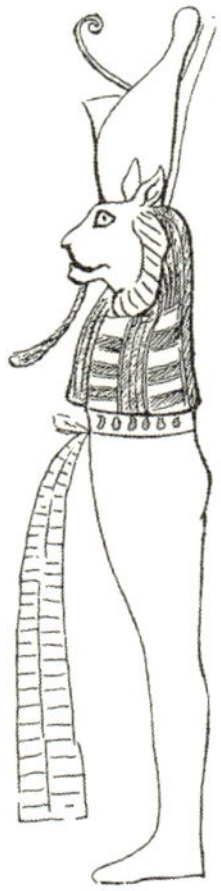

猫またはライオンの頭をもつ像。テーバイのアメンラーの神官の棺の絵（紀元前1150年ごろ）（大英博物館）

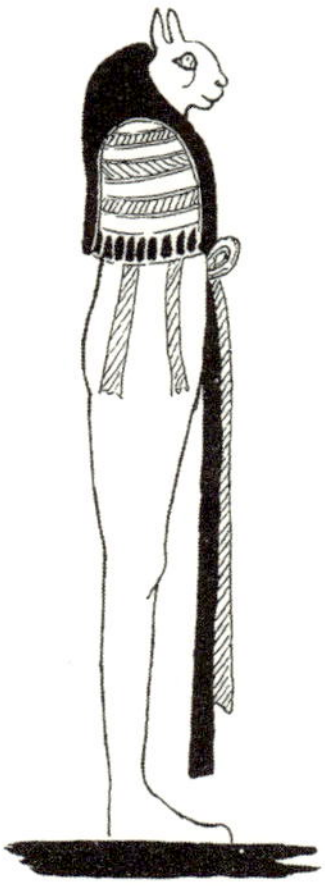

テーバイのアメンラーの神官、「聖なる父」アメンエムオペトの棺の内部に描かれた猫の頭をもつ像。第20～21王朝（紀元前1100年頃）（大英博物館）

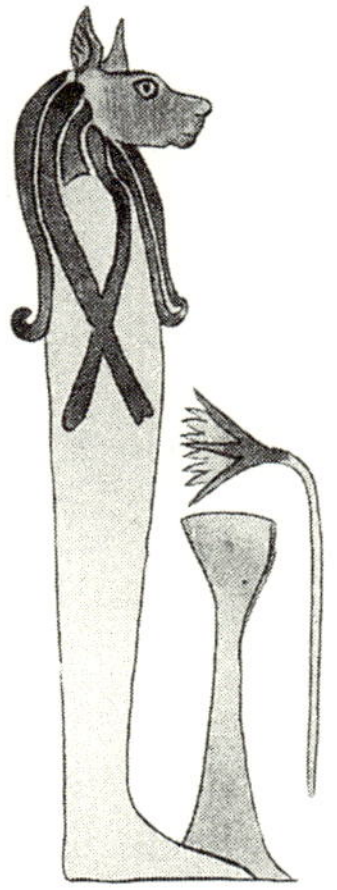

テーバイのアメンラーの神殿の神官の木製の棺（紀元前1100年頃）（大英博物館）

熱心な信者が、死後アビュドスへの埋葬を願うのと同じだ。プルタルコスによれば、アビュドスになきがらを移すのは、信者がオシリスと同じ墓で眠るような気分になれるからだという。

同じように、猫の魂もその主人である神のすみかの近くにいるほうが、はるかに安らかな気分で眠れるはずだと考えられていた。小さな岩の神殿があるスペオス・アルテミドス遺跡があるシェイク・ハッサンの近くで大量の猫のミイラが発見されたのも、休む棺を必要とする「魂」（カー）への、愛情に満ちた畏敬の念があったからこそといえるだろう。

自らの分身として神が選んだ個々の動物への崇拝の念は、ときの流れとともに、あらゆる種類の動物へと拡大していった。そのためブバスティスの住民は、神殿に祀られた女神の象徴としての特別な猫だけでなく、自分たちが大切にしているすべての猫を崇拝するようになった。ガストン・マスペロ〔★訳注★1864-1916 フランスのエジプト学者〕はこう記している。「その地区の神は特別な猫になることをやめ、ごく普通の猫になった」

猫などの動物のために墓地が造られるようになったのは、エジプトが西洋文明との接触によって徐々に自国の理想が堕落しはじめたことに気づいたころだ。外国からの影響に激しい抵抗を示し、自国の独自性を誇示するようになったのである。こうしてエジプトは、それまでの限られた種類の聖獣信仰から、あらゆる種類の動物信仰へと移行した。

動物のミイラは、あたかも人間であるかのように同等の敬意をもって、人間の墓のそばにきちんと埋葬されるようになった。動物のための墓を用意することは賞賛に値する作業と見なされ、その儀式は神聖な場所で仰々しく行われた。埋葬の儀式には膨大な費用がかかったが、その資金は敬虔な信者が提供した。もっとも金額は、猫が象徴する女神への敬意の程度によってまちまちだった。

エジプトでは、人間と同じように動物にも階級があるため、すべての猫が神聖とみなされるようになっても、生前、女神バステトのシンボルとして神殿で崇められた猫は、死後も特別な敬意をもって扱われ、とりわけ立派な葬儀が行われていたと考えられる。もちろん神殿の猫は、女神の生霊という輝かしくも尊厳に値する階級に属するがゆえに、特別な場所で育てられた。

猫が死んだとき、敬虔なエジプト人は哀悼の印として、自分の眉毛を剃り落とした。これまでの経緯を見れば、その理由もわかると思う。彼らはそれまで保証されていた神の加護が絶たれたことを受け入れ、予想しうる喪失や不運がこれ以上起きないよう、願いを込めて猫の顔を真似たのである。

21章 天国の猫

古代エジプトの素晴らしい宗教は、ほかの宗教と同じように原始的なレベルから発展した。元来、エジプト人は魂という概念をもっていなかった。彼らにとって生命は呼吸であり、私たちが死と呼ぶ状態に陥った瞬間に消滅する流動的なエネルギー源だった。生命の所有者は、呼吸と動作が停止し、意識が途絶え、肉が腐敗し、そして最終的な身体の崩壊に至る。最初に挙げた2つの現象は、睡眠、催眠術、強硬症（カタレプシー）、失神など、死に至らなくても起こるものであり、ときの経過とともにもとの状態に戻る。

死と、深い無意識状態との違いは、死が腐敗を伴うことにある。つまり、もし腐敗を防ぐことができれば、夢から覚めたときのように生命も肉体に戻ることができるという推論が導かれるわけだ。そこでエジプト人は、死を生命の一時停止にすぎないのだと考えた。腐敗が始まる前に魔術の力を使えば、治すことができるというわけだ。そこで遺体をミイラにしたり、香油で腐らないようにしたり、魔術の儀式を行ったりするようになった。

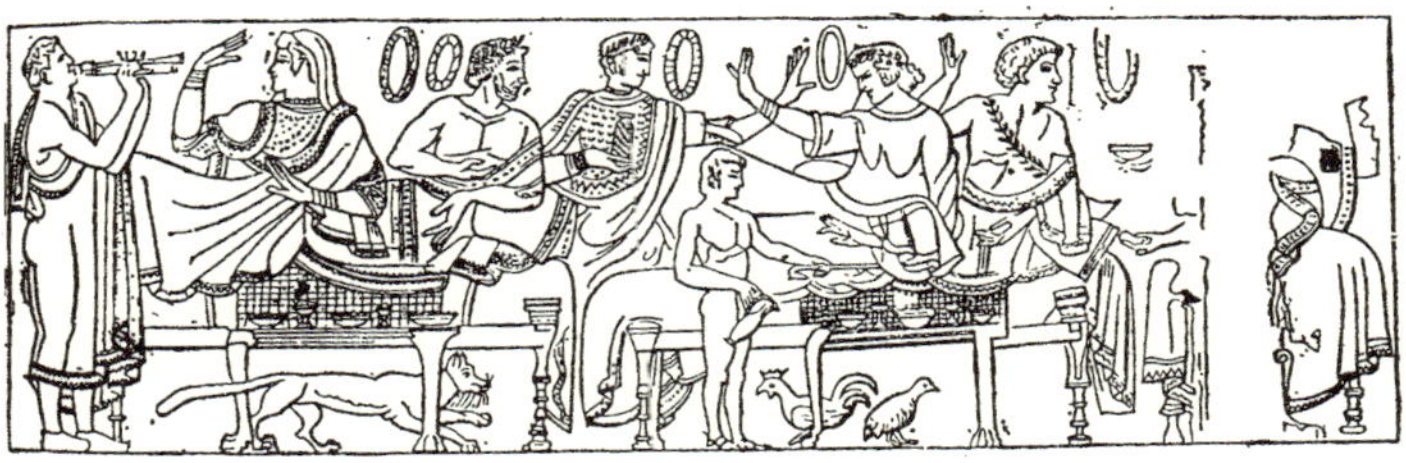

祝祭の猫と雄鶏　古代の墓石の絵　『ル・タブレット』より

死者の魂への儀式を支える信仰心や忠誠心は、聖獣である猫にも向けられた。儀式を行うことで、猫の小さな体（というより、おそらくは霊界における分身）は四肢の動作や内臓の機能を維持することができ、再び眼を覚ますと考えられていた。そればかりか災難にさえ遭わなければ、永遠の生命を得られるというのである。死んだ猫に似た小さな彫像に宿る魂を慈しむことで、災難への防御を固め、たとえミイラが消滅しても、その彫像をミイラの代わりとした。

最初のうち、墓での生命の復活は、完全に実質的なものとしてとらえられていた。冥界でも猫は地上の生活とよく似た状況で生き続けるが、それは過去の最も幸せだった時期の姿に限定される。たとえば、善良で有力な主人のもとで幸せな生涯を過ごした猫は、冥界においても同じ状態で過ごすことができるのである。

だが当時、天国という概念はまだ生まれていなかった。墓に葬られ、魔術によって生き返ったミイラは、夏は涼しく冬は暖かい小さなねぐらを見つけ、葬儀のあいだ祭司が唱える呪文によって、絶えず新しくなる供え物に囲まれて過ごす。

このように最初は素朴な考え方をしていたエジプト人も、しだいにそれだけでは飽き足らなくなっていく。冥界についても物質的な生命以外のものが求められ、想像されるようになった。なきがらを墓の中にとどまらせるのか、もっと幸せな場所に移すのか、霊魂は選択することができる。その霊魂によって、なきがらは生気を吹き込まれると考えられるようになったのである。

葬儀のさいに行われるオシリスの秘儀は、死者を、一度死んでから生き返った冥界の神オシリスになぞらえた。死んだ猫の魂も「オシリス化」され、天に昇って神々とともにそこで過ごす。だが、その道のりには数々の危険が待ち受け、小さな猫の魂は、オシリスの信奉者たちが集う場所のはずれの、西の国にたどりつく。

西の国の美しい女神アメンテに導かれ、彼らは「長靴をはいた猫」のように行進していく。神は猫のきゃしゃな足をつかみ、魂の通り道を案内する。魔法によって墓の中に保管されていた供え物が与えられ、それが猫の旅の糧となる。空の境界線に着くと、天に続くはしごが見える。神々がそれをしっかりと支えているので、猫は難なくそれを登ることができる。最後の一段、猫の巡礼者たちは、地上にいたときと同じように物怖じして進むのをためらう。するとホルス神とセト神がそれぞれ猫の足を持って上に引き上げ、猫は天国に舞い上がるのだ。

猫はたちまち至福に包まれる。天国には、ナイル河、魚が泳ぎまわる池、青々とした草木、家々を抱いた理想的なエジプトの大地が広がっている。そこで猫たちは、獲物を追いかけて気ままに暮らし、地上よりもはるかに幸福な時間を過ごすことができるのである。

とはいえ、天国でも多少は働かなくてはならないし、生きるために努力しなければならない。もしそこでの暮らしが辛すぎるなら、さらに遠くにある居心地のいい天国が現れる。この天国は「供え物の地」という。そこでは猫の霊は、砕かれたり燃やされたりすることで解放される。さらに、敬虔な人々が猫の墓に置いていてくれたたくさんの供え物のおかげで、食べ物に困ることもない。猫は何も努力する必要がないのだ。

竪琴に合わせて猫を踊らせる　カピトリーニ美術館の浅浮き彫り　『ル・タブレット』より

さらに遠くには、比べものにならないほど素晴らしい3つ目の世界が広がっている。そこでは太陽神アモン・ラーとともに過ごすことができる。アモン・ラーは、太陽の船にあるすべての天国を司る神だ。この栄光の地にたどりついた神聖なる魂は、まばゆい光の霊となり、神々の王の後光の中に吸い込まれていく。

こうした無上の喜びは、地上のすべてのものに与えられるわけではない。この第3の世界は、アモンの息子・偉大な歴代ファラオの世界なのだ。ファラオの猫も当然、その栄光に浴することができる。

こうしてエジプトの猫の魂は、数百年の歳月をかけて、砂漠の暗闇に造られた粗末な墓から、天上の星のきらめく世界へと旅立っていく。そして永遠の生命を授かり、獲物を追いかけて気ままな放浪を続けるのだ。

おそらくエジプト人ほど鮮やかに猫の来世を描ける民族はいないだろう。たとえいたとしてもごくわずかだ。さらにこれまで見てきたとおり、エジプト人の精神には、猫の来世が確かな真実としてしっかり根づいている。したがって忠実な友である人間は、死の向こう側に旅立った小さな猫の巡礼者たちを思い浮かべるために、余計な想像力を働かせる必要もなかったのかもしれない。

エトルリアでは、芸術・宗教の面でエジプトの強い影響を受けていた。そのせいか、来世での幸福な魂を描いた壁画には猫の姿が見られる。オルビエートのトンバ・ゴリニには、冥界のハデス王と女王の祝宴に、死者の至福の魂が出席する姿が描かれている。出席者が腰かけたソファの下にある低い椅子では、クランクルという名の猫が餌を引き裂いている。

1830年にコルネトで発見されたトリクリニオの墓にも、同様の祝宴の様子が描かれている。ソファの前には、ご馳走の皿が並んだ美しいテーブルが置かれており、その下には聖鳥の雄鶏とウズラとともに、猫がいる。

このような場面は、死者の魂の至福を象徴的に描いたものなのか、神々を祀るために実際に開かれた宴を示しているのかははっきりとはわからないが、神が描かれていること自体がその疑問への回答になるだろう。いずれにしても、これらの絵画にエトルリアの実際の風俗習慣が偽りなく描かれ、おそらく象徴的な意味で重視されていた猫が、死者を称える聖餐の席にいたことは間違いない。

天国の猫は、インドの伝説にも登場する。次に紹介するのは、この伝説を発見したフランス人のフレーレの文献を、H・C・ブルックが翻訳したものだ。ここには地上の猫が天国に至るまでの過程が描かれている。

――インドの王サランガムは、ブラーマとペニテントを宮殿に住まわせ、それぞれの美徳を称えていた。しかし2人は対抗意識を燃やし、絶えず言い争うようになった。

あるとき、2人が王の前で議論していると、ブラーマンは、「いつか自分の美徳が最高神のお気に召せば、彼の助けによって7つの天国のいずれかに入ってみせる」と豪語した。するとペニテントもそれに応戦したため、王は裁定人を任命した。裁定人はブラーマンに、デヴェンディレンの天国に侵入し、その匂いをかげば永遠の生命を授かるというパリサダムの木の花を摘んでくるように命じた。さっそくブラーマンは出発した。しかしデヴェンディレンの天国は、人間を寄せつけないことで知られていた。宮殿のだれもが、ブラーマンは賭けに負けるだろうと予測していた。

そこには4800万人の女神と、その連れ合いの神が2400万人住んでいる。その頂点に立つのがデヴェンディレンだった。パリサダムの花は天国の最上の喜びであり、デヴェンディレンが警戒の目を光らせていた。

ペニテントはこれほどの困難が待ち受けているのだと言っては、ブラーマンが失敗することを心待ちにしていた。ところがブラーマンは、パリサダムの花を携えて戻ってきた。王と宮殿の廷臣たちは敬意をもってブラーマンを出迎えたが、ペニテントはブラーマンを称えることを拒み、「王も廷臣も喜ぶのはまだ早い、自分がその気になれば、自分の猫を天国に送り込んで、デヴェンディレンより特別な待遇を受けることができる」と断言した。

ペニテントは猫のパトリパタンを呼び寄せ、耳元で何かを囁いた。すると驚いたことに、パトリパタンは、たちまち雲の彼方へ消えていった。デヴェンディレンの天国に入ったパトリパタンは、デヴェンディレンの腕に抱かれ、数え切れないほど愛撫された。

こうしてペニテントは大成功を収めたが、思わぬ妨害に遭うことになった。デヴェンディレンの愛妻である女神がパトリパタンを溺愛し、どうしても手放したくないと言い張ったのだ。ペニテントが事情を説明すると、デヴェンディレンは彼の言い分を尊重し、「猫がいなくなってしまうと彼が侮辱されることになるのだ」と言って妻を説得しようとした。だが女神は聞く耳をもたなかった。やむなくデヴェンディレンは、300年後には必ず猫を地上に返すよう、妻に約束させた。

サランガム王は、猫の帰りをいらだちながら待ち続けた。だが、ペニテントだけはまったく動揺しなかった。ペニテントの美徳のおかげで、だれもが若さを保ったまま、何の不都合もなく300年待ち続けることができた。

そして、ついに約束の300年が経過すると、ふいに空が明るくなり、色鮮やかな雲の中からデヴェンディレンの花で飾られた玉座が現れた。玉座には、猫のパトリパタンが堂々と座っていた。猫はサランガム王の近くに来るやいなや、パリサダムの花をつけた枝を献上した。宮殿のだれもが口々に「ペニテントの勝利!」と叫んだ。

ペニテントはみなの祝福を受けたが、ブラーマンはそれに異を唱え、ペニテントがパリサダムの花を献上したことは、彼の美徳による手柄にはならないと主張した。「デヴェンディレンとその妻である女神がパトリパタンを溺愛した結果なのだから、手柄の半分はパトリパタンにあるはずだ」というのだ。

それを聞いた王はしばし考え込み、あえてブラーマンとペニテントの勝敗をつけないことにした。だが、パトリパタンについては全員が賞賛の声をあげた。以来、この華々しい功績を上げた猫は、宮殿の最高の誉れとなり、毎晩、王の肩の上に座って餌を食べるようになった——。

こんにち、原始的な生活を営んでいる人々のあいだでも猫が崇拝され、その魂は天国に昇ると信じられている。マレー半島の原住民ジャクン族もその一つだ。ジャクン族は、地上から天国に至る困難な道では猫が助けを求めるのではなく、猫から助けを得られると考えている。その意味では、エジプト人とは異なっている。

死後の、地獄から天国への辛い旅路も、猫が先頭に立ち、不快な空気に水をまいて疲れを癒してくれるので、どうにか耐えることができる。当然、彼らは猫を尊重し、1匹でも殺そうものなら来世で重い懲罰を受けると信じていた。ココヤシの実がたわわになった木の幹を運び、猫の毛の数だけ積み重ねなければならないのだと。だからマレー半島には、猫を殺す人はほとんどいない。

次に紹介するゲーテの詩には、きわめて厳格な天国の概念が示されている。そして、少なくとも

1匹の猫が登場する。

お気に入りの獣たち

天国に行くものとして選ばれたのは
その獣たちのうちの4匹だけだった
そこでは永遠に聖人が寄り添い
幸せに暮らすのだ

この獣たちというのは、イエスを載せたロバ、ムハンマドが語りかけた狼、エフェソスの眠りの
7人〔★訳注★キリスト教が迫害された時代、7人の信者がエフェソスの洞窟に隠れ、数百年眠り続けたという伝説がある。〕の飼い犬、そして最後に登場するのが――

アブヘリラの猫もここにいる
神聖なる主人のそばでのどを鳴らし
神聖なもののために現れ
預言者ムハンマドの愛撫を受けた〔★訳注★ムハンマドは猫好きで、あるとき、自分の衣服の上に座り込んだ猫の邪魔をしないように、その部分だけ衣服を切り取ってやった〕

歴代ファラオの猫と同じように、この名もなき猫は、栄光に浴することで高い地位を得たようだ。だがインドの猫や、マレーのジャクン族の猫の話にあるように、一部の国では猫に本来備わっている美点だけでもじゅうぶん天国に受け入れられると考えられていた。

この点については、世の愛猫家たちも異論はないだろう。

22章 幽霊の猫

無数の霊的な生き物が地上を歩く
われわれが目覚めているときも眠るときも、その姿は見えない
『失楽園』

この物質的な世界にあって、幻想はあらゆる場所で人間をあざむき、人と現実のあいだにベールを引く。ベールの厚さはさまざまだが、そのほとんどは破ることができない。だがときには何かの拍子に裂け目ができて、その隙間から向こう側の世界を垣間見ることができるかもしれない。

幽霊の現象は、歴史上、文明のすべての段階に存在した。古代の宗教文学にはあまたの例があり、近代の心霊現象の研究は、それが現実にあったことを示している。幽霊は精神世界や幽界に現れるだけでなく、物理的な次元にもその存在を示す力をもっている。幽霊の行動は、生命も精神も現実であることを示している。幽霊の行動の重要性は、幽霊が物質として理解されているものとはまっ

たく別の存在になりうること、しかも機械的な解釈では説明がつかないことを認めざるを得ないという事実の中に示されているのだ。

興味深いことに、動物の幽霊も人間の幽霊と同じようなかたちで出現する。ということは、私たちが下等動物や無生物とみなしているものの幽霊の出現を生存の証拠として認めない限り、人間の幽霊の存在も受け入れられないことになる。

地方の農村の伝承に、フランスのコンブール城を舞台にした猫の幽霊にまつわる印象的な話がある。木の義足をつけていたコンブール伯爵が亡くなると、義足の幽霊があとに残ったという。それは城の塔の大階段で、黒い化け猫を伴って歩きまわっているところをたびたび目撃されていた。

エリオット・オドネル〔★訳注★1872・1965　アイルランドの作家〕はこう指摘する。「一般家庭の家で最もよく見られる動物の霊は、間違いなく猫である」。また、猫の霊が出没すると報告されている場所の数は「信じられないほど多く、ホワイトチャペルにある通りだけで少なくとも4カ所はある」という。さらに、「幽霊屋敷と呼ばれる家でさまざまな実験を行った結果、猫は100パーセント確実な、霊を感知するバロメーターであることがわかった。犬の場合、得体の知れないものがそばにいてもまるで気づかないときがままある……だが猫は、超自然現象が起きる前も、そのさなかにあっても、必ず脅えたり、不安げな様子をあらわにしたりするものだ」。この結果に、少なくともオドネル自身は満足しているようだ。

猫が死後によみがえった例をいくつか紹介しよう。このたぐいの話は枚挙にいとまがないのだが、スペースに限りがあるので、この章に収まる範囲で、私たちの友である猫のよみがえりを証明する話をとりあげたい。猫の生態を詳細に観察し、その複雑で神秘的な特徴を深く理解した人には、その証拠を示すまでもないだろう。もしそのような経験がなくても、逸話の中に展開される興味深い事柄や、その他の問題に側面から光を当てることによって辛抱強く吟味すれば、大きな報いがあるはずだ。

心霊現象研究協会が1912年5月に刊行した会報に、死んでまもない愛猫が飼い主の家に出没した話が掲載されている。猫の名前は「スモーキー」で、青みがかった独特の色合いの毛並みをしたペルシャ猫であり、村のどの猫ともまったく違うタイプだった。

スモーキーは犬に襲われて肋骨を折り、ほとんど歩けない状態になったあげく、ついに息絶えた。庭師が猫の遺体を埋め、墓の上にダリアの花を植えた。スモーキーに回復の見込みがないとわかっていた飼い主の女主人は、悲しむというよりも、むしろ愛猫の苦しみが終わったことに安堵していた。

3週間後のある日、女主人とその妹は朝食をすませ、妹は窓辺に背を向けて手紙を読んでいた。すると、姉が「恐れおののいた表情を浮かべて」左側の窓の外を見つめているのに気がついた。「どうしたの?」妹が訊ねると、姉が答えた。「スモーキーが芝生の上を歩いているのよ!」。2人は窓辺に走り寄った。見ると、スモーキーは「全身の毛がくしゃくしゃになり、とても具合が悪そうな様子で、足をひきずりながら窓から数ヤード離れた芝生を横切っていった」

女主人はスモーキーの名を呼び、あとを追って再び呼びかけたが、スモーキーはそれに気づかず、灌木の茂みに姿を消した。ところが10分後、姉妹とその友人は、再びスモーキーが窓の前の生け垣をすり抜けていくのを見た。女主人があとを追いかけたが、姿を見失ってしまった。

次に、使用人が台所でスモーキーを見た。女主人はミルクの皿を持ってそのあとを追いかけた。だが猫はどこかへ行ってしまい、こんどは完全に姿を消した。女主人とその妹は近所を探しまわったが、スモーキーを見かけた者も、スモーキーに似た猫を見かけた者も見つからなかった。だが、友人も庭師も使用人も目撃したのであり、スモーキーは死んでいなかったのだと姉妹は考えた。猫を埋葬しなかったのではないかと問い詰められた庭師は、激怒して墓を掘り返した。

彼らが見たものは、スモーキーの本物の幽霊でも霊魂でもなく——もしそうなら、女主人の動きに反応したはずだ（後述のヘンリー・スパイサーの話と比較してほしい）——霊が映し出されたもの、猫の苦しみが霊的な空気に乗り移ったものと思われる。

ヘンリー・スパイサーから聞いた猫の幽霊の話は、非常に印象的なものだ。

「ドクターAが診察している数多くの患者の中で、しょっちゅう飼い猫の幽霊の訪問を受けている患者がいるという。その優しい遊び好きの猫は、彼が仕事中、うしろに座っているだけでなく、家の近くを彼が散歩するときには、そのあとを楽しげについてくるのだ。とくに階段の手すりの柵のあいだをすり抜けて遊ぶのが大好きで、階段のいちばん上から下までそれをくり返しながら下っていき、主人が階段の下まで降りるのと同時にそこに到着した。その幽霊猫と同じ大きさの本物の猫で、そんな芸当ができる猫はまずいないだろう。そして何よりも驚くべきは、その幽霊猫が一度ならず、主人以外の人間の目にも見えたということだ」

スパイサー自身は、この話についてとくにコメントはしていないが、一言、こう付け加えている。

「現在ロンドンに住んでいるある紳士は、人間の顔をした猫との戯れを楽しんでいる」

M・ボザノの『ライト』誌（1915年）の中で、形而上学に関する著作をもつチャールズ・L・トゥイーデイル師は、幽霊猫が生前の飼い主に声は聞かせても姿は見せなかったと主張している。ボザノの記述を紹介する。

――2年ほど前のある晩（私はこの出来事を自分のノートに記録していた）、トゥイーデイル家の小部屋で、ミセス・トゥイーデイルと女中がお喋りをしながらくつろいでいた。ふいに、ミセス・トゥイーデイルの傍らで、騒がしい猫の鳴き声がした。ミセス・トゥイーデイルも女中も、その鳴き声がミセス・トゥイーデイルのスカートの近くから聞こえると感じていた。鳴き声はしばらく続いていたが、やがて途絶えた。

するとこんどは、猫がぴちゃぴちゃとミルクをなめる音が聞こえた。不思議に思ったミセス・トゥイーデイルは、自分の飼い猫を呼んだ。だが、猫の姿は見えない。夫人は女中と2人で部屋中を探しまわったが、けっきょく見つからなかった。2人は探すのをあきらめて、またお喋りを始めた。ところがその瞬間、目に見えない猫の大きな鳴き声が再び聞こえ、液体をなめる舌の音がそれに続いた。2人はもういちど猫を探したが、やはり見つからなかった。

実はその数日前から、トゥイーデイル家の飼い猫が行方不明になっていた。ミセス・トゥイーデイルと女中からその話を聞いたとき、私はこう答えた。「それは、その猫の生きた姿をもう二度と見られないことを意味しているのです」。おそらくその哀れな猫は、この国の多くの猫と同じように、無残な最期を遂げたのだろう――。

ボザノの『S・P・Rの記録』(第10巻) から、勝手ながらもう一つのエピソードを引用したい。話し手はミセス・ゴードン・ジョーンズだ。

――私はふだんから猫に強い嫌悪感を抱いていた。猫がそばにいるだけで耐えられなかった父親譲りのものだ。私も家の中に猫を入れたことがなかった。だが、ある日、ネズミ退治の必要に迫られ、黒と灰色の縞模様のごくごく平凡な猫を飼うことにした。私はその猫にほとんどかまってやることはなかったが、家の2階には絶対に上がらせないようにした。

ある日、家のだれかが、「その猫は気が狂っているので、水に沈めて溺死させたい」と言ってきた。その言い分が信用に足るかどうかを確かめる勇気もなかったので、何ひとつ確かめないままそれを許可した。しばらくして、使用人の少年から「猫を給湯タンクに沈めて殺した」という報告を受けた。とはいえ、その猫は私のペットでも家族でもなかったので、猫がいなくなっても私は無関心だった。

猫が殺された日の夜、食堂でひとり本を読みふけっていると(誓って言うが、私は猫の夢も、幽霊も見たことがない)、ふいに何かに気おされ、目を上げてドアの横を見た。すると、ドアがゆっくりと開き、その日殺されたはずの猫が中に入ってくるのが見えた。いや、見たような気がした。間違いなくあの猫だったが、少し痩せていて、全身ずぶ濡れで水が滴り落ちていた。

唯一、目の表情だけが違っていた。まるで人間の目のようで、悲しそうな表情が浮かんでいた。私は胸が痛んだ。あの目はいまでも脳裏に焼きついて離れない。私はあの日の光景が実際にあったことだと確信しているし、猫が、溺死させられる寸前に逃げ出してきたのだと信じて疑わなかった。

私は呼び鈴を鳴らして小間使いを呼び、「この猫を向こうへ連れていってちょうだい」と命じた。猫の姿はテーブルや椅子と同じようにはっきりと見えていたので、小間使いに見えないはずはないと思ったのだ。だが、彼女は脅えた様子で私を見ると、こう答えた。「奥様、私はウィリアムが猫のなきがらを庭に埋めたとき、そばにいたんです」。「でもそこにいるじゃないの」私は彼女の言葉をさえぎった。「ほら、ドアのそばにいるのが見えるでしょ?」だが小間使いには猫が見えなかった。猫の姿は徐々に透明になっていき、完全に消えてしまった。すると私の目にも、映らなくなった——。

『オカルト・レビュー』でノラ・チェソンが書いた死後によみがえった猫の話は、非常に信憑性の高いものだ。

――私は1週間ほど体調がすぐれず、部屋にこもっていた。そのあいだ、飼い猫のミニーが一度も部屋に来ないのはなぜかと気になっていたが、きっと6週間前に生まれた子猫への母性愛に目覚め、飼い主に無関心になったのだろうと思っていた。

ようやく体が快復した最初の朝、寝室のドアがわずかに開き、その隙間からミニーが入ってきた。三毛の毛並みを私にすり寄せ、愛情を込めて挨拶した。そして、彼女ならではの愛らしいしぐさで、私の手を前脚でつかむと指をなめた。のどがごろごろと鳴り、白いのどもとがゆっくりと動いたかと思うと、ミニーはふいに向きを変えてドアの外に出ていった。

「さっき、やっとミニーが会いにきてくれたのよ」。昼食を運んできた小間使いに私は言った。「どうしてこんなに長いあいだ、そばに来なかったのかしら」

「お嬢様、ミニーは2日前に死んで、お墓に埋めました。子猫は母親を探して右往左往しています」。脅えた表情で、小間使いのルイザが答えた。「ミニーはお嬢様の大のお気に入りですから、お嬢様がそれを知ったらひどく嘆き悲しむでしょう。ですからお体の具合がよくなるまで秘密にしておくようにと、お母様に言われていたんです」。

ミニーが死んで、埋められたことは間違いなかった。ミニーのなきがらを埋めた土の上には庭石が置かれていた。それなのに、ミニーは確かに病み上がりの私に挨拶しに来たのだ。これをどうやって説明すればいいのだろうか？　とにかく、ミニーが会いに来たのは事実なのだ。

私は心身ともに健全な少女で、想像力は豊かなほうだったが空想にふけることはなかったし、超自然的な現象の話を忌み嫌う両親に育てられていたのだ――。

この興味深い逸話から、この女性が、訓練こそ受けていないが生まれつき霊的な力をもっていたことがわかる。彼女はその力を使って、詩人のW・B・イェーツと心霊術の実験を行った。1905年から亡くなる1906年まで、彼女は『オカルト・レビュー』に多数の詩と書評を寄稿し、同誌の編集者は将来有望な作家として彼女に期待を寄せていた。

クラリス・テイラーは、1908年5月に刊行された『サイキック・ガゼット』誌に、愛猫が死後によみがえったことを示す驚くべき証拠を示している。

――その猫は雌のペルシャ猫で、マフィーと呼ばれていた。廊下から部屋に入るときには、いつもドアマットを飛び越えるというちょっとした技を身につけていた。マフィーが死んで数カ月たったある日、飼い主の女性は白い子猫を飼い始め、ダンディーと名づけた。そして、それとほぼ同時期に、コヴェントリーに心霊術の会を開いた。著名な霊媒師のミセス・A・E・カノックが週末を彼女とそこで過ごし、彼女の新しい飼い猫のダンディーとも仲良くなった。

ある朝、朝食を終えたミセス・カノックは、ドアを開けたとたん飛び上がった。「まあ、子猫ちゃん、そんなに驚かせないでちょうだい！」カノックが叫ぶと、飼い主の女性が答えた。「あら、ダンディーはカゴの中で眠っていますよ」。するとカノックが言った。「違うわ。私が言っているのは白い子猫じゃなくて、年取った猫よ。いま、ドアマットを飛び越えて私の横をすり抜けていったの」

驚いた飼い主は、マフィーがすでに他界したことを説明した。クラリス・テイラーの記事によれば、カノックはマフィーの話を飼い主から一度も聞いていなかったし、飼い主の愛情がマフィーからダンディーに移っていたとは思いもよらなかったという。

テイラーはこう指摘する。「幽霊になった猫にとって、生前の飼い主の姿を見ることができても、自分の姿を見てもらえないのは辛いことだ。自分がいなくなっても、飼い主がそれを気にもとめずに平然としている姿を見て、彼らは傷つくに違いない。猫は人間よりもはるかに誠実なのだから、〝あの世とこの世を隔てる境界線を越えた〟あとも、変わらぬ愛情と思いやりを注いでやるべきだろう」――。

『サイキック・ガゼット』誌の1918年4月号に、ミセス・オズボーン・レナードが、素晴らしい飼い猫「ミッキー」が「2つの次元」で見せた「奇行」を紹介している。愛猫家やオカルトを研究している人にとっては興味深いものだ。

――白地に黒いぶちのあるミッキーは、子猫時代から非凡な能力、特徴、献身的な愛情を示していた。1歳になるまで、ミッキーは家族と一度も離れたことがなかったが、3日間家族が家を留守にしたとき、帰宅してみると、ミッキーは食べものも飲みものもまったく口にせず、物憂げに床に丸まっていた。家族はもう二度と彼を独りぼっちにはすまいと決心した。

以来ミッキーは、家族の旅行先には必ず同行するようになった。ホテル、短期滞在用のアパート、スコットランド、アイルランド、イングランド。新しい場所に行くたび、ミッキーは夜になるとカゴを抜け出し、帰ってきたときに場所がわかるように、入口の階段の臭いを嗅ぎまわってからあたりを徘徊し、朝になるとちゃんと戻ってくるのだった。

交通量の多いロンドンの街を、仲間の猫を引き連れて歩きまわり、傷一つなく帰ってくることもあった。実際、ミッキーは都会を好み、田舎では退屈しているように見えた。

ミッキーが死ぬ9カ月前のこと、ミセス・レナードは、友人からチンという名前のペキニーズ犬を譲り受けた。ミッキーはこの新しい家族を寛大に受け入れ、自分の餌の残りをチンに分けてやり、口移しに餌を与えることさえあった。だが、鈍感でがさつな性格のチンは、しばしばミッキーをいじめた。するとミッキーはチンのそばから逃げ出し、家具の上に飛び乗るのだった。

ミッキーが死んで数週間は、なにごともなく過ぎた。ところがある夜の11時ごろ、椅子に腰かけて本を読んでいたミセス・レナードは、何かの気配を感じて本から目を上げた。すると「棚のようなものにミッキーが座っているのが見えた」のだ。彼女が夫の注意を引くより早く、「暖炉の前の敷物の上で寝ていたチンが、ふいに起きあがってすさまじい声で吠え始めた」。全身の毛を逆立て、目を剥いて、「興奮で頬を膨らませたりしぼませたりしていた」

チンは、ミセス・レナードがミッキーの姿を見たのと同じ場所を凝視し、そこめがけて突進した。するとミッキーは、生前やっていたようにさっと身をかわし、部屋の隅にあった小さなサイドテーブルに飛び乗り、そのまわりを走りまわっているチンを小ばかにしたような顔つきで見下ろしていた。

チンが暖炉の前に戻ってくると、ミセス・レナードはミッキーのそばにいって体を撫でてやった。てのひらの下で、ミッキーが背中を丸めるのがはっきりとわかった。それから尻尾の先の黒い毛に混じり、ざらざらした白い毛が少し混じっているのに気がついた。彼女にわかる生前のミッキーとの違いは、幽霊のミッキーが、生まれて初めてしみ一つない清潔な体をしていることだった。

ミセス・レナードがミッキーを愛撫していると、チンが腹立たしげに吠えながらそのまわりを走りまわった。しばらくしてミセス・レナードが席に戻り、ふと目を上げると、ミッキーの姿は消えていた。夫のミスター・レナードには、ミッキーの姿は見えていなかった。

その日からほぼ毎日、夜の11時から30分ほど、ミッキーはその部屋に姿を見せるようになった。夫妻に来客があるときには、ミッキーは部屋に入ってくるなり不満そうな鳴き声をあげて外に出て行くのだった。

ミセス・レナードは、あの世にいった友人からミッキーの話を聞けるのではないかと考え、クラドックの降霊術の会に何度か足を運んだ。ある晩、クラドックが彼女に言った。「お母様が猫を連れてここにお見えですよ」

ようやくミッキーが来てくれたと思い、ミセス・レナードは喜んだが、クラドックが猫の姿を説明するのを聞いて落胆した。その猫は胸のあたりに白いぶちのある黒猫で、母親は「オールド・トム」と呼んでいたというのだ。

その晩、帰宅したミセス・レナードは、昔、母親がそのような猫を飼っていたことを思い出した。そしてその猫が、高い次元の動物として生まれ変われるような魂をもっていたことを「ありがたく思った」。降霊会では、ミッキーも一度だけ姿を見せ、彼らしくない「甲高い鳴き声」をあげた——。

これ以外にも、ミセス・レナードはミッキーにまつわる話を数多く紹介しているが、ミッキーのよみがえりを示す証拠としてはこれで十分だろう。

1921年4月3日の『ウィークリー・ディスパッチ』に、ニュージャージー州トレントン近郊のフェリフォードという小さな村で、夜間、大きな白い猫を連れて徘徊する幽霊の話が掲載された。

——村中に不安が広がり、住民の大半が村を出ることを考えはじめた。そのため人々は、幽霊退治に乗り出そうとしている。

その幽霊は、村の道端で修理屋を営んでいたジョン・コッチだといわれている。半年前、コッチは従業員の男と口論になり、彼をピストルで撃った。従業員が死んだと思い込んだコッチは、自ら命を絶った。

先週の月曜、白い猫を連れたコッチの幽霊は、自宅の居間に入っていき、未亡人になった妻とその家族をパニックにおとしいれたあと、大勢の友人たちと言葉を交わし、猫を口笛で呼び寄せるとその場を立ち去った。コッチは同じことを今週だけでも2回やっているという。

昨夜、地元の警官が先導する14人の住民が小屋の周囲をとりまき、この謎めいた事件を解決しようとした。その中には、コッチが亡くなる前日に金を貸した男と、猫の幽霊への対策として1匹の犬がいた。

夜中の12時をまわったころ、小屋の中ですさまじい物音がした。警官と住民たちが中に入ると、コッチの義理の母親の肖像画が床に転がっていた。くぐもった笑い声が聞こえ、窓の向こうにコッチが淡いブルーの霧に包まれて立っていた。彼の背後にある西洋ナシの木の上には、長い髭を生やした巨大な白い猫が座っている。猫が地上に降りてくると、犬は吠えながらそれに飛びかかった。ところが驚いたことに、犬は猫の体の真ん中をくぐり抜け、あごは空気を咬むばかりだった。納得のいかない犬は、甲高く吠えながら走り去った。

一方、捜査官を引き連れたニューヨークの『イヴニング・ワールド』の代表は、「残りの住民たちがランプや平たい鉄の板などで幽霊退治をした」と報じた。だが、幽霊は冷笑を浮かべるだけで、白猫を呼び寄せると姿を消してしまった。

いよいよ住民の不安は高まり、警察は村中の小火器を没収した――。

それにしても、目撃者の中で、助言を求めている幽霊に同情して近づこうとする人が一人もいなかったのは奇妙に思えてならない。

1926年5月に刊行された心霊現象研究協会の会報に、猫の幽霊にとりつかれた家に関する事例が載っている。

――その家は15世紀ごろに建てられたという古い家だが、幽霊がとり憑いているとは考えられていなかった。15年前までは宿屋として使われ、それ以前は農家だった。最初に幽霊の猫を目撃したのは、1924年から1925年までそこに住んでいたS夫妻と、その友人で同居中のミスAだった。3人はその猫を数回見ており、毛が長く、黒っぽい猫だったと証言している。

猫は、彼らに向かって歩いてくることはなかった。いつも彼らの横、あるいはかなり離れた場所にいたので、3人とも猫の目は見ていなかった。猫の尻尾はいつもぴんと立っていたという。全長2・7メートルくらいのごく普通の猫だったが、近くで見ると、体が透けて向こう側が見えた。ミスAの話では、見ているあいだに姿が消えたので、本物の猫であるはずがないという。

ミスターSは、この猫を見るまでは幽霊の存在について懐疑的だった。彼が最初にその猫を見たのは自宅の居間で、2・7メートルほど離れたところにある衣装棚の中に猫が入り込もうとしているときだった。彼は衣装棚に歩み寄り、腰をかがめて猫を追い出そうとした。すると、猫の体が透けて向こう側が見えた。

猫が逃げ出したので、彼はそのあとを追いかけた。居間のドアを抜け、廊下を横切り、食器洗い場、パントリー（食料貯蔵室）に入っていったが、どのドアも開けっ放しになっていた。そして、パントリーの中ほどで猫は姿を消した。S夫妻は、何度か猫を目撃したあと、たがいにそのことを打ち明けたが、ミスAには黙っていた。

ところがある日、ミスAが2人にこう言った。「この家で猫が消えるところを見たの……飼い猫じゃないはずよ」。ミスAは、この家にいるほかの人たちは、猫を目撃してもそれが幽霊だとは気づいていないのだろうと考えていた。猫は何か目的があってこの家に姿を見せているわけではなく、とても幸せそうに見えた。ミセスSは、猫はこの家自体にではなく、家に住んでいる人々に興味をもっているのではないかと考えている――。

これまで検討し、一人ひとりの証人によって確認された幽霊の事例は、私たちの寡黙な友人が、形ある肉体の外皮を捨て去ったあとも生き続けることを証明することになるだろう。

このような興味深い逸話を知るためにも、幽霊に懐疑的で、分厚い文献をひもとく時間がない人には、エリオット・オドネルの『動物の幽霊』を読むことをお勧めする。一方、幽霊を熱心に研究している人なら、それ相応の図書館に行けば、いくらでも文献を探すことができるだろう。

23章　悪霊の猫

……真夜中の魔女たちは
強力な魔法で、血なまぐさい文字と
聞くのもおぞましい呪文で
深い穴の奥から悪魔と亡霊を呼び
地獄の聖職者たちをあやつりはじめる
T・E・フック

早くからヨーロッパに住みついたケルトの人々は、神には2つの性質があると見ていた。ほかの未開民族と同じように、物質世界を破壊する力を支配して導くと考えられている神は邪悪な力を持っているので、それを懐柔する必要があると考えていた。善の神は、たとえその祭壇がないがしろにされても彼自身の宇宙を実現してくれるだろう。しかし悪の神の執念深い妬みは、なんとしても鎮めなければならない。

キリスト教の伝来によって、ケルトの二元的な教義はより確かなものとなった。そしてそれまで予想もつかなかった、新たな恐怖が植えつけられたのだ。魔王は咆哮するライオンになり、獲物を求めて歩きまわる。神に敵対する魔王は、全知全能ではなくとも神と同じように遍在する。善意の神の邪魔をする力をもち、神が自らの栄光と喜びのために創った創造物を強奪する。

恐怖にとらわれた騙されやすくて哀れな人々が、そのような教えを母乳のごとく吸収すれば、キリスト教のサタンやその大勢の手先に媚びへつらおうとしたのも不思議ではない。彼らにとって、抽象的な善悪の観念はまったく予想外のものだった。エホバやサタンは祈りによってもたらされた力であり、人々は恐怖にさいなまれ、保身に走るようになった。

古代のケルト神話では、素晴らしい冒険をくりひろげる英雄たちを危険にさらす悪霊は、猫の姿になることを好んだ。赤い豚、子牛ほどの大きさの蟻とともに、猫はケルトの英雄たちの敵だった。勢力の拡大を企むキリスト教教会は、ケルト神話の風変わりな思考にキリスト教の悪魔の観念をとり入れた。その結果、古めかしい迷信にとらわれたケルト人は、黒い雄猫を悪魔の仮の姿とみなすようになった。ある老婆は一度か二度、猫のような格好をして歩いているところを目撃されただけで、サタンとつながりがあるという汚名を着せられた。猫は悪魔が好む姿とされたことから使い魔として知られるようになり、魔女は、猫の姿に化けた悪霊をかくまっていると信じられていた。

エネモザーによれば、13世紀になると、悪魔は雄猫や雄ヤギの姿に化けて男性の異教徒に紛れ込み、ヒキガエルやガチョウ、最後には猫に化けて、女性の異教徒に紛れ込むようになったという。

当時の魔術の驚異的な普及については、レイナルドの発言から判断したい。

「とくにドイツとイタリアでは、そこらじゅうに呪術があふれ、大勢の人を惑わしている。両国で3万人の異教徒を火あぶりにしなければこの世界は悪霊によって滅ぼされるというのだ」

だが、このような無謀なやりかたで魔術を根絶することはできなかった。それから400年後、ニューイングランドの聖職者コットン・メイザーは、ホール司教の言葉を引用している。

「この時代のサタンの蔓延は、ちまたにあふれている大勢の魔女の存在に如実に表れている。一つの州で何百人もの魔女が発見されている。14軒しか民家のない北部の村でも、呪われた魔女たちが大勢見つかるだろう。そう、男女を問わず、より多くの知恵、神聖、信仰を公言する者が、この忌まわしい慣習に惹きつけられるのだ」

これに関し、メイザーはこう指摘する。「司教が言及しているのは、1645年に大勢の悪魔の手先が見つかり、30人が裁判にかけられ、14人が絞首刑となり、100人以上がサフォークとエセックスの監獄に入れられた事件と思われる」

さらに、ニューイングランドの人々に対してはこう警告した。「神の聖なる山に抱かれているからといって、これ以上傲慢になってはならない。むしろ謙虚になるべきだ。なぜなら、われわれは邪悪な魔王たちの住処にいるのだから！」

長きにわたる妖術の蔓延によって、多くの人々が魔女狩りに乗り出し、それればかりに血道をあげ、魔女や男魔法使いを次々と裁判にかけた。魔女狩りにとくに熱心だったドイツの神学者、ドミニコ会修道士のシュプレンガーは、年間500人の魔女や男魔法使いを裁いた。ロレーヌ地方のある裁判官は「900人を有罪にした」と豪語し、トリール大司教は「1586年の春に天候不良が続いたのは、妖術による陰謀だ」と非難し、魔女と疑わしい118人の女性を火刑に処した。

また、1597年にスコットランドのジェームズ4世が著した有名な悪魔信仰に関する論文の中には、大勢の「魔王の忌まわしい奴隷、魔女、魔法使い」を糾弾し、すさまじい拷問にかけて死刑にしたことも記録されている。

17世紀に呪術に関する本を著したリチャード・ボヴェットは、サマセット州で魔女たちが悪霊にとりつかれた猫を使って、J・H・シーヴィングトンの妻と18歳になるその息子に苦痛を与えた事件を記録している。この夫人は、牧師だった夫に先立たれ、再婚していた。そして57歳のとき、精神的な苦痛を感じるようになった。

夫人は、近所の住人が何か悪さをしたのではないかと疑った。大きな黒猫が出てくる悪夢にうなされていたのだ。夢の中で、7匹くらいの猫が15分間にわたっておぞましい鳴き声をあげると、ふいに姿を消し、その直後、婦人は発作と内臓の痛みに襲われ、閃光と「炎のような光の塊」が見えたという。

婦人が飼っていた2匹の猫は、「それ以外の猫が部屋に入ってくるやいなや、まるで悪魔にとりつかれたかのように飛び上がり、部屋にいることを嫌がって、ときには暖炉の火、ときにはオーヴン、ときには煙突の中に逃げ込んだ。その場にとどまるときもじゃれて遊ぶことはなく、痛々しいほどにやせ衰えていった」

婦人はその17年後、苦痛と悲嘆にさいなまれながら他界した。幸いなことにこの事件では、悪霊にとりつかれた猫が悪さをしたのは人間のせいではなかった。だが、これはいささか特殊なケースだ。

さらに典型的な事例を、当時の首席裁判官のロジャー・ノースの兄弟が紹介している。エクセターの巡回裁判で行われた魔女裁判で、ある女性の証言によってその隣人が有罪となり、絞首刑に処せられた。ある日の夕暮れどき、彼女の自宅に窓から1匹の猫が飛び込んできたのだが、彼女はそれを悪魔に違いないと思ったという。この証言だけで、隣人の有罪が確定した。

もう一つ、注目に値する事件を挙げておこう。長年にわたって「国を欺いた」かどで告発され、1631年にエジンバラのキャッスルヒルで火刑に処された有名な男魔術師、アレクサンダー・ハンター、またの名をハミルトン、あるいはハッタライック、「魔術師カイル」の告白だ。

魔王はさまざまなものに姿を変えて、ハンターに会っていたと思われる。ときには黒い馬に乗り、ときには猫やカラスや犬に化けた。魔王は弟子であるハンターに、「自分を呼び出すときはモミの木の杖で地面をたたき、『卑劣な盗人よ、立ち上がれ』と叫べ」と命じた。失礼きわまりないやり方だ。だが、トーマス・インゴールズビー〔★訳注★1788・1845　イギリスの聖職者、作家、詩人　本名はリチャード・ハリス・バーハム〕の警告にあるように、魔王は「どんなときも、静かにさせるより興奮させるほうが簡単」なのだ。ハンターは、動きの敏捷な猫や犬、あるいは「それに似通った動物」を捧げるまでは、魔王のそばから逃げ出すことはできなかった。

「動きの敏捷な」動物を魔王に捧げることは、その捧げ物が食べられる供え物としてはみなされていなかったことを示している。魔王が自分に捧げられたものと同じか似通った動物を奪おうとすることも同じだ。一般的な供え物といえば、たとえば「選ばれた民」から神の怒りをそらすために、エホバの祭壇に置かれた火にあぶられてかぐわしい匂いを放つ牛肉のような「神の食べ物」を意味するのだが。

通常、魔王は生きた動物を捧げることを要求した。実際に行われたほとんどの生贄の儀式が、それを証明している。生贄が死に至ったとしても、儀式の目的はその動物の魂を解き放つことにあった。その結果、生贄は邪悪な霊にとってより有能な手下になる。生贄は虐殺されるのではなく、限りある命をもつ生物から魔性の生き物に変わり、その力も格段に大きくなる。

このような悪霊の生贄にされたと疑われたのが、クーリエ村に両親と住んでいた8歳のフランス人の少

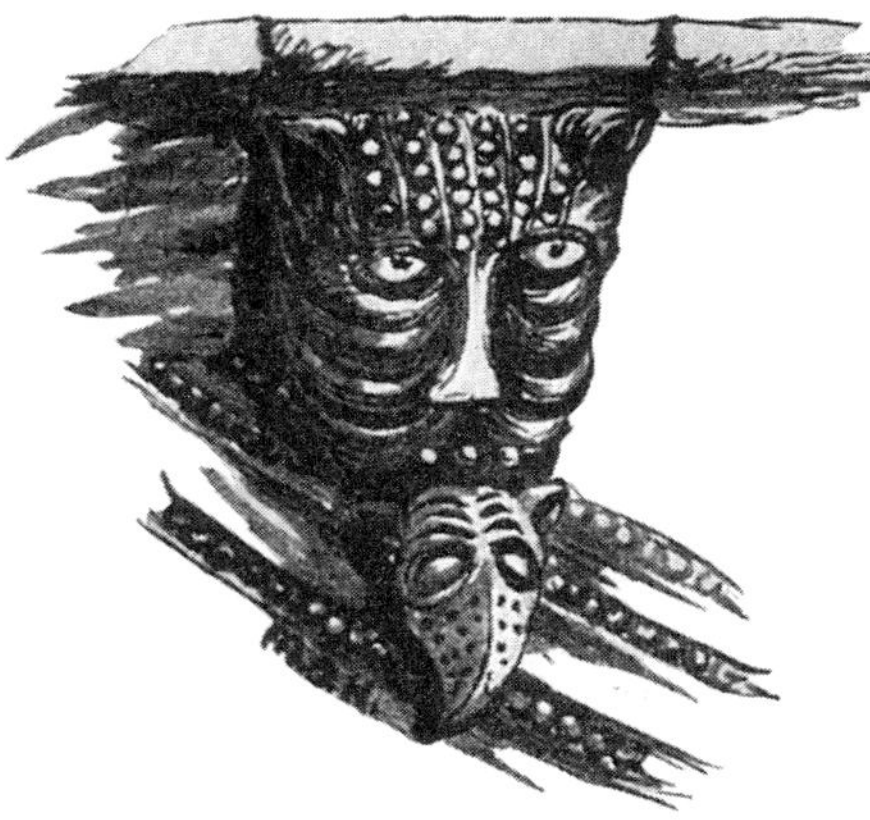

オックスフォード、イフリー教会の猫の悪霊

女、ロイス・マイヤールだ。

1598年6月15日の土曜日、ロイスは突然手足の自由がきかなくなった。四つん這いでしか動くことができず、口は奇妙な形にひきつり、歪んでしまった。数週間が過ぎても回復の兆しは見えなかった。悪霊にとり憑かれたに違いないと考えた両親は、娘を聖セイヴィア教会に連れていった。すると、両親の不安は的中した。「狼」、「猫」、「犬」、「ジョリー」、「グリフィン」（鷲の頭と翼、ライオンの胴体をもつ怪物）という名の悪霊が見つかったのだ。

司祭が問いかけると、ロイスは、魔除けの儀式をしたときに助手を務めたフランソワ・セクレタインという名の女性を指し示し、彼女が災難の源だと言った。最初のうち、悪霊たちはロイスの体から離れようとしなかったが、両親が一晩中祈りを捧げると、オレンジのような大きな球になってロイスの口から出ていった。「猫」は黒かったが、それ以外の悪霊は燃えるような赤い色をしていた。悪霊が去ると同時に、ロイスの体はもとどおりになった。

フランソワは、ロイスに5つの悪霊がとり憑くように仕向けたこと、そして、自分がかなり前からサタンに仕えていたこと、サタンが黒い人間、猫、犬、鶏などさまざまな姿で現れたことを告白した。

この事件を記録したアンリ・ボゲは「フランソワを投獄することで、神の栄光が現れた」と記している。

ボゲによれば、ローラン・ドゥ・ヴェルノワという人が「魔王は、黒猫の姿でサバトに現れた」

と認めたという。

ヨーロッパの田舎では、いまでもこのような話が流布している。スラボニア（旧ユーゴスラビア北部）南部の農民は、黒猫には悪魔がとり憑いているといまでも信じている。闇に閉ざされた時間になると、悪魔が本来の姿に戻り、不用心な旅人を捕らえて殺そうとする。だから農民たちは、夜間絶対に黒猫には近づかないのだ。

大昔の人々は、霊界には神聖な者、かつて地上に住んでいた者の亡霊だけでなく、さまざまなレベルの邪悪さ、知性、権力をもつ、グロテスクで奇怪な悪霊が住んでいると信じていた。近代の心霊主義（スピリチュアリズム）は、それが正しいことを確認している。

このような霊的な世界では、動物の姿は確かな地位を占めている。中でも猫は、悪魔の出現にまつわる新旧の逸話や、知られざる邪悪な世界を冒険した勇敢な探検家たちの話の中で、ひときわ目立った活躍をみせている。

幸い、ほとんどの人間には見えないが、この知られざる世界には実体のある何かが存在していることを裏づける証拠が数多く示されている。このテーマを扱った文献は簡単に入手できる。そこでこの章では、猫の姿をした悪霊や魔王の出現とその行動を、いくつか紹介したい。

人間世界に比べると、霊界では形というものがほとんど定まっていない。だから悪霊たる猫（あるいは他の動物）が本来どんな姿をしているのか、またそれは超自然的な知性が当座の目的を果たすため一時的につけている仮面にすぎないのか、見る者がそれを判断するのは不可能に近い。

したがって、霊界に存在するものの価値を評価するさいには、霊的な生き物に備わっている変身の力を常に念頭に置いておく必要がある。そしてその意味で、この世界では、人間の肉体的な感覚がまるで当てにならないことも忘れてはならない。

最後に、私たちが住む文明化した世界にこのような古い信仰が生き残ったことを示す事例として、2人の現代の著述家による証言を付け加えておこう。

幽霊研究家として知られるエリオット・オドネルはこう断言する。

「いまこの瞬間、英国の数多くの家には黒猫の姿をした幻がとり憑いている。その顔つきは不気味で、敵意に満ちている。彼らが、非情で悪質な性質のため地上に縛りつけられた本物の猫の霊でない限り、悪の精霊（エレメンタル）であるに違いない。すなわち物質的な肉体には宿ったことがない霊なのだ。それは悪意ある思考によって生まれたもの、あるいは、かつて行った犯罪や悪行によってある場所に引きつけられたのだ。悪の精霊とは、悪魔や魔神の現代版の呼び名にすぎない」

一部でヒーラーとして知られるリチャード・ホートン牧師は、人間から追い払われた悪霊が猫にとり憑いたという驚くべき経験をした。

ホートンのもとに連れてこられたその不運な男性は、「体内にけんか好きの悪霊がいるので、四六時中ボクシングをさせられて」いた。彼はホートンにも殴りかかろうとしたので、ホートンは、聖職者でも護身術を心得ていることを身をもって示す羽目になった。ホートンは言う。

「神の名のもとでその悪霊を追い払うと、その汚れた魂は、お気に入りの猫の体内に入ってしまった。その猫はすさまじい勢いで家の外に駆け出し、池に飛び込んで自ら溺れようとした。私が猫を助けて家に連れ戻すと、こんどは火の中に飛び込んでしまい、けっきょく死んでしまった。悪霊払いをした男性は、完治してもとの体に戻った。神に栄光あれ！」

24章 吸血鬼の猫

魔女たちの固い結束と、なにものにも乱されない魔力が
霊魂と悪霊を呼び出す
（エリザベス・ブラウニング『指輪と本』）

吸血鬼信仰（ヴァンピリズム）の神話において、猫は重要な地位を占めている。セファルディム（スペイン・ポルトガル・北アフリカ系のユダヤ人）によれば、猫が小憎らしい性格の動物として地上に現れたのは大昔のことで、イヴが神に創られる前のことだという。ヘブライ人の民間伝承では、アダムの最初の妻はユダヤ系の魔女の女王リリスだが、リリスはアダムに従うことを拒んで逃げ去ってしまい、のちに吸血鬼となった。リリスは、エル・ブルーシャという名の巨大な黒猫に姿を変え、大好物の人間の赤ん坊をつかまえてはその生き血を吸っている。リリスは、旧約聖書のイザヤ書34章14節に登場する。だが、欽定訳聖書では「鳴き声のやかましい

フクロウ」と呼ばれ、改訳聖書では「夜の化け物」となっているので紛らわしい。

フクロウは猫と同じように、あらゆる妖術と密接に関係しているが、とりわけヴァンピリズムとの関わりが深い。吸血鬼、あるいは吸血鬼の素質のある者が早死にし、その幽霊が声をあげて泣いたと考えられていたためだ。

降霊占い師の耳ざわりな声は、幽霊が嘆き悲しむ声を真似たものだ。その裏には、同じような声を出せば不幸な霊魂を支配する力を生み出せるという教えがあった。フクロウ、猫、肉体を離れた亡霊、泣き叫ぶ降霊占い師の不気味な声は、果たして聞き分けられるのだろうか？　一部が必ずしも全体を意味しないのが魔術の原則だが、魔術の力を借りるとき、一部は全体を引き寄せることができる。死者の霊魂を呼び出す者は、霊魂と親密な関係を築くために奇妙な声を使った。

リリスの伝説から、猫が眠っている子どもの息を吸いとってしまうという迷信の原点と、子どものゆりかごから黒猫が追い払われた理由を知ることができる。中世の魔女たちは猫の姿になって吸血鬼を演じ、リリスの役割を奪ったと考えられていた。

1830年に『詩集』を刊行したピッケンは、その様子を詩に詠んでいる。

謎めいた老婆が
野ウサギや犬や猫を飼う
無防備に眠る人々を意のままにあやつるために

ナナカマドの茎を持たない者は
馬に乗り、舟に乗る彼らを縛るのか
それとも注意深く尻尾に縫いつけるのか

エネモザーによると、霊魂に男女の区別をするゾロアスター教は、中世に蔓延したおぞましい信仰と関連性がある。それはカトリック教会と国家にとり入れられ、男と女の悪霊はそれぞれインキュバス、サキュバスと呼ばれ、人間と性的な交わりをもつようになった。この汚らわしい習慣は、ペトーの『誠実な物語』に紹介されている。1665年、サフォークのダンウィッチに住む魔女アブレ・グリンセットは「魔王は最初、美青年の姿で現れたが、その後は黒っぽい灰色の猫になり、乳首に吸いついた」

1663年、ランカシャーの魔女と呼ばれたマーガレット・ジョンソンはこう証言した。「魔王はたいてい猫の姿でやってきたが、毛の色はそのときによってまちまちだった。その後、魔女の霊魂が肉体を離れてからは、二度と魔王に会うことはなかった」

これと似通った例で、次章に飼い主の女性の血を吸った猫の話が出てくる。この猫は本物の吸血鬼で、なにか特別なサービスをした見返りに、魔女から彼女の血を贈り物として受け取ったらしい。鶏をもらったときもご満悦だったようだ。魔女が「いつもと同じように、鶏と自分の血を猫に与えると、猫は骨や羽を1本も残さず、きれいにたいらげた」

性倒錯は、いまも残っているヴァンピリズムの一面だ。エロティックな吸血鬼は、決して人間の姿で相手の前に現れることはない。アプレイウスの『黄金のろば』に登場するパンフィリエのように、よからぬ目的を果たそうとするときには獣か鳥に姿を変えた。吸血鬼は相手に昼も夜もなくとり憑き、その骨から少しずつ骨髄を吸いとっていく。この不浄な融合によって、醜い子どもや怪物が生まれ、言うに耐えない邪悪な行為をするようになる。どうすればそれを避けられるのか？　人間に愛情を示す犬や猫が、本物の動物なのか、それとも悪魔なのかを、どうやって見分ければいいのだろうか？

よって人間は（と彼らは言う）、地獄の妄想に導かれ
サキュバスをベッドに連れていく
（エイブラハム・カウリー『ミストレス』より）

このようなヴァンピリズムの特徴は、東洋の国々でも明確に示されている。それは、ハドランド・デイヴィーズが紹介する日本の物語に如実に現れている。

――肥前藩主の鍋島は、ある晩、恋人のお豊と日没まで庭で過ごしていた。だが城内に帰るとき、後ろから大きな猫が歩いてくることに気がつかなかった。

猫は、夜になって鍋島と別れたお豊のあとを寝室までついていった。お豊はほどなくして眠りに

ついた。ところが夜更けになって、ふと嫌な予感がして目を覚ました。見るとかたわらに大きな猫がいて、威嚇するように身構えている。お豊が声をあげて助けを求めるより早く、猫は彼女ののどもとに飛びかかり、首を押さえつけて絞め殺した。猫はそのなきがらを縁側の下に埋め、お豊になりすました。

猫は、実にみごとに変身した。そのため鍋島は何ひとつ疑うことなく、その猫をお豊と思い込んでときを過ごした。だがしだいに生気を吸いとられ、重い病にかかってしまった。医者にも手のほどこしようがなく、夜になると症状が悪化する。そこで毎晩、鍋島が床につくと、１００人もの家臣が見張りに立った。だが、なぜか夜の10時になる直前に、全員がことごとく睡魔に襲われて眠ってしまう。そして吸血鬼のお豊は、いつもどおり鍋島のもとにやってくるのだった。

毎晩同じことがくり返され、鍋島の具合は悪くなる一方だった。いよいよ差し迫った状況になった。忠実な家臣の伊藤惣太が、主人の具合が悪いのは妖怪にとり憑かれているせいではないかと進言し、自ら寝ずの番をすると申し出た。夜の10時、いつものようにほかの家臣たちが眠りにつく中、惣太は睡魔をはねのけるために自分の太腿に剣を突き刺した。

するとと鍋島の部屋の扉が開き、肩掛けを身にまとった美しい女が入ってきた。女は鍋島に近づいて妖術をかけようとしたが、惣太の見張りの目があったせいでうまくいかず、あきらめて退散した。翌日の晩も女の試みは失敗に終わり、鍋島の病状はようやく快方に向かった。お豊も姿を見せなくなり、見張りの家臣たちも眠気に襲われることはなくなった。

惣太は、夜に忍び込んできたお豊の姿をした美しい女は妖怪に違いないと考え、彼女を殺すための計画を練った。居場所をつきとめた惣太が短剣で襲いかかると、吸血鬼のお豊も闘争心をむきだしにし、槍をつかんだ。だが、ふいにそれを放り出したかと思うと、化け猫に姿を変えて屋根に登り、山に逃げてしまった。

その後、鍋島が差し向けた狩人たちによって、ようやく化け猫は退治された。鍋島は健康をとり戻し、伊藤惣太はその武勇によって手厚い報酬を受けた（1929年7月14日の『サンデー・エクスプレス』紙にこんな記事がある。「鍋島家の吸血化け猫がまたしても悪さをした—二刀流の侍の末裔たちの美しい妻が妖術にかかってしまったのだ」）——。

この話は、日本の吸血鬼の特徴をよく示している。この吸血鬼は猫に化けることを好み、死んだ誰かになりすまして、生前、その人と親しかった人たちの生気を吸いとっていくのだ。おそらくこれは、人が死んだとき、遺体の寝床の下に犬を、屋根の上に猫を置くと、死者が一時的によみがえって悪さをするという中国の言い伝えに関係があると思われる。中国では、遺体を安置した家では、犬も猫も追い払われるという。

これとよく似た迷信は、東欧にもある。純朴な男の遺体が埋葬される前に、その上を猫か鳥が横切ると、男は吸血鬼になるというものだ。

これらの話を総合すると、遺体を安置した部屋に猫などの動物が入り込むことが嫌がられるのは、その動物が吸血鬼の能力をもち、それが近づくだけで遺体に悪影響を及ぼすと信じられていたためらしい。吸血鬼に咬みつかれることは命とりだが、吸血鬼が動物に化ける場合には、たとえ咬まれなくてもそれと同じ効果が出る。なるほど、動物に化けた吸血鬼に襲われたときには、通常吸血鬼に咬まれた証拠として残る首の後ろの咬み痕が見つからないわけだ。

ヘンリー・モア〔★訳注★1614-1687 イギリスの哲学者、神学者〕が紹介する次の事例は、これぞヴァンピリズムの王道と呼ぶべきものだ。

――シレジアのペンタクの議員、ヨハネス・クンティウスは、60歳のとき、飼っていた馬に蹴られたことが原因で急死した。彼が亡くなる瞬間、1匹の黒猫が部屋に入ってきてベッドに飛び乗り、クンティウスの顔を激しく引っかいた。

クンティウスの亡くなった日も葬儀の日も、大嵐に見舞われた。風と雪のせいで「人々の体が揺れ、歯ががちがちと鳴る音が頭で響いた」。だが、遺体が地下に埋められた瞬間、嵐はぴたりと収まったという。ところが葬儀の直後から、クンティウスの声で話しかけてくる幽霊を見たという証言があちこちで聞かれるようになった。水差しや鉢からミルクがなくなるとか、ミルクが血に変わったとか、老人が絞め殺されたとか、ゆりかごから赤ん坊がさらわれたとか、教会の祭壇のかけ布が血で汚されていたとか、鶏が殺されて食べられていたといった、信じがたい出来事が次々に起きた。

ついに、クンティウスの遺体は掘り起こされることとなった。すると、クンティウスの遺体の上に埋葬された遺体はすべて腐敗していたが、クンティウスの肌だけは柔らかくて血色もよく、体の関節もまだ固まっていなかった。ある人がその指のあいだに手を入れてみると、クンティウスはその手をしっかりと握りしめた。しかも、その目はまばたきをくり返し、足の血管は生きた人間のようにどくどくと波打っていた。驚くべきことに、クンティウスが埋葬されてすでに半年が経過していた。

当局の命令により、掘り出された遺体は切断されることになったが、その作業は困難をきわめた。ようやく切断が完了し、切断された遺体は燃やされた。こうして、亡霊が住民に悪さをすることも、安眠と健康を妨げることもなくなった――。

興味深いことに、これによく似たエピソードは英国にも見られる。一説によると、かつてノーサンブリアでは、人間のなきがらの上を横切った猫を殺す習慣があったという。このような迷信は、文明から隔絶した社会に限られたものではない。いまでも、高い教育を受けた人々のあいだでさえ、こうした考え方が残っていることに多くの読者は衝撃を受けるだろう。

ローマカトリック教会の専門家であるモンタギュー・サマーズは、インキュバスとサキュバスが実在するという説を主張し、「科学者、学識者、専門家、世界中から尊敬される多くの名のある人々が、畏敬の念と愛情をもって」この説を支持しているという。この説に懐疑的な人々は「ひび割れた文明社会の地表の真下に、このような怪物が潜んでいることに気づいておらず、今後も気がつかない」とサマーズはいう。

25章　霊の猫、使い魔の猫

熱心な信奉者は考える
すべての元素にはそれぞれ精霊が棲みついている
青く霊妙な空気に大気の精が漂い
地下の洞窟の奥には地の精が潜んでいて
海では青緑色の水の精が大波をすくいとる
そして火の精にとっては
激しく燃える炎が懐かしいわが家なのだ
（作者不詳）

霊的な呪術は、四元素の精霊への信仰に基づいて霊を呼び出す儀式と深く結びついている。太古の昔にそのような知識があったことを示す記録も残っている。古代アッシリアで唱えられていた呪文は、これらの精霊を呼び出すためのものだ。エジプト人がその存在を信じていたことは、『死者の書』108章「西方の諸霊魂を知る章」が示すとおりである。

イスラム教による支配を受け入れたほかの国々と同じように、現在でもエジプトの神秘的な地域には、無数の「ジン」と呼ばれる精霊が住みついている。ジンは、誕生、成熟、衰退、死の概念を理解し、人間との多くの共通点をもっている。性別があり、さまざまな職業に就き、ある者は奴隷になり、ある者は自由を謳歌している。宗教については人間の教義に従っているが、違う点もいくつかある。たとえば、ジンの寿命は300年で、ふだんは私たちの目に見えない。だが、人間、動物、怪物など、奇妙でぼんやりとした姿かたちに化けることができる。彼らは人間に共感し、人間と密接なつながりをもつ。

人間の子どもには、その子と同じ時間に生まれた特別なジンがついていると考えられていた。イスラム教社会ではその全域で、ジンを呼び出す技術が大勢の人々によって培われた。イスラム教の一部の呪術師は、女性のジンと結婚したといわれている。彼らは秘術によって精たちを自在にあやつり、さまざまな奇跡を起こすことができた。

それを裏づける証拠として、『アラビアンナイト』の翻訳者レーンによる同書の序文を引用したい。

「私は、魔術師や魔除けの持ち主による呼び出しに従い、霊が日常の中で行動するといまでも固く信じられている国に住んでいる。そして、この国で最も高い社会的地位にある人々の口から、霊の行いについての数々の逸話を聞かされてきた」

著名な作家であり旅行家でもあるレーンは、著書『現代のエジプト人』で、猫に姿を変える使い魔について、次のような驚くべきエピソードを紹介している。

——エジプトを代表する知識人の一人で、科学に関する多くの著作を残したカリール・エル・メダビーは、かなりの高齢で亡くなったが、私が以前エジプトを訪れたとき、こんな秘話を披露してくれた。

彼が飼っていた黒猫は、いつも蚊除けのカーテンの下で眠っていた。あるとき、真夜中に玄関のドアをノックする音がした。黒猫が窓辺に行き、窓のシャッターを開けて呼びかけた。

「だれかいるのか?」ドアの向こうから声がした。

「私は……だ(耳慣れない名前だった)。ドアを開けてくれ」

「ドアの鍵は、神の名を口にすると開くようになっている」と猫が答えた。

「パンを2切れ窓から投げてくれ」訪問者が言った。

「パンの入ったカゴも、神の名を唱えないと開かない」と猫は答えた。

すると訪問者は言った。「それなら、せめて水を1杯くれないか」

だが猫は、水差しも同じような仕組みになっていると答えた。訪問者は、それならいったいどうすればいいのかと猫に訊ねた。飢えと乾きでいまにも死にそうな風情の訪問者を見て、猫は彼に、隣の家に行くようにと言った。そして、自らドアを開けて彼についていったが、しばらくして戻ってきた。翌朝、カリールは、いつもの習慣を破って、自分の朝食を半分だけ猫にやり、声をかけた。

「猫よ、おまえは私が貧しい男であることを知っているはずだ。私のために金を運んできてはくれまいか」

するとして、猫は急に姿を消し、以来、彼の前に現れることはなかった――。

エジプトと同じようにフランスのプロヴァンスでも、使い魔信仰はいまでも残っている。プロヴァンスのクローを訪れる旅人は、「日没後にだれかに挨拶をされても、決して答えてはいけない。その相手が野山に棲む神秘的なマタゴットだとしたら、大変なことになる。マタゴットは天使ほど善良でもなければ、魔王ほど邪悪でもないが、人間にいたずらをする……たいてい、猫の姿で現れる」

ときにはほかの動物の姿になることもあり、「その大きな特徴は、信じられないほどすばしっこいことである。彼らから逃げようとしても無駄というものだ。燃えるような目と、体から発散される青白い光、それがマタゴットを見分けるポイントだ。マタゴットに遭遇することがあれば、すぐに目を覆い、祈りを唱え、信仰する聖人に呼びかけ、暗闇を抜け出して安全で明るい人家に逃げ込まなければならない」

今度は英国に目を転じてみよう。英国の妖術でもおなじみの使い魔になるペットの話も、もとをたどれば、いま紹介したさまざまなところから集められた事例からきていることは明らかだ。

だが、キリスト教教会が接触したすべての古い宗教と同じように、キリスト教信者が不正確に伝えたために、使い魔信仰が格下げされた。霊、ジン、妖精、ゴブリン（小鬼）、エルフ（小妖精）、スプライト、これらはすべて魔王に分類され、地位を奪われた祭司や巫女は、サタンや邪悪な呪術師に加担した者として迫害され、汚名を着せられた。キリスト教が、その教義自体に背いてまで身の毛もよだつような残虐な行為を行い、勢力を確立し、異教を撲滅したことは歴史が証明している。

次に紹介するのは英国の魔女裁判の話である。これを検討すると、情報源に偏りがあり、すべての自白は拷問によって引き出されたもので、どれだけ正確に適正に記録されていようが、その記録に証拠としての価値はほとんどないことを多少なりとも示すことができる。妖術については、当時の好意的な文献が手に入れば魔女裁判のそれとはまったく異なる特徴をもつことがわかるだろうが、残念ながらそう簡単にはいかない。ここではとりあえず、猫の姿になった使い魔の具体的な事例を伝える記録をひもといてみたい。

『スピリチュアル・マガジン』誌の1877年7月号のコラムには、14世紀、ジョン・デ・ラ・ポエールが、オソリーの主教リチャードに対して、妻のアリスを「告発」したいきさつが記されている。この不運な婦人の罪状はこうなっている。「アリスは日常的に、ローランド・フリッツ・アーティスという名の悪魔とベッドをともにしていた。この悪魔はしばしば黒猫や汚らしい犬の姿をしていたといわれる」

1556年にチェルムスフォードで魔女裁判にかけられたエリザベス・フランシスの事件は、使い魔の猫に関するきわめて詳細かつ興味深い記録である。クーパーによるとエリザベスは、

――祖母のイヴに妖術を教わった。イヴはエリザベスに、神を捨てて自分の血をサタンに捧げるように教えた。イヴはエリザベスの前に白いぶち猫の姿をした魔女を呼び出し、その猫にパンとミルクを与えるように命じた。エリザベスが言われたとおりにすると、その猫をサタンと呼び、カゴの中で飼うように言った。

サタンが彼女のために何かを行うたび、サタンは一滴の血を要求したので、エリザベスはそのつど体のあちこちを刺しては血を与えた。エリザベスはサタンを15、16年間飼っていたが、一説によるとその猫に飽きたため、隣人のウォーターハウスところへエプロンにくるんで連れていき、この猫をサタンと呼ぶこと、血やパンやミルクを与えることなど、イヴに教えられたことを伝えた。ウォーターハウスはその猫を引き取り、言われたとおりのやり方で飼うことを承諾した。ウォーターハウスはサタンに、飼っている豚を殺すよう命じた。サタンがそのとおりにすると、褒美として鶏を与えた。するとサタンは、彼女の血を要求した。

こうして、サタンがウォーターハウスのために何かをするたびに、ウォーターハウスは手や顔を刺して血を採り、それをサタンに吸わせた。それが終わると、サタンはすぐにいつもの場所で休むのだった。あるときには、ウォーターハウスがいつものように鶏と自分の血を与えると、サタンはその鶏を骨も羽も1本も残さずきれいにたいらげてしまった。

ウォーターハウスはまた、その猫をヒキガエルに変えたことがある。ポットの中に毛織物を敷いて、そこに長いあいだサタンを入れておいたのだ。そして、父と息子と聖なる幽霊の名において祈りを捧げると、サタンはヒキガエルに姿を変えてしまった。それ以降は毛織物を取り払い、ポットの中に入れておいた――。

1579年、ウィンザーで、使い魔の猫が重要な役割を果たした2件の魔女裁判があった。1件目は、ウィンザーのポンドの近くに住むドゥールである。ドゥールは黒猫の姿をした妖精を飼っていて、ジルと呼んでいた。妖術を行うときにはいつもジルの助けを借り、毎日ミルクと自分の血を混ぜたものを与えていた。2件目は、ウィンザーのアームズハウスに住むマーガレットが、ジニーという名の子猫にパンくずと自分の血を与えていたというものだ。

1582年、エセックスのセント・オシスに住む8歳のトマス・ラベットは、母親のウルスリー・ケンプがティフィン、ティティー、ピギン、イアックという名前の4人の妖精を飼っていると証言した。さらに妖精たちの色を聞かれたトマスは、「ティティーは小さな灰色の猫、ティフィンは白い子羊、ピギンは黒いヒキガエルのようで、イアックは黒猫のようだ」と言った。トマスは母親が妖精たちにビールや白パンやケーキを与え、彼らは夜になると母親のもとに来て、腕や、体のあちこちの血を吸っているのを目撃していた。

1646年、ハンティングドンシャーの魔女裁判で、フランシス・ムーアは次のように告白した。――彼はグレート・キャットワースのエリザベス・ウィードから、白い猫を譲り受けた。エリザベスは、「フランシスが神の存在を否定すれば、フランシスが呪いをかけ、その猫を送りつけた人はみな、まもなく死に至るだろう」と言った。審問官は、エリザベスが神を否定し、とげで指を刺して血を滴らせ、それを猫がなめたと断罪した。エリザベスはその猫をティシーと呼んでいた。そして1年後には、その猫を殺したという――。

この事例には、使い魔の信仰で行われていた儀式の一端を垣間見ることができる。その意味ではとくに興味深い。すでに触れてきたように、魔女はヤヌスやディアナ、あるいはそのエジプトの神の原型を信仰していたと考えられる。つまりここでいう神の否定が、キリスト教の神の否定を意味しているのは間違いない。

ところで、血を吸う猫の使い魔は、吸血鬼ではない。魔女たちは心霊的なつながりをもつために、使い魔に生き血を吸うことを教える。旧約聖書にもあるように、血液はその持ち主の生命と魂とみなされ、肉体から離れたあとも血液に祀られた人格は生き残るのである。カインがアベルを殺したあと、神はこう言った。「あなたの弟の血の声が土の中から私に叫んでいます」(創世記4章10節)。食用として殺された動物の血は、決して食べるためのものではない。このような考え方は、ユダヤ人に限らず、どの時代にもどの国にも見られるものだ。他者の血を飲むことによって、神秘的な魂の交わりが生まれる。

魔女は、使い魔の動物を完全に支配するために、古くから伝わる手法に従うのだ。

1618年、猫の使い魔によって、ラトランド伯爵に呪いをかけた罪で、リンカーンの2人の老婆が絞首刑に処された。そのうちの一人はこう証言した。伯爵の妻のキャサリンのハンカチで彼女の飼い猫をこすって飛ばせると、猫は「ニャオ」と鳴き声をあげたという。この証言によって、老婆は絞首刑に処された。ラトランド伯爵の子どもたちは体温の低下によって亡くなったが、ノッティンガムの近くのボテスフォード教会にはその記念碑が建てられ、邪悪な呪術によって短い生涯を閉じたと記されている。その猫が魔女の使い魔だったのは間違いない。老婆がその猫と関わりがあったというだけで、彼女が「魔法を駆使し、使い魔と手を結んでいた」として、有罪とするに足る証拠とされた。

17世紀に活躍した高名な学者で詩人のエドワード・フェアファクスは、妖術が邪悪で破壊的な力だと固く信じていた。彼自身がうそいつわりなく語ったところによると、彼はその経験によって「不幸な証人」になったという。

1621年、フェアファクスは、3人の愛娘を魔法にかけたという6人の女を告訴したが、この6人はヨーク巡回裁判所で全員が無罪放免となった。フェアファクスの行動は、その著書『悪魔研究』に詳しい。

この文献には、6人のうち彼が知っている5人について、数多くの興味深い情報が記録されている。そのうちの2人は猫の姿の使い魔を飼っていて、3番目の女は「醜くて無数の足があり、黒くて毛むくじゃらで、猫ぐらいの大きさだが名前のわからない」動物の使い魔を飼っていた。この魔女の娘は、「黒ぶちの白猫で、インゲスという名の」使い魔を飼っていた。「長年にわたって悪名をはせた魔女」である3番目の女は、「ギブという名の大きな黒猫の姿をした使い魔」を40年間飼っていた。残りの3人の魔女のうち、1人は鳥の使い魔を飼っていて、残りの2人は何も飼っていないようだった。

だが、呪いをかけられた子どもたちは、7番目の魔女に苦しめられる嫌な夢を見たという。その魔女はフィリーという名の「白猫のような」使い魔を飼っていて、この使い魔は20年間彼女に仕えていた。長女のヘレン・フェアファクスは猫の恐ろしい夢を見るたびに「激しい恍惚感」に襲われた。1匹の猫が「口を開けて威嚇するとき」人間の歯のようなものが見えたという。ヘレンが聖書を読むのを邪魔する猫もいた。その猫は、彼女が片手で追い払おうとしてもまったく動じなかったという。妹のエリザベスも幽霊が出てくる夢にうなされ、2人は「極度の衰弱状態」におちいった。

残念なことにこの記述は未完に終わっているため、紹介できるのはここまでである。

1603年に発表されたモールデンの牧師ジョージ・ギファードの著書『魔女と妖術に関する対話』には、ある農夫が魔女の恨みを買い、猫の姿をした使い魔によって3匹の犬と1頭の牛を殺された話が載っている。だが「この農夫には豚を生きたまま焼いた疑いがかけられており、魔女の話では、使い魔の猫はその場所に二度と行こうとしなかった」

農夫が豚を生贄にするに至った心境の変化、また、その生贄がエホバに捧げたものなのか、サタンに捧げたものなのかは興味深いところだが、ギファードはそのあたりには言及していない。また、農夫が恐怖に駆られて豚を生きたまま焼いたことについても非難はしていない。

ギファードは、1588年に魔女裁判にかけられたエセックスの魔女についてはこう記している。

「彼女はすべてを告白した。彼女には、猫の姿をしたライトフット、ヒキガエルの姿をしたランチ、イタチの姿をしたメイクシフトという3つの使い魔がいた。ライトフットはバーリーという女性から、16年ほど前にケーキと交換で手に入れたものだ。その女性は、ライトフットは役に立つと言った。それからほどなくして、ランチとメイクシフトがやってきて、役に立つ仕事をするようになった。ライトフットは牛を殺し、メイクシフトは馬を、ランチは人間の体にとり憑いて苦しめた……もう一人の女性は、金茶色の猫のような使い魔を持っていた」

ここでもまた、ギファードは懐疑的な人々に多くの証拠を突きつけている。

「これならどうか？　魔女たちは使い魔を飼っていた。1匹の場合もあれば、2匹、3匹、4匹、5匹の場合もある。その姿も、猫、イタチ、ヒキガエル、ネズミなどさまざまで、ミルクや鶏などを餌として与えたり、ときには血のしずくを吸わせたりする。誰かに攻撃されたときには相手の体に仕返しするために送り込まれ、相手やその家畜を殺すこともある」

ある犯罪記録によると、1661年8月、数人の魔女が妖術を行ったかどで告発、処刑された。その一人マーガレット・ハッチソンは、自分を魔女と呼んだジョン・ブーストを脅迫したとして名誉毀損に問われた。

マーガレットは、ジョンに魔女と呼ばれた数日後、生肉を彼の家に投げ込んだ。犬も猫も食べようとしなかったのでその肉は燃やされたが、その後、彼の飼い猫が病気にかかった。猫は暴れて発汗し、ついに死んでしまった。また、彼女の夫と喧嘩をしたジョン・ベルをも脅迫したが、その直後にはジョンの家に3匹の猫が侵入したという。ジョンの2人の子どもは死亡し、妻は病を長患いすることとなった。

このケースでは注目すべき点が2つある。1つは、犬も猫も、魔女に汚された生肉を食べるのを拒んだこと、2つ目は、猫は魔女の残酷な計画を実行する道具にされかけたにもかかわらず、それがかなわないとなると魔女の恨みを買って犠牲になったことだ。

降霊術の占い師の使い魔は猫の姿をとることが多いという奇妙な考えが定着したことを証明する事例は数多くあるが、スペースの都合もあるので、事例はこれくらいにして、最後に、このテーマについて言及している同時代の文献をいくつか紹介しよう。

シェイクスピアは『マクベス』を1606年に執筆したといわれている。この作品でひときわ目立つ存在である3人の魔女は、猫とつながりをもっている。魔女の1人のグレイマルキンという名は、猫の名前でもあった。3人が薄暗い洞窟で王に呪いをかける準備をするとき、第1の魔女は儀式の初めに不吉な呪文を唱える。

とら猫がニャオと3度鳴く

この縁起の悪い猫は魔女の使い魔で、その予知能力をもって彼女に仕えていたのだろう。戯曲『ラブ・フォー・ラブ』（1695年）では、魔女は子どもたちを育てるために過剰な数の乳首をもつ動物に姿を変えるという、当時蔓延していた俗説に言及している。

第2幕で、アンジェリカが乳母と伯父をからかって呼びかける。「ちょっと聞いてよ。あなたの左腕の下に不自然に大きな乳首があるのを見たっていう人がいるんだけど。ぶち猫の姿をした悪魔の子どもに、母乳をあげているのを見たっていう人も知ってるわ」

さて、シェイクスピアから100年以上経ったころ、詩人のジョン・ゲイは『老婆と猫』という寓話で当時の世間の俗説をみごとに描き、こんな教訓を説いている。

老婆と猫　ジョン・ゲイ『寓話』より

悪党と親しくつきあう者は
商売相手としかみなされない

これが、彼の詩を貫くテーマとなっている。だがそれよりも興味深いのは、私たちの祖先が、猫を飼っているというだけで老婆を魔女だと決めつけていたことに対する彼の洞察が見られることである。ゲイは言う。「魔女として知られたしわくちゃのばあさんは、祈りの言葉を後ろから読む、気性の荒い80歳の口やかましい女だった」。だが、彼女が魔女と噂されたのはそのようなくだらない理由からではなく、飢えた野良猫の「無数の子猫」を可愛がっていたためである。

彼らの鳴き声に悩まされ、彼女はだんだん不機嫌になり
つばを飛ばす。おまえは叫ぶ
なんと愚かなことか
こんな小鬼を、悪魔を、邪悪な手下どもを楽しませるとは！
おまえは彼らを住まわせたことも育てたこともなく
私は魔女と呪われたこともない
おまえのせいで、あの坊主たちがやいのやいのと騒ぎ立て
私を苦しめる
私の行く手には麦わらがしかれ、私の歩みは遅くなる
馬の蹄は釘付けになり
少女たちはほうきを隠す

私が乗ることを恐れているのだ
そして血染めの椅子にピンを刺し
私の秘密の乳首を見させようとする

猫はこう答える。自分たちもまた、老婆が不満に思う関係に苦しんでおり、それさえなければ「狩猟の獲物」として生きてきたはずだと。

鬼ばばあに仕えるという恥ずべき行為
猫は小鬼、彼女のほうきだと思われている

26章 死を予兆する猫

自意識に目覚めてまもないころの人類は、自分をとりまく未知の世界を畏怖の念で見つめ、下等動物の中にも神の存在を見出していた。彼らには、野生動物の意味不明な鳴き声が、未知なる神からのお告げの言葉を求める声のように聞こえたことだろう。獣や鳥は、予期せぬときに姿を見せる。それは神の意思の表れだった。具体的でもなく明らかでもないものは、神の存在と目的を具現化し明示したものを介してのみ人間に伝達される。したがって、美しい生き物も醜い生き物も、神の栄誉に浴した媒体あるいは司祭なのである。

「人間が知りうることは、自分が何も知らないという知識でしかない」と言われるときでも、「神託」や「前兆」は、実際にそれを経験したと主張する人々が示す証拠を認めるかぎり完全に消えることはない。

科学は実にたくさんの古い信仰に疑いの目を向け、数え切れないほどの嘘を暴いてきた。だがその一方で、これまで知られていなかった法則を発見し、心霊現象を調査することによって、ごく最近まで単なる伝説や作り話に過ぎないとされてきた古い記録に信憑性を与えるようにもなった。そうした神秘的かつ超自然的な現象であれば、もはや笑い飛ばすことはできない。

もっとも、神々とその預言者は寓話の中でしか言葉を発したことがない。それはいまも変わらない。言葉として語られていないことは——伝達者と受信者のあいだに共通の言語があるにもかかわらず——絵によって表現されてきた。共通の言語をもたない者たちにとっては、これが思考を伝える唯一の手段となる。ほかの時空に住む者たちの生活は、私たちのそれとはまったく異なっている。その姿は私たちの目に映らず、その声も聞こえない。彼らが未来に起こりうることを私たちに警告するとき、絵を使った表現は、最もシンプルで自然なコミュニケーション手段となる。

また、占い師が見せる技は、偶然に起きることは何ひとつないことを教えている。それらのできごとと自然とはひそかに結びついており、移り変わる雲の動きも、鳥が空を飛ぶことも、動物の鳴き声や行動も、「いろいろな違いを含みながらの全体性」なるものの理解者にとっては意味をもっている。

キケロは、まだ姿を現すべきときでないものも含め、あらゆるものは存在していると言い切った。つまり、予言とは、存在しないものには関心をもたず、まだ現れていないものにのみ関心をもつことだと主張することによって、未来を予言する可能性を説いたのである。

猫は死の女神ヘカテの象徴としての特異な地位を占めるがゆえに、迫り来る死期を知らせる動物として広く崇められていたと考えられる。その背景には、夜と影の世界とのつながりや、音も立てず不意に姿を現す習性がある。またそのバラエティ豊かな毛の色、表現方法によって、その存在自体が言語であるかのように見なされていたこともあるようだ。

ここで、オカルトの民間伝承において、猫の行動がどのように解釈されたかを見てみよう。その解釈から、私たちの死の前兆に触れることができるだろう。ものごとの予兆の存在を信じるか否かにかかわらず、誰しも大いに興味をそそられるに違いない。

16世紀に活躍したイタリアの自然科学者ウリッセ・アルドロヴァンディによれば、ステファノ・カルダノが亡くなるとき、どこからともなく1匹の猫が彼の前に現れ、大きな鳴き声をあげて姿を消したという。また、ある女性が猫に胸を引っかかれたとき、彼女はその猫が霊的な存在であることに気がつくと、その数日後に亡くなったという。

当然のことながらキリスト教は、死期の迫った人がよく目にする猫の亡霊を、魔王と同一視した。イタリアのトスカーナ地方では、サタンは死にたがっている人の枕元に羊以外の動物の姿で現れるとされている。とくに好んで化けるのは、雄ヤギ、雄鶏、猫だという。

ドイツでは、病人のベッドの上に黒猫が現れると死期が近いという俗説に、墓の上に猫がいることは死者が魔王の配下にあることを意味するというキリスト教の迷信が加わった。

ロクホルツ教授は、2匹の猫がけんかするのは病人の死期が迫っている予兆だというドイツの俗説を記録している。グベルナーティスはこう考えている。「この2匹の猫はピエモンテやトスカーナの子どもの遊びの変形である。これは〝魂のゲーム〟という、天使と魔王が一つの魂を奪い合うゲームだ。2匹の猫のうち1匹は慈悲深く、1匹は邪悪で、それぞれが夜と夕暮れを意味している」

ドイツの聖ゲルトルーディスの葬儀では、猫とネズミが神聖なものとされた。ネズミは死者の魂の象徴であり、ある意味で猫を死の概念と結びつけるものだ。聖ゲルトルーディスは通常、小さなネズミたちに囲まれた姿で表されるが、ネズミを退治する猫として表されることもある。

ノルマンディーでは、三毛猫が木に登るのは事故死の前触れで、月明かりの下で黒猫が歩道を横切ると、疫病の死者が出ると信じられていた。

猫の夢を見ることも不吉な徴候だ。博識なエフェソス人、アルテミドーラスは、アントニヌスピウス治世下のローマで、『夢に関する論文』を著した。その中で、猫とけんかをして深い傷を負う夢は、病気と困難の前兆だと述べている。

また、クリスマスに黒猫の夢を見ると翌年重い病にかかる、夢の中に威嚇するような目つきの猫が現れたり、猫と戯れる夢を見たりすると、うわべは誠実そうに見えても、実際には不誠実な友人をもつともいわれている。

現代に視点を移すと、何かを予兆する猫の話には超自然的な猫が登場する。あたかも病に臥せった人を脅かさないようできるだけ優しくメッセージを伝えるために、ペットの動物が卑しい使い魔になり、残酷な死の使いに選ばれたかのようだ。

その代表的な話をいくつか紹介しよう。最初の話は、サー・ウォルター・スコット（★訳注★1771・1832 スコットランドの

（歴史小説家、詩人）がある医師から聞いたものだ。スコットはその医師について「医学界における地位、科学と哲学における功績では比類なきこと議論の余地がない」という。この医師の患者で、「まれに見る堅実さ、良識、高潔の誉れ高い」仕事熱心で有名な男がいた。

当時、彼は病気で部屋に閉じこもりがちで、ときには寝込んでしまうこともあったが、病気を押して仕事に出ることもあり、「ありったけの強靭な精神力とエネルギーを、重要な任務に注ぎ込んでいた」という。急病にかかるような兆候は見られなかったが「脈拍の少なさ、食欲不振、消化不良、日ごろの精神的な抑鬱状態は、本人が何とかして隠し通そうとしている秘密の理由から来ているように見えた」

医師は長いあいだ、その謎めいた疾患の原因を突き止めようとむなしい努力を続けた。するとようやく、その患者は医師に心を開くようになった。医師の話によれば、男は生命力を吸いとられる不治の病に侵され、死期が迫っているという。しかもこの病気は珍しい病気ではなく、ルサージュの有名な小説でも、登場人物が似たような症状の病気にかかったというのだ。

男は忌まわしい亡霊にとりつかれていた。男の理性は、その幻影に打ち克つことができなかった。男は架空の病に押しつぶされた犠牲者だった。病気はゆるやかに進行したので、最初のうちはさほど体調も悪くなかった。その幻影に悩まされるようになったのは2、3年前のことで、「ときおり巨大な猫が目の前に現れては消えるようになった」。けれども、それが現実だと思い知らされるまではうまく表現することができず、妄想の中で「それは家猫ではなく、実体のない泡のようなものだと考えざるをえなかった」。だが猫好きの彼は、妄想の友をさほど気にとめなかった。ところが数カ月経つと猫は姿を消し、代わって門番の男が現れた。この幻影も数カ月後にはいなくなり、こんどはおぞましい骸骨の幻影が現れた。「一人のときもあれば複数のときもあった。その骸骨は、いつまでたってもそばを離れなかった」

医師は「単なる幻覚だ」と言い聞かせ、男に病を克服させようとした。あれこれと手を尽くし、調査や治療を行った。しかしその甲斐もなく、男はますます深い抑鬱状態に落ち込んでいき、数カ月間苦しんだあげくついに息絶えてしまった。

この不思議なエピソードの話し手、当事者、目撃者のうち、だれに共感するにしても、現れた亡霊が本当に幻だったのかどうかはわからないし、亡霊が現れた理由もわからない。3者を結びつけるものは何も見当たらないわけだ。この話が事実なら、現れたのは幽霊なのか、四元素（エレメンタル）の精霊なのか、吸血鬼なのか、それとも悪霊なのか？　ただ姿を見せることが目的だとすれば、なぜしつこく彼につきまとったのか？　それが死を象徴しているのだとすれば、なぜ姿かたちを変えたのか？　これらの謎の解釈は、読者にお任せするしかない。

家族の死期が迫っているとき、その前兆となるシンボルに警告を受ける一族がいることはよく知られている。シンボルの種類はさまざまだが、中には動物の幽霊の姿をとることがある。『心霊研究会議事録』（第10巻）に、E・L・カーニーが、死を予言する猫についての興味深い事例を紹介している。

１８９２年1月のある晩、病床の祖父の部屋を出たカーニーが階段を降りていくと、向こうから見慣れない猫が歩いてきた。彼女の存在に気づくと、猫はドアの陰に隠れた。そのドアはいつも開いていて、その向こうには廊下が二手に分かれていた。カーニーは急いで猫のあとを追ったが、驚いたことに、ドアの向こうにも、家のどこを探しても猫の姿は見つからなかった。

翌日、祖父は亡くなった。このエピソードの重要な点は、家族内で似たようなできごとが起きていた点だ。カーニーの母もまた、父がなくなった日の前の晩、父のベッドのまわりを猫が歩いているのを見かけていた。彼女もまた家中を探しまわったが、見つからなかったという。

エミリー・キャサリン・ベイツは、その自叙伝で、招待された夕食会で起きた不思議な出来事について触れている。

夕食後ベイツは、女性たちが過ごしていた客間のグランドピアノの上に、青みがかった灰色の美しい子猫が座っているのを見つけて驚いた。それから男性陣も客間に入ってきた。ベイツが夕食会のホストと話し込んでいると、自分のドレスの裾の上を小さな黒猫が駆け抜けていった。猫好きのベイツはふと目をあげ、グランドピアノの上にさっきの灰色の猫が座っているのを見た。その後、客人が全員帰宅し、ベイツとその家の女主人が寝室に引き上げようとするまで、猫のことはすっかり忘れていた。しかし2階への階段を昇りながら、女主人が意味ありげな様子でこう言った。

「今夜、あなたの身に何かが起きるような気がするの。さっき、あなたが主人と話をしていたとき、あなたのドレスの裾の上を黒猫が横切ったでしょう」

「ええ、私も気がついたわ」ベイツは答えた。「でも、あの猫にはとくに変わった様子もなかったけど」

「でもね」女主人が言った。「この家には、外の敷地も含めて、黒い子猫なんて1匹もいないのよ。いったいあの子、どこに行ったのかしら？　あのあとで一度も見なかったでしょう？　あれは普通の子猫じゃないわ。私、いまのいままであの猫は私にしか見えないと思っていたの」

　それから数週間後、ベイツの親友が亡くなった。「あの夕食会で自分が楽しく過ごしていたまさにその夜に、友人は意識不明の重体になったに違いない」と気づき、ベイツは悲痛な驚きとショックに打ちのめされた。「だれもそのことを知らせてくれなかったなんて、ひどすぎる」。そう思いながら、ふとドレスの裾を横切った黒猫のことを思い出した。

「あのとき、親友の魂が、迫り来る死のシンボルを私に届けようとしていたのだろうか」と、ベイツは自分の胸に訊ねずにはいられなかった。

『オカルト・レビュー』でインクスター・ギルバートソンはキリスト教オカルト協会の会長、ドクター・ティンダールの経験談を紹介している。

　——若いころ、ティンダールは両親とベイズウォーターに住んでいた。よく晴れたある日のこと、裏庭に面したドアのすきまから、1匹の黒猫が家の中にすべり込んできた。猫は気でも違ったかのように、家の端から端まで猛烈な速さで駆けずりまわり、廊下を抜けて階段を駆け上がり、最初の踊り場から窓によじのぼり、麻のカーテンをずたずたにしてから外に飛び出していった。

ティンダールの父の2人の妹はピムリコに住んでいた。黒猫が現れてから5分か10分経ったころ、父の妹の家からやってきたタクシーが玄関先に停まり、乗っていた女性がティンダールの父を呼んだ。父の姿を見るやいなや、その女性はこう言った。「妹さんが転倒して亡くなりました」

悲しいかな、それは事実だった。ティンダールはその悲劇を1日たりとも忘れたことはなかった。なぜなら、そのショックで寝込んでしまった父が、1年も経たないうちに亡くなったからだ――。

『心霊研究会ジャーナル』の1927年1月号には、災難を予告した幽霊のような白猫について、実に興味深い話が載っている。

その猫は「13年間にわたり幾度となく目撃され」、ときには2人の人間が同時に見かけたこともあった。「1人がその猫の存在に気づいたあとで、もう1人がそれに気づいた。ときには、目撃されるだけでなく、その気配が感じられることもあった。さらに「白猫が目撃された直後には、必ず目撃者と関わりのある人が亡くなったり、重い病にかかったりした」

ドクター・W・F・プリンスは、この事例の特徴についてこう説明する。

「その白猫を目撃した数人のうちの1人が、かつて白猫を飼っていた。その白猫が最初に現れる何年も前のことだ。ところがその猫は、ある日忽然と姿を消し、当然のことながらその人の心に深い傷を残した。この猫が未知の方法で知人の死を予告したとすれば、よくわからないメカニズムによって、かつて失踪しおそらくは死んでしまった飼い猫のイメージを、潜在意識が呼び起こしたのかもしれない。もっとも、目撃者の1人はまだ若いため、その猫の記憶はなく、よって個人的な感情のつながりがあったわけではない」

これらの不思議なエピソードの根底には、多くの宗教的な哲学の教えに共通する原則があるように思われる。すなわち、下にあるすべてのものは上にあるものと交流し、目に見えるものには目に見えない領域にその霊的な片割れがいて、それは通常私たちの目には映らないが、その暗号を解読できる人にシンボリックなメッセージを伝えるために、感知しうる姿で現れる——というものだ。

27章 猫の千里眼

エジプト人が猫のことを「見る者」を意味する「マウ」と呼ぶのは、太陽神ホルスのすべてを見通す目と関連があると思われる。オカルトの伝承では、猫は優れた千里眼の持ち主とされてきた。そしてこんにちの調査でも、猫には少なからずその能力があることが確認されている。本章では、その数ある事例の中からいくつかを紹介したい。

猫の千里眼を信じない人々は、人間の千里眼に関するものも含め、数多くの記録のうち妄想や周到なでっちあげでないものはただの一つもないと断言する。たとえ目撃者当人によって経験され、知的な記者によって記録されたものであってもだ。この言い分は単にばかげているだけでなく、実際の証言の価値を否定することで、知識の小道に続く無数の扉を閉めてしまうことにもなりかねない。すべてが不可解な謎という場合、独善的な物質主義では土台にはならないし、真に理性的な人々であれば、一瞬たりともこの考え方は支持しないだろう。

さて、最初に紹介するのは、悪が幽霊のように現れたときに、猫がひどく脅えるという話である。

高名な自然学者のJ・G・ウッド師は、著書『人間と野獣』の中で、それを伝える手紙を引用した。のちにそれは心霊研究会（1888年5月号の会報）によって調査され、裏づけられた。

手紙を書いたのは、フランスのブローニュシュルメールの古い家に母親と2人で住む女性である。事件は1845年ごろに起きた。

――それは18XX年の冬のことだった。ある晩、私は寝室の暖炉のそばに座り、レディ・キャサリンという名の素晴らしい愛猫を無心になでていた。悲しいかな、キャサリンはもうこの世にいない。キャサリンは気怠そうに私の膝の上に寝そべり、眠たくてたまらない様子だった。

部屋にはろうそくもついていなかったが、煌々と輝く暖炉の火のおかげで、部屋はとても明るかった。

部屋にはドアが2カ所ある。私の背後のドアは、冬のあいだじゅう閉めきっている部屋に続いており、もう一つはその反対側にあって、廊下につながっていた。暖炉と反対側の隅には、つい先ほどまで母が座っていた背もたれの高い古めかしいアームチェアが置かれていた。キャサリンは頭を私の腕に乗せ、どんどん眠そうな表情になってきたので、私はそろそろ寝床に入ろうかと考え始めた。

と、ふいに、何かがキャサリンの静寂を脅かした。ゴロゴロとのどを鳴らす音がとまり、急激にいらだちはじめた。私は体をかがめてキャサリンを落ち着かせようとしたが、キャサリンは私の膝の上でさっと立ち上がり、シャーッと威嚇し、背中を弓なりにして尻尾の毛を逆立て、恐怖とふてぶてしさの入り混じった態度を見せた。

猫が立ち上がったので、私も顔を上げて目の前を見た。その瞬間、私は言葉では表せない恐怖感に襲われた。母のアームチェアに、小柄で醜いしわだらけの老婆が座っていたのだ。両手を膝に乗せ、前かがみの姿勢になっているので、その顔は私のすぐ目の前に迫っていた。その目は刺すように鋭く、強烈な光を放ちながら私をにらみつけている。驚くほど大きな目で、底意地の悪そうな表情を浮かべ、私の五感を完全に吸いとり、事態を把握しようとする私の注意を妨げるのだった。叫び声をあげたくても呼吸ができず、老婆の醜悪な視線に翻弄され、目をそむけることも、立ち上がることもできなかった。

そのあいだ私はキャサリンの体をしっかりと抑えていたが、キャサリンはあんな醜い老婆のそばにいたくないと思ったのか、必死にもがいたあげく、ついに私の手から離れてしまった。椅子、テーブルなど行く手をさえぎるものをことごとく飛び越え、閉めきった部屋に続くドアの羽目板にものすごい勢いで幾度となく体当たりした。だがドアが開かないとわかると半狂乱のまま戻ってきて、こんどは反対側のドアに突進した。

私の恐怖の対象は2つになった。私は、こちらをじっとにらんでいる老婆の大きな目と、どんどん興奮していくキャサリンを交互に見つめた。このままではキャサリンが本当に狂ってしまうという恐怖感からようやく息を吸い込めるようになり、私は大声をあげた。

それを聞いた母が、あわててやってきた。母がドアを開けた瞬間、キャサリンは文字通り母の頭上を飛び越えたかと思うと、こんどは30分ものあいだ、何かに追いかけられているかのように階段を駆け上っては駆け下りるをくり返した。

振り返ると、もう一つの恐怖の対象は姿を消していた。このような異常な状況下では、実際にどれくらい時間が経ったのかよくわからない。だが、老婆の姿が見えていたのは5分程度のことだったと思う。それからしばらくして、その家の前の住人だった女性が、まさに私の寝室で首吊り自殺をしたということを知った――。

猫が恐怖におののくこれと似たような話が「世にも不思議な物語――猫は何を見たのか？」という見出しで、1923年10月5日の『イヴニング・ニューズ』紙に掲載された。

筆者のH・G・スウィンドンはこう記している。

――母が亡くなって1週間後、夜遅くに帰宅すると、飼い猫がひどく興奮した様子で部屋から逃げ出そうとしていた。私は猫を抱き上げて、母が生前使っていたアームチェアに乗せた。猫は、母が不在のときにはいつもその上で飛び跳ねていたのだ。ところがその日に限って、猫はアームチェアからさっと飛びのくと、私の両手をものすごい勢いで引っかいた。

私は3回、猫をアームチェアに乗せようとした。だがそのたびに猫は、哀しげな鳴き声をあげて飛びのき、私を引っかこうとした。私は家中の様子を探ってみたが、猫を興奮させる原因になるようなものは何も見当たらなかった。猫をドアの向こうに行かせると、彼女は廊下を爪でひっかきながら、家のどこかに隠れてしまった。その猫を飼って9年経っていたが、母のアームチェアがいちばんのお気に入りの場所だったので、これほどの興奮状態はなんとも不可解だった。しかも、その日以来、彼女は二度とアームチェアに上ろうとせず、私たちがそこに乗せてやっても、すぐに降りてしまうのだった。

猫は、アームチェアが置いてある部屋にとり残されることさえ嫌がるようになった。万が一、中に閉じ込めたまま私たちが就寝しようものなら、延々とドアを引っかき続ける。ようやくだれかが気づいて外に出してやると、満足げにのどを鳴らすのだった。ひょっとしてこの猫の目には、人間には見えない何かが映っているのだろうか？——

先ほどとりあげた事例を検討すれば、この記事の最後の問いかけに対する答えは肯定的なものになる。

次に紹介するのは、R・D・マクリーンが『オカルト・レビュー』の1924年4月号に寄せた投書である。この内容もそれを裏づけるものだ。

マクリーンの友人は「部屋の椅子に、亡くなった知人の霊が腰かけているのを目撃した。彼女が飼っていた猫は、その部屋に入ってくるなり知人の霊の膝の上に飛び乗ろうとしたが、膝を通り抜けてそのまま床に落ちてしまったので、ひどく動揺した様子だった」という。マクリーンはこう述べている。「この話は、動物が実体のある生き物と霊的な存在を見分けるのが難しいことを示しているといえるだろう」

見分けるのが難しいのは、動物に限ったことではない。前章『死を予兆する猫』でも触れたように、人間もまた、本物の猫と霊の猫を見分けることができない。

高名な作家エドワード・シャンクスは、『T・Pアンドカッセルズ・ウィークリー』で「お気に入りの幽霊」について書いているが、その中で猫の千里眼にまつわる事例を紹介している。

――まったくの私見ではあるが、いちばん好きな幽霊を選んでみた。それはたいした幽霊ではないが、かなり長いあいだ借用しているので、私のものと言ってもおかしくない。私の現在の住まいは、2軒の古いコテージを一つにつなげたものだ。私が書斎として使っている小さな部屋は、見たところ、以前は小さいほうのコテージのキッチンと居間として使われていた。

いまから50年ほど前のある日、当時この家に住んでいた労働者が、家庭生活に息苦しさを感じて抑鬱状態になり、私がいま書斎として使っているこの部屋の梁で首を吊って死んだ……少なくとも、村の言い伝えではそうなっている。その梁に打たれた大きな釘は、いまでも残っている。

村の言い伝えのことは、長いあいだ私の記憶から消えていた。ところがあるとき、家族がみな寝静まった夜更けに一人で仕事をしていたとき、事件は起きた。実際には一人きりではなく、猫がそばにいた。それは可愛げのない猫で、ネズミ退治のために仕方なく飼っていただけで、飼い主の仕事に協力するような健気な猫ではなかった。

ふいに説明のつかない何かに促されて、私は部屋を見まわした。梁に打たれた不吉な釘の真下で、猫がだれかの足に体をこすりつけているような満ち足りた表情を浮かべながら、元気よく行ったり来たりしていた。数分間それをくり返したあと、猫は小さくのどを鳴らした。私が座ったまま肩越しに見やると、猫は動かなくなった。

私は猫をその部屋に残して寝室に行った。ランプの炎は全部つけっぱなしで、すべてのドアは開け放たれていた――。

この話でも人間の千里眼を確証するものはなく、猫の行動のみで判断するしかない。

だが次のエピソードには、その両方の要素が含まれている。新築の家に間借りすることになったミス・ベイツは、引っ越してまもなく、その家主の女性が「筋金入りの驚くべき霊能者」であることに気がついた。

――食事のとき、とりわけ夕食の席で、しょっちゅう不思議なことが起きたんです。食事の最中、彼女はふとナイフとフォークを置いて、すてきなダイニングルームの奥に亡くなった夫の幽霊がいることに気づいては、私の注意をそちらに向けようとするのです。「ほら！　見てごらんなさい、ミス・ベイツ。あなたにも見えるでしょう……愛しのヘンリーがそこにいるわ。あごひげを生やして、ソファと壁のあいだに立っているの。私にはあなたと同じくらい、はっきりと見えるのよ！」

私には「愛しのヘンリー」は見えない、と答えようとしたのですが、飼い猫のぶち猫がその一角に何かを見たらしく、興奮して走り出し、ソファの端に飛び乗ってそこに座り込んだのです。尻尾をピンと立てて全身の毛を逆立て、恐怖と興奮の入り混じった表情で、ヘンリーがいると思われる場所をじっと見つめていました――。

千里眼をより具体的にとらえるなら、それは予感、あるいは磁気や気象の変化への反応である。

そのほうが理解しやすいだろう。人間をはじめとして多くの動物には、程度の差こそあれこの能力が備わっているが、とりわけ猫はその感覚が鋭いようだ。その昔、天気を予告する人は、気まぐれな自然の行方を予測するために、猫の様子をつぶさに観察した。

私は幼いころに、乳母が飼っている猫の行動を観察し、それを信じるに足る正確な予兆とみなすことを教わった。次の詩は、私の乳母について書いたものだ。

彼女はあらゆるものの使い方について秘密の知恵をもっていた
なぜ木炭を棺に入れるのか、なぜ炎は青く見えるのか
猫が尻尾を使ってたわむれ、
何かを追いかけ、何かに追いかけられるようにはしゃいでいるとき
彼女は叫ぶ。「見て！　雨が降るって知らせてるわ
きっと嵐が近づいているのよ」
子猫が炎に背を向けて座っていたら
寒気が迫り、すぐ近くまで雪雲が来ている
猫が前足を耳の上まで上げたら
近いうちに友人が訪ねてくる

猫が濡れた前足で耳のうしろをきれいにすると雨が降るという迷信は、ほぼ世界中で知られている。イタリアのシチリア島では、船乗りを見送る人々がロザリオの祈りを唱えるときに猫が鳴くと、退屈な航海になるといわれている。

ところで、磁気障害に対する猫の過敏性を示すできごとが、1908年のメッシーナ地震の直前に起きている。その日、ある地元の商人は、2匹の飼い猫が部屋のドアを引っかいているのに気がついた。ドアを開けてやると2匹はさっと飛び出して階下に降り、こんどは玄関のドアを引っかき始めた。商人はドアを開けて、猫のあとを追って表通りを進み、野原に出た。そこでも2匹はまだ恐怖におののいており、地面の草をむしったり引っかいたりしている。その直後、最初の揺れが起きた。商人の家は周囲のほかの住宅と同じように、一瞬にして崩れ落ちたのだった。

これまで紹介したような猫の千里眼にまつわる事例は、それこそ無限にあるのかもしれない。猫は2つの世界を自由に行き来し、そのどちらでも同じようにくつろぐことができる。オカルトの伝承は、猫が千里眼の持ち主であることを証明するだけでなく黒魔術のあざとい暴力的な信者がその能力を奪ったことを教えているのかもしれない。

タイエルムの儀式で見たように、神々は猫を拷問することで千里眼を奪い去ったが、ここで私たちは、超自然的なものの助けを借りることなく、動物の肉体、あるいはその一部からその能力を得る方法について見ておこう。

動物の千里眼の能力を手に入れるための具体的な方法は、ユダヤの律法とその解説『タルムード』

にある。「その目が悪霊を見ることができるなら、人も、世界も、存在は不可能になる。悪霊はわれわれよりもはるかに多く、葡萄園の周囲に掘られた溝のように、われわれの周囲のあらゆるところにいる」と警告し、まだ覚悟のできていない人々に、邪悪な天使を見分ける方法を伝授している。「それを見たいと考える者は、黒猫から生まれた黒猫の胎盤を燃やし、たたき潰して粉にして自分の両目に少し入れてみると、たちまち悪霊が見えるようになる」

これと同じ目的のために唱える呪文はほかにも数多くあるが、オカルトの文献には、猫、あるいは猫の体の一部が重要な役割を果たしていることが記録されている。たとえばフランシス・バレット（★訳注★1770－1780頃 イギリスのオカルト信仰者）は、オカルトに関する論文の中で、霊力を使わない呪術を行う魔術師についてこう書いている。「大気中またはそれ以外のところにいる霊のイメージが見られるようになる目薬がある。それは、人間の胆汁と黒猫の目玉などを混ぜ合わせて作るものだ」

千里眼の能力は猫の肉体やその一部に備わっていて、その猫のそばにいる人間もその能力に預かることが可能だという考え方は、一部の原始的な生活を営む部族のあいだに残っている。

西アフリカのガーナ北部のタランジ族の呪術師は、首に小さな黒猫の皮を下げている。助言を求めにやってきた人々を導くために霊と交信する彼らは、宗教的にも日常生活においても重要な地位を占めている。

この慣習には地域によって多少の違いが見られる。1927年、『キャット・ゴシップ』誌のベチュアナランド（旧英国植民地。現在は南アフリカ共和国の一部）の記者も、これと似通った慣習を伝えている。「つい最近、地元の呪術医の頭の飾りが、〝野生の猫〟の皮で作られたものだと知った。私の〝雑種の猫〟の被毛のように、灰色のぶち猫のものだった。尻尾はぶら下がったままで、ふわふわした毛に覆われ、輪の模様が6つあった。

とはいえ、猫に備わった能力をもらうためにその猫を殺す必要があると考えているのはごく一部の地域にすぎない。英国では比較的最近まで、三毛猫のそばにいるだけで千里眼の能力が培われるといわれていた。だから子どもは、積極的に猫と遊ぶべきだというのである。

猫の像からもその能力が伝わるという考えは、古代エジプトに由来するものと考えられる。ベニハッサンの墓から出土した18王朝のミイラ（青銅像に掘られた日付による）とともに葬られていた猫の像は、あの世で待ち受ける悪について故人に警告を発していたのかもしれない。

古代エジプトの小さな青銅の彫像（第18王朝）
撮影：スピンク、サン『キャット・ゴシップ』より

28章　猫とテレパシー

テレパシーの能力は、千里眼の能力と強く結びついている。通常は表面には現れないが、ときどき人間や下等動物に明白に現れることがある。

この章でとりあげるのは、心と心でコミュニケーションできるような意識の状態である。つまり、通常、人間の生活を限定する物質的・空間的条件を超越し、有形の媒体を介さずに伝える「テレパシー」だ。

この能力を人間と共有する動物の中でも、猫はひときわ目立つ存在である。きわめて稀ではあるが、人間に深く共感し、テレパシーを介した関係を築くこともある。いうまでもないことだが、猫と人間には意思の疎通をはかる共通の言語がない。したがって、人間同士が同じような関係を築くよりもはるかに難しい。その純粋な思考は言葉の衣服を脱ぎ去って脳から脳へ伝えられなければならず、人間と猫という似ても似つかない動物が、まったく異なる角度から同じ対象を見るときに生じる混乱を克服しうるほどの特異性が必要だ。

アレクサンドル・デュマと彼の飼い猫のあいだには、そのようなテレパシーが築かれていた。天賦の才能をもつその猫は、最愛の主人が仕事場からいつもどおりの時間に帰宅するかどうかを判断することができた。

当時デュマは母と飼い猫のミソーフとともにルエスト通りに住み、オルレアン公ルイ・フィリップの下で事務官として勤めていた。職場はサントノレ通りにあり、自宅からは歩いて30分程度だった。毎朝ミソーフはヴォージラール通りまで主人についていき、午後になると同じ場所まで迎えに行って主人を迎え、ともに家まで帰ってくるのだった。

ところが驚いたことに、予期せぬ事情でデュマの帰宅時間がいつもより遅くなると、ミソーフはそれを見越してクッションの上に座り込んだまま動こうとしない。事情を知らない母親が、いつものようにミソーフのために玄関扉を開けてやっても無駄に終わってしまう。だが、デュマが定時に帰宅するときにもし母親が玄関扉を開け忘れると、ミソーフは開けてもらえるまでドアを引っかき続けるのだ。そんなわけで、母親はミソーフの様子を見て、息子の帰宅を予測することができた。いつもどおり夕食の時間に帰宅するときならミソーフは穏やかこのうえないが、帰ってこないときには大荒れになるのである。

人間と猫のテレパシーに関する話で、これに勝るとも劣らず衝撃的な体験談を、エルネスト・ボザノ〔★訳注★1862・1943　イタリアの心霊研究家〕が書いている。彼の文章をそのまま引用してみよう。

――夜遅くまで執筆していると、目の前の仕事に没頭しながらも、なぜか飼い猫が自分を呼んでいるような気分にとらわれることがあった。私は立ち上がって、猫を探しにいった。家中を探しまわり、庭に出て、視界のきかない暗闇の中で猫の名を呼んだ。

ようやく、遠くのほうから弱々しい鳴き声が聞こえてきた。私が名前をくり返すと、そのたびに返事が返ってくるのだが、猫はこっちに来ようとはしなかった。私はランタンを取りに家に戻り、もういちど家庭菜園を抜けて野原のほうに向かうと、そこから猫の鳴き声が聞こえたような気がした。

猫は生け垣の上にいた。ウサギを取るために仕掛けた罠にかかってしまい、首のまわりに引き結びになったロープがかかっていた。もし猫が罠から逃れようとして暴れていたら、ロープで窒息死していただろう。幸い彼女はこの場でじっと動かないまま、主人に助けを求めるメッセージを送るべきだと判断する能力をもち合わせていたのだ。

私と猫とのあいだにテレパシーのコミュニケーションが築かれたのは、このときが最初ではない。あるとき、私は猫を探して庭中を歩きまわったが見つからなかった。だが突然、心象風景のようなものが目の前に浮かび、ふだんほとんど使われていない自宅の屋根裏の空き部屋に、猫が閉じ込められているのが見えた。それは事実だった。なぜかはわからないが、猫はその部屋に閉じ込められていた。彼女は、ここから助け出してほしいというテレパシーのメッセージを、私に伝えていたのだ——。

このエピソードは大変興味深い。心象風景とでも呼ぶべきかたちで、言葉を介さず思考を伝える手段があることを明確に示しているからだ。このコミュニケーション手段は、会話よりも以前から存在したものと思われる。ボザノの話で注目すべき点は、猫の心象に映る猫自身の姿と屋根裏部屋の映像が、ボザノの心の目に映った映像と完全に一致したということだ。おかげでボザノは、即座にそれを認識することができた。

『科学評論と心霊倫理』誌に掲載されたマダム・カミエの体験談も、非常に興味深いものだ。これを紹介したボザノは、この事件はテレパシーによって説明されるものであり、カミエも示唆しているようにスピリチュアリズムでは説明がつかないと主張する。カミエはこう記している。

——私は、白く長い毛にところどころ灰色の影があり、緑色の目のまわりを黒い毛がふちどっているとても美しいアンゴラ猫を飼っていた。優しくて気立てのいい猫で、だれからも好かれていた。だが、猫には一つだけ欠点があった。毎晩家を抜け出して徘徊するくせがあったのだ。私の家の中庭は柵で2つに区切られていたが、猫はそれを乗り越えて柵の向こう側まで遠征していた。

ある晩私は、猫がいままさに柵に飛び乗ろうとしているところを見つけて捕まえた。どうにか腕の中に抱きかかえたとき、ふと、その猫と瓜二つのアンゴラ猫が柵を乗り越えていくのが目に入り、私は仰天した。当時私は、スピリチュアリズムについて何の知識もなかった。この地域に私の猫と同じ猫がいるはずがないことはよくわかっていたが、この不思議な現象の説明を求めて、私は柵の向こう側を見た。だがそこに猫の姿はなかった。

のちに私は、スピリチュアリズムの教えを学ぶようになり、あのとき、私の猫が空を飛ぶという思考にとらわれたあまり、彼女の霊が強烈な力によって解き放たれたため、実体のあるものとして現れたことを理解した。

それからしばらくして、アンゴラ猫が病気になったので獣医に預けることにした。ある夜、私は彼女がいつもやっているように、前足の爪でベッドカバーにしがみつき、上によじのぼるのをはっきりと感じた。その感覚があまりにもリアルだったので、私はとっさに腕を伸ばし、それを確かめようとした。翌朝、獣医のもとに行くと、猫が昨夜のうちに死んだことを知らされた。彼女の最期の想いが、私に伝わったのだ――。

この章の数々の逸話を読んでいると、人間と動物を隔てている深淵は渡ることが可能だと思われる。テレパシーという不可思議な能力の土台となる本能は、本来は一つの世界に属する多数が共有しているものだ。

さまざまな形で現れる数多くの生命を通じて、たった一つの心臓が鼓動している。みごとに調和した力強い和音が、感覚をもつあらゆる生物を一つに結びつけ、たがいに愛情をもつ者のあいだでは、どんなときもコミュニケーションが可能になるのだ。

29章 男根象徴としての猫

猫が最初に男根の象徴と見なされるようになったのは、猫が地上における太陽と月の象徴であり、それゆえ太陽と月の神秘的な影響力を受けた、現世の生殖と受胎を司る神や女神の象徴だと考えられたからだろう。猫自体の多産性も理由の一つになるかもしれないが、それが最も重要な要素というわけではなさそうだ。

男根の象徴としての猫の地位を理解するためには、猫が象徴する太陽や月の神話、それにまつわる信仰の教義に目を向ける必要がある。

まず注目すべきは、もともとの男根崇拝は、単純で純粋な思考をもつ人々による、生殖、受胎、出産の奇跡に対する畏敬の念の表現だったという点だ。生殖の神秘への畏怖をもって彼らが目にしたのは、神の創造力の目に見える地上の象徴だった。しかしのちに宗教が堕落し、汚らわしい儀式が横行するようになると、生命そのものを崇拝するというそれまでの理想は輝きを失い、崩壊した。

現在、私たちは月を人格化するとき、女性とみなしているが、多くのいにしえの宗教では男性あるいは両性具有の神として崇められていた。ただし、月と女神が関連性をもつのは、それよりもさらに古い時代にさかのぼる。

猫の頭部をもつ女神バステトが、古代エジプトの最古の神・創造神プタハの女性としての顔であることはすでに述べた。「最初の神聖な知性と英知」として「自立した存在であり」「生命を与える者」であるプタハは、古代エジプト人が太陽を人格化した概念だ。また、自然界の繁殖力のシンボルである聖牛アピスを生み出したともいわれている。

プタハという名前は「開く者」を意味し、生命の神と死の神という2つの役割、つまり、母胎と墓穴という2つの暗く閉ざされた場の、扉を開くことを意味した。また、バステトとのつながりがあったことから、猫はプタハの2番目の象徴だった。

後年のエジプトの寓話では、オシリスが生命と生殖の神としてのプタハの地位を奪ったという。オシリスは太陽神であるにもかかわらず、月に住んでいるといわれた。プルタルコスは、エジプトで行われた男根崇拝の行事を「オシリスの月への進入」と呼んだ。ルーヴル美術館所蔵の生殖に関する月の影響に触れたパピルスには、こう記されている。「その日、天空に彼（月の神オシリス）が現れるとき、交尾と受精が盛んになる」

以上のことは、古代エジプトで不貞をはたらいた女性を死刑に処すという、異常な刑罰を理解するのに役立つだろう。そのような女性は猫とともに袋詰めにされ、袋の口を縫い合わせてナイル川に捨てられた。この野蛮な習慣は当時の素朴な人々の想像力に訴えたようで、広範囲に広がった。

アイスランドには、川がせき止められてできた不吉な深い池にちなむ、暗い伝説がある。その池は、必ず人が溺れる池として知られている。エジプトと同じように女性の犯罪者は生きた猫と一緒に袋詰めにされて、その池の深みに投げ込まれたという。

この残酷な儀式について、ポール・メグニンはこう説明する。「ゲルマン民族は、猫を不貞のシンボルとみなし、スカンジナビア人や北ヨーロッパの人々は愛の象徴としてとらえた。北欧神話の女神フレイヤは、2匹の大きな猫に引かせた車に乗った。猫は、その柔軟性、敏感さ、身軽さ、気性の激しさから見て、より女性的な特徴をもつ動物だ」

プタハとオシリス亡きあとも繁殖の神への信仰が衰えなかったのは、それがあまりにも広範囲に及んだためと考えられる。

古代ローマでは、2つの顔をもつ繁殖の神ヤヌスへの信仰に形を変えた。ローマの人々は、ヤヌスをすべての神々の中で最も古く、高貴で神聖な存在として崇めた。あらゆる生贄の儀式において、神々への祈りはまずヤヌスへの呼びかけから始まる。その存在は、主神ユピテルに取って代わるほどだった。ヤヌスはIanusと綴られたようだが、これはJanaあるいはDianaの男性形に相当する。すでに見てきたように、この太陽神と月神としての奇妙な組み合わせは、ごく最近まで呪術の中に生き残った宗教に影響を与えている。

魔女崇拝において、ヤヌスは主に、用心棒や門番としてみなされた。物を開ける道具や戸口の守護神として棒や鍵を持っていたことから、彼がプタハの直系の神であることは明らかだ。受胎を司る神、時間の測定者であるヤヌスにとって、事の始めと終わりは神聖なものだった。
ヤヌスとディアナの関連性も明らかだ。月の女神であり、時間の守護神でもあるディアナは、女性の苦難に誠実な共感を示したことから、出産の神でもあった。妊婦を助け、ヤヌスが赤ん坊を迎え入れようと生命の扉を開けるときには、妊婦を死から守った。「乙女の狩猟家」にしては奇妙な仕事だが、神々といえども運命のいたずらを免れるわけにはいかないのだ。

サネット島のセントメアリー教会堂の座席の彫刻

月の男根崇拝が発展し、月の女神の女性の側面がさらに脚光を浴びるようになるにつれて、男性的な太陽のシンボルはほとんど目立たなくなった。したがって豊穣祈願の儀式も祭司ではなく、巫女が執り行うようになった。大母神が自然の象徴性であることも、その一因として考えられる。

このような考え方は、古代社会の人々の素朴な精神に直接訴えかけ、その情感は彼らの心に強く響いた。それは時代の変遷を乗り越えて生き続け、衰退の過程にあってもこの教義から無数のバリエーションが生まれた。

そのいずれにおいても、巫女、賢女、魔女の優位性は確固たるものになった。彼らは神聖なオカルトの知識による訓練と地位によって、預言者、祭司、治療師、あるいは殺害者になった。霊的な世界と物質的な世界が交流する出入り口となり、透視と透聴能力、死者の魂を養う能力を獲得した。夜の恐怖と闘う術、昼に飛び交う矢、闇を徘徊する疫病、真昼の破壊を提供した。悪霊は、彼らが唱える呪文やそれが引き起こす疾病や死に従うのだ。ディアナは、猫の姿になって月に身を隠すことを厭わなかった。夜の狩猟家である猫は、ディアナの聖なるシンボルだった。その結果、猫はディアナの巫女と緊密な関係をもち、女神を体現する存在としてみなされ、あるいはディアナがその能力をしもべたちに伝えるさいの手段として使われたが、後世にはキリスト教の反啓蒙主義者たちの使い魔に成り下がった。

さまざまな迷信の形成に関して実に多くの非難に反論しなければならなかったキリスト教教会は、猫の行為が教義に反する事例を歓迎した。

マクファーソンは、こんな事例を紹介している。

――私は、誕生にまつわる奇妙な迷信に注目した。ドクター・グレゴーが言及し、宗教裁判の事例にもあった迷信だ。それは、雄猫が食べ物の上に飛び乗って射精すると、その食べ物を口にした人は猫を妊娠するというものだ。

ある情報提供者によると、グレンリヴェットの人々は、食卓に料理が並んでいるときに、雄猫がその上を飛び越えるのを嫌がるそうだ。この迷信は、魔女裁判で扱われたさまざまな訴訟でとりあげられた。

１６５４年3月5日、ロジーメイのジーン・シンプソンは母と2人でアグネス・ベインを訪ね、お腹の中にいる猫を堕胎する薬草を処方してもらった。ジーンは同月22日にボタリーに現れた。そこで彼女は自分が「猫をはらんでいる」ことを認め、実際、心の底からそう思い込んでいた。ジーンはロジーメイの牧師に相談に行き、アバディーンの外科医を紹介してもらおうとしたが、牧師はそれを拒んだ。証言台に立ったジーンの母は、娘が妊娠していたのは確かに猫で、人間の子どもではないと言った。ジーンは「お腹の中の猫を殺す薬をもらうために」キングエドワードの牧師を訪ねたが、牧師は、ジーンが妊娠しているのは猫ではなく、人間の子どもだと言って彼女の依頼を断った。

当時の下層社会では、猫にまつわるこのような考え方が蔓延していた。だがそれは、猫を堕胎する秘薬を売ったと告白した魔女たちが広めたものだ。

それから約１００年後、同じ迷信を流布する魔女が現れた。１６６１年、エルギンでアーチボルト・フォーシスが、マーガレット・マレーを魔女として告発した。マーガレットが、アーチボルトの妻に呪いをかけて苦しませたというのだ。マーガレットは、大勢の誠実な女性たちの面前で、アーチボルトの妻のお腹には猫が宿っていたと証言した。アーチボルトの妻はずっと体調が悪く、子どもを出産するときに亡くなった。

ここに登場する魔女も、ロジーメイのジーン・シンプソンも、堕胎という目的を果たすために、このような迷信を作り上げたのだ——。

私たちはこのような未熟な考えとはもはや無縁だが、この時代の慣習を探れば、猫が重要な意味をもつ男根崇拝と、結婚を祝福し、結実させてほしいというディアナに対する願望が見えてくる。

フランスの民間伝承では、玄関で見慣れない白猫が鳴いていると結婚が早まるといわれている。英国の南部では、黒猫を飼っている家の娘は必ず結婚できるといわれ、中部地方では、結婚祝いに黒猫をもらう花嫁は幸せになるという。

1927年8月18日の『モーニング・ポスト』紙に、「度重なる吉兆」というタイトルで、サリー在住の読者が既婚者の友人からもらった手紙に関する記事が掲載された。その内容は以下のとおりだ。

「彼女の結婚式の当日、教会の階段に黒猫が座っていました。そればかりか、ホテルのドアのそばにも、廊下にも、結婚披露宴に出席する人たちの待合室にも、結婚式を終えた2人が乗り込んだタクシーのそばにも、2人がハネムーンに出発する駅にも、猫がいたのです」

有名なクリケット選手の孫娘にあたるプリムローズ・グレイスが自分の結婚式に黒猫を連れていったのも、この吉兆を信じていたからだろう。1926年4月29日の『デイリー・メール』紙に掲載された花嫁とブライドメイドたちのスナップ写真には、最前列に堂々と黒猫の姿が写っている。フィリス・ブレストーも、結婚式のときに幸運の証として黒猫を連れていった。1930年9月17

日の『デイリー・エクスプレス』紙には、幸運をもたらす黒猫を抱いたフィリスの写真が載っている。

結婚式の当日またはその前日に、猫のくしゃみを聞いた花嫁は幸福になる。一方で、未婚の女性が猫の尻尾を踏みつけると、その年には結婚できないという迷信もある。

スカボローでは、船乗りの妻が黒猫を飼うと、夫が無事に船旅に出られるという迷信があった。だが、その船乗りが黒猫を2匹連れて（数字の2は女性を表わす数字である）航海に出るのは不吉だといわれている。

このような迷信が世界各地に見られるのは、船乗りたちがそれを広めたためと考えられる。たとえば、インドのテルグ族の結婚式にも、猫にまつわる慣習がある。この部族のあいだでは、3人目の妻を娶ると不幸になるといわれている。ところが情熱的な男性には、思いを貫いても不幸にならない方法がある。その鍵を握るのが猫なのだ。形式的に猫と結婚式を挙げ、結婚の印として黄色に染めた紐を猫の首にかける。この儀式さえ済めば、彼は安心して3人目の妻と、生涯4度目の結婚式を挙げることができるというのだ。

だが、人間は恩知らずな生き物である。猫はテルグ族に利用されたにもかかわらず、彼らに手痛い仕打ちを受ける羽目になる。彼らに猫をご馳走としてたいらげてしまうのだ。彼らがその行為に良心の呵責を感じているかどうかはわからない。だが、猫を運んでいるところをだれかに目撃された人は、決まって「この猫は3回目の結婚式に使うのだ」と言い訳するに違いない。

このように、世界各地に点在するさまざまな逸話が、男根崇拝のシンボルとしての猫を現在の生活に結びつけている。どれも、いにしえのさまざまな宗教を念頭に置いて読んでみると意義深いものであり、本章の試みも無駄ではなかったはずだ。

30章 お守り、魔除けの猫

北欧神話にこんな物語がある。

アース神族（最高神オーディンを長とする神々の系統）が、猫の足音などさまざまな材料を使って頑丈このうえない鎖をつくった。猫の足音はこの世に存在しない。だから壊せるはずがないと考えたのだ。ところが怪物のフェンリルに壊されてしまったため、こんどはフェンリルを縛れるくらい強力な紐をこしらえた……。

太古の昔、原始の人々が使っていたお守りや魔除けの多くは、呪文やまじないとともに現在まで受け継がれている。それらは北欧の神々がつくった鎖のように、魔術の手法によって実体のあるものとないものを混ぜ合わせたものだ。

魔除けに対する漠然とした信仰は、のちに神々が動物や人間の姿で表されるようになっても消えることはなかった。魔除けと動物や人間の形をした神々は並行して存続し、それを生み出した宗教も長いあいだ生き続けた。

いにしえの儀式はといえば、宗教から離れて本来の地位に降格し、フェティシズム（物神崇拝）の段階から生まれた信仰と手を携えた。やがて異教徒に「悪魔崇拝」や「黒魔術の」烙印を押され、迫害されて散り散りになってしまい、生き残った断片も存在意義を失った。

現在「縁起をかついで」行われていることはもとをただせば宗教儀式であり、そのいにしえの小道はいまなお新たな信者を惹きつけている。彼らは、この道を進まないと不幸に見舞われるのではないかと不安に駆られるのだ。

エジプトの猫　『キャット・ゴシップ』より

多くの雑音のせいで注意力が散漫になりがちな現代でも、目に見えない超自然的な世界との意識のつながりを感じる人がいる。彼らはその世界の秘密を洞察し、差し迫った危険から守ったり、自分の身が危うくなったときには助けを求めたりする。そして猫――かつて太陽と月、昼と夜、善と悪、実在と架空のシンボルとして名誉ある地位にあった――は、いまもオカルティズムにおいて最強の存在として君臨しているのである。

黒魔術に黒猫が利用された理由は、カエサレアのエウセビウスが引用した「闇の力には暗黒の犠牲者を、光の力には光を」という詩が示すとおりだ。それまでの宗教に取って代わった宗教の神々は、例外なくその後継者の支持者からは闇の力とみなされ、冥界に追いやられている。これまで見てきたように、それが悪魔崇拝、妖術、その他の秘儀の実態だ。闇を歩く猫はこのような隠れた信仰のシンボルにふさわしく、あらゆる苦難をともにする。

だが、必ずしも猫は犠牲者というわけではない。

キリスト教の二元論がサタンに「現世の繁栄の神」という地位を与えたことから、サタンお気に入りの黒猫を飼うことは、サタンに近づくための手段となった。黒猫に好意を持つ飼い主には、サタンが自在にあやつる数多くの能力の一部が与えられると考えられたのだ。敬虔なキリスト教徒でさえも「不正な富をもつ者の友となれ」という神の忠告を聞き、何かうまみがありそうなら平気でそれを実行に移そうとする。こんにちでも「サタン」と名づけられた無数の黒猫から、あるいは迷信に惑わされ、この世界の神に向かって休戦の白旗を掲げる大勢の人々が抱く黒猫のイメ

マレーの尾がねじれた子猫　撮影：ボデン・クロス教授
シンガポール美術館　『キャット・ゴシップ』より

ージから、あらゆる階級の人々のあいだにそのような傾向が残っていたことがわかる。こんな古い格言がある。

この世界が勝利を収めると考えた者は
黒猫と、吠える犬と、鳴きわめく雌鳥を飼っているに違いない

17世紀の詩人、サー・ジョン・ダナムの作品にも含蓄がある。

黒猫に接吻しなさい
そうすれば太るだろう
白猫に接吻しなさい
そうすれば痩せるだろう

この詩の「太る」と「痩せる」は隠喩と考えられる。なぜなら、とくに西洋諸国に顕著だが、白猫は「悲しみの聖母」の象徴として、不幸をもたらすという迷信があるからだ。とはいえ、「猫が1匹もいないよりはいたほうがましだ、猫も寄りつかない家には病原菌がうようよしているに決まっている」という考え方もある。

闇の中でも目が利くため、夜を明るく照らす月の象徴でもある猫は、あらゆるたぐいの盲目を癒し、すべてを見通すという月の千里眼を人間に授けるとみなされるようになった。

17世紀の自然科学者トプセルは、失明の治療に黒猫の頭部を使う方法を、詳細に記録している。黒という色は患者をとりまく暗闇を象徴し、処方の重要な要素であったと推測される。

「原因が皮膚の病であろうと爪の引っかき傷であろうと、目の痛みや失明によく効く薬がある。一点たりともほかの色が混じっていない純粋な黒猫の頭部を燃やし、鉛を含んだ、あるいは内側に釉薬をかけた土器の中で、粉状になるまですり潰す。その粉を1日2回、目に吹きつける。もし夜になって目に熱をもったような痛みを感じたら、オークの葉を2枚冷たい水に浸し、まぶたの上に置いて縛りつけるとよい。痛みは消え、それまで1年間視力を失っていた患者でさえ目が見えるようになる。この薬効は、老若にかかわらず大勢の医師が認めている」

コーンウォールでは魔術師がみずからの技術を使って金儲けをしているが、彼らはかつてやっていたのと同じように、黒猫の不思議な性質を利用している。1928年9月24日に開催された民俗学会の総会を取材した『デイリー・メール』紙の記者は、「数匹の黒猫の近くにいた魔術師の一人は、魔術と神秘の気配を感じていた」と報告した。

また、コーンウォールの荒れ果てた道を延々と歩きまわり、民間伝承を収集したB・C・スプーナーは、総会の席で物もらいを治すまじないを発表した。「黒猫の尻尾で、鼻から目を撫でながらこう唱えるのです。〝おまえをつつく、おまえをつつかない、おまえの屁を吸い込む……〟」

その少し前に、これによく似た治療法が『サンデー・エクスプレス』紙で紹介された。この治療法で使うのは、黒猫の尻尾の毛1本だけだ。ただし、毛を引き抜くのは雲一つない新月の夜に行う必要があり、その毛で腫れたまぶたに9回触れなければならない。

猫が心の目の曇った人に真の視界を授けるという言い伝えは、「猫を彼の上に放り投げろ」というスコットランドのことわざに残っている。現在では、絶対にあり得ない話をした人に対して、気は確かなのかとほのめかすときに使われる。かつては高熱で意識が朦朧とした患者の治療法として、このことわざどおりのことが行われていた。

猫が千里眼の能力を他者に伝えることについては、16章『生贄としての猫』で、タイエルムの儀式について触れたさいに詳しく説明した。

著者の知人で、自分の使命は死者の体を「安置する」ことだと主張する年配の女性は、遺体が置かれた部屋に絶対に猫を入れてはいけないと警告した。万が一、猫がその遺体に近づこうものなら、猫が遺体の目玉をくり抜いて食べてしまうというのだ。彼女は、一度ならずその光景を目撃したことがあるそうだ。

遺体が安置された部屋に紛れ込んだ猫は、すぐに殺さなければならないというスコットランドの迷信が生まれた理由は、そこにあるのかもしれない。また、遺体の目玉を食べた猫が最初に頭上を飛び越えた人は、目が見えなくなるといわれている。それがきっかけで、共感呪術が恐れられるようになったとも推測される。

スラボニアの南部では、この手の魔術を利用して万引きが行われていた。目の見えない猫を火あぶりにして、その灰を店の主人に投げつける。すると、店の主人は猫と同じように目が見えなくなるので、客が棚から何を取ろうがまったく気づかない。たとえ彼が「ぼく、代金払いましたか?」と聞いたとしても、哀れな主人は「もちろん」と答えるしかない。

このように黒猫の頭部は、魔除けやまじないをつくるときに妖術の秘密兵器として大いに人気を博した。

ベン・ジョンソン〔★訳注★1572・1637?　イギリスの劇作家、詩人〕は、魔法の黒猫を手に入れるための怪しげな道具についてこう書いている。

私は庭師の雌犬の口の中から
この骨を手に入れ、雌犬を飛び越えた
もういちど家に戻ると
黒猫を殺し、頭だけをとっておいた

魔法の黒猫からは、まじないだけでなく魔除けもつくられた。それまで樹皮も枝もついていなかったタイバーン・ツリーという樹木は、一年中実をつけたという。当時は「栄光の手」や「死者の蝋燭」といった、恐ろしい迷信がまかりとおっていた。「栄光の手」は、殺人者の右手首を月食のときに切り落としたもので、「死者の蝋燭」は、漂白した手の指のあいだに立てた蝋燭のことで、死者の髪の毛を芯にして、殺人者の脂でつくったものだ。あるいは、トーマス・インゴールズビーに言わせると「黒い雄猫の脂でつくった」もので、それに灯した光を浴びた人間の体は麻痺してしまうという。

その恐るべき光が焦がした場所で眠る者は
無駄に寝返りを打ち
重くなったまぶたは二度と開かない
魔法の蝋燭に光が灯っているあいだは
生命と宝物は彼のなすがまま
彼は栄光の手の威力を知っているのだ！

それとは逆に、黒猫の胆嚢の臭気には、蝋燭の炎を消す力がある。

ところで、黒猫が魔除けや幸運のお守りとして一世を風靡したことは否定できないが、それ以外の色の猫にまったく出番がなかったわけではない。その昔、仏教徒のあいだでは、明るい色合いの猫を飼うとその家には銀貨があり、黒っぽい色合いの猫を飼うと金貨がある、という迷信があった。コンウェイによると、三毛猫は家を火事から守るといわれ、アイルランドとスコットランドでは、幸運をもたらすトーティシェル（ベッコウ柄の猫）が家に住みつくのは縁起がいいとされ、爪が2本生えている猫は最も縁起のいい猫なので、ことのほか大事に扱い、守るべきだといわれている。

猫は月とつながりがあることから、多くの国で雨乞いに効果がある動物と見なされたようだ。その儀式と、いくつかの事例を紹介しよう。

インドネシアのスラウェシ島の南部ではこんな雨乞いの儀式が行われる。猫を椅子カゴに入れ、それをかついで乾ききった場所を3回歩きまわり、竹の水鉄砲で猫がずぶ濡れになるくらい水をかける。猫が鳴き声をあげると、こう唱えるのだ。「おお神よ、雨を降らせたまえ」

マレーシアでは、雨を求めて女性が土製の鍋を逆さにし、頭に載せてから地面に置き、鍋を水で満たし、そこに猫を入れて、溺れそうになるまで奥に沈める。こうすると、ほどなくして大雨が降るといわれている。一説によれば、逆さにした鍋は天空を意味するという。

ジャワ島での雨乞いの儀式では、1匹の猫、2匹の場合は雄と雌を1匹ずつ、水浴させる。ときには音楽を奏でながら行うという。ジャカルタでは、子どもたちが雨乞いの儀式をする。猫をいったん池に沈めてから引き上げるのだ。

スマトラ島では、村の女たちが薄着で川辺に集まり、川に入っておたがいに水をかけあう。そのときに黒猫を連れていき、川に放り込んで泳がせる。猫は水しぶきから逃れるように岸を目指して泳ぎ、泳ぎ着いたところでようやく解放されるのだ。この儀式では、猫の毛の色が重要な意味をもっている。黒は、雨雲が空を暗くする色だからだ。
スマトラ島のコタ・ガダンではさらに徹底している。ここでは石が使われる。想像力をかなりたくましくすれば、それが多少なりとも猫のように見えるのかもしれない。本物の黒猫と同じように、その石には、天から雨を引き寄せる力があると考えるのだ。ときにはその石に雄鶏の血をなすりつけ、表面をこすり、香を炊き、まじないを唱える。

また中国では、猫は飼い主に幸運をもたらす動物といわれている。ルイーズ・ジョーダン・ミルン（★訳注★1864・1933）の『中国の魂』には、この迷信によって不幸に見舞われた哀れな猫の話がある。
——中国の商店の2軒に1軒では、猫が首輪や鎖でつながれ、引きずられたり引っ張られたりして鳴き声をあげている。そのほとんどが不気味な表情を浮かべている。老人に敬意を表す中国では、年をとった大きな猫であればあるほど、幸運をもたらすと考えられているのだ。猫は、生きた（そして声をもつ）幸運を招く動物であり、田舎の家では、「かまどの神」と同じように誉れ高い存在だ。かまどの神はあくまでもかまどの神であり、家庭生活にとって神聖なもので、生々しい商売とは無関係だ。

犬が歩いている姿はあちこちで見られるが、猫はつないで飼わなければならない。外国人や物乞いに咬みつく危険があるというのに、なぜか野良犬はうろうろしている。対照的に、猫は必ず鎖や紐でつながれているのだ。幸運は猫といっしょに出ていってしまうかもしれないが、猫とは違って幸運は戻ってはこない。また、年をとって醜い猫のほうが、より大きな幸運を確実に運んでくるという。子猫は自由に遊ぶことが許されるが、より気品のある猫や齢を重ねた猫は、いっさいの自由が奪われてしまう。

中国人は、猫に歩きまわることを禁じるというひどい仕打ちの埋め合わせに、耳障りな甲高い声で延々と鳴き続ける自由を与えているのだ——。

白魔術や黒魔術で猫のもつ能力を悪用した人々は、目的を達成するのに必要な数の猫を集めるために、ときにはまじないに頼らなければならなかった。もっとも、魔除けやお守りとしての猫の重要性を多少なりとも理解した読者なら、とくに驚く話ではないだろう。

１７９１年に発行された『魔法使いの雑誌』に、猫をひきつけ、虜にするまじないが紹介されている。

「新月の日にキャットミントを摘み、日光の下で乾燥させる。朝の8時にクマツヅラを摘んできて、月のない夜に外に出しておく。キャットミントとクマツヅラをいっしょに網に入れて適当な場所に吊るしておくと、やがてその香りに気づいた猫が鳴き声をあげ、その声を聞いたほかの猫たちが鳴きわめき、走りまわり、飛び跳ねて網に飛びつこうとする。猫が飛びつけないように、網はある程度高いところに吊るしておく必要がある。さもないと、網はずたずたにされてしまうだろう」

ブリストルの近くに、この仕掛けによってたくさんの動物が集まってきたことから、「猫の広場」と呼ばれる場所がある。

猫は大切なお守りなので、飼い主が引っ越すときには必ず連れていくべき動物だ。そして、猫は住処の変化を嫌がるので、それを克服するまじないも唱えるべきだろう。

現在でも広く知られているように、猫の足にバターを塗ると新しい家になじみやすくなるという。その昔、あるスコットランドの作家が猫と国王の微妙な共通点に光を当てた。

「手のひらに油を塗ると、気分のいらだちがおさまるといわれているのをご存じですか？　これは新しい王がその地位を長く守るための、古いおまじないだと思われます。なんといっても、猫を家に居つかせるには、足に油を塗るのがいちばんですからね」

この話からも、われわれの祖先が、猫も王も強力なまじないの力にとらわれていると信じていたことが想像できる。

31章 猫とネズミの象徴学

猫が太陽と月の象徴であり、多くの神々がこの2つのまばゆい天体の化身になったことはすでに述べたとおりだ。ここでは太陽と月の神話を通し、猫と、昔からその犠牲になってきたネズミとの関係を探ってみたい。

一般的にネズミは、太陽や月の象徴としての猫が光り輝く前足で追い払う、灰色の雲を象徴している。猫はふざけ半分に爪を隠したり前に突き出したりして、ネズミを翻弄してから襲いかかることもある。

だがより深遠な意味を探ってみると、ネズミや鳥（絵文字では両者は互換性がある）は、人間の魂の象徴だ。夜に出没する灰色の幽霊、あるいは肉体を伴った霊魂なのである。ベアリング・グッド〔★訳注★1834〜1924 イギリスの聖人伝の研究家、古物収集家、作家〕は1872年にこう記している。「ネズミに捧げものをする習慣は、ドイツの農村の一部にいまも残っている。一般的に、ネズミは神聖な動物とみなされている。スカンジナビア人やゲルマン人にとって、ネズミは死者の魂なのだ」

この信仰を反映した伝説は、ゲルマン神話の中に数多く残っている。次の物語はその一例だ。

――その昔、チューリンゲンのサーフェルドに召使いの娘が住んでいた。友人たちが木の実の殻をむいていると、娘は眠り込んでしまった。友人たちは、娘の口から小さな赤いネズミが出てきて、開け放たれた窓の外に逃げていくのを見た。一人の男友だちが、眠っている娘を揺り起こそうとした。だが熟睡して起きる気配がなかったので、彼女を抱きかかえて別の部屋に移した。しばらくすると、あの赤いネズミが部屋に戻ってきた。ネズミは娘の姿を探すように、さっきまで娘がいた部屋のあちこちを駆けずりまわった。しかしどうしても見つけることができず、その場で姿を消してしまった。するとその瞬間、娘も死んでしまった――。

思わぬタイミングで姿を表し、冷酷に何かをもくろみ、的確に目標に狙いをつけ、闇の中を見渡す猫は、まさしく偉大なハンターの象徴だ。ここで、いにしえの象徴学者の思考をみごとに描写した、ハンバート・ウルフ〔★訳注★1885・1940　イギリスの詩人〕の詩を紹介しよう。

「神は、猫のように襲いかかる。犬のように平らな足裏で魂を追うのではなく。怒れる太陽のようなおびただしい光の中、一つの魂を選んで飛びかかる。少しずつ光を放つ星のような慎重さではなく。深紅に染まる一瞬が流れ雲をとらえ、太陽の猫の鋼色に輝く爪がそれを押さえつける。神はその輝く道に、白くて滑らかな翼をはためかせた鳥一羽たりとも飛ぶことを許さない。自ら高く飛び跳ね、光り輝き、雲の白羽の美しい涙の滴に飛びかかる」

アポロン・スミンテウス信仰に関するトローアドの神話に、アポロンがネズミの群がるスミンサ

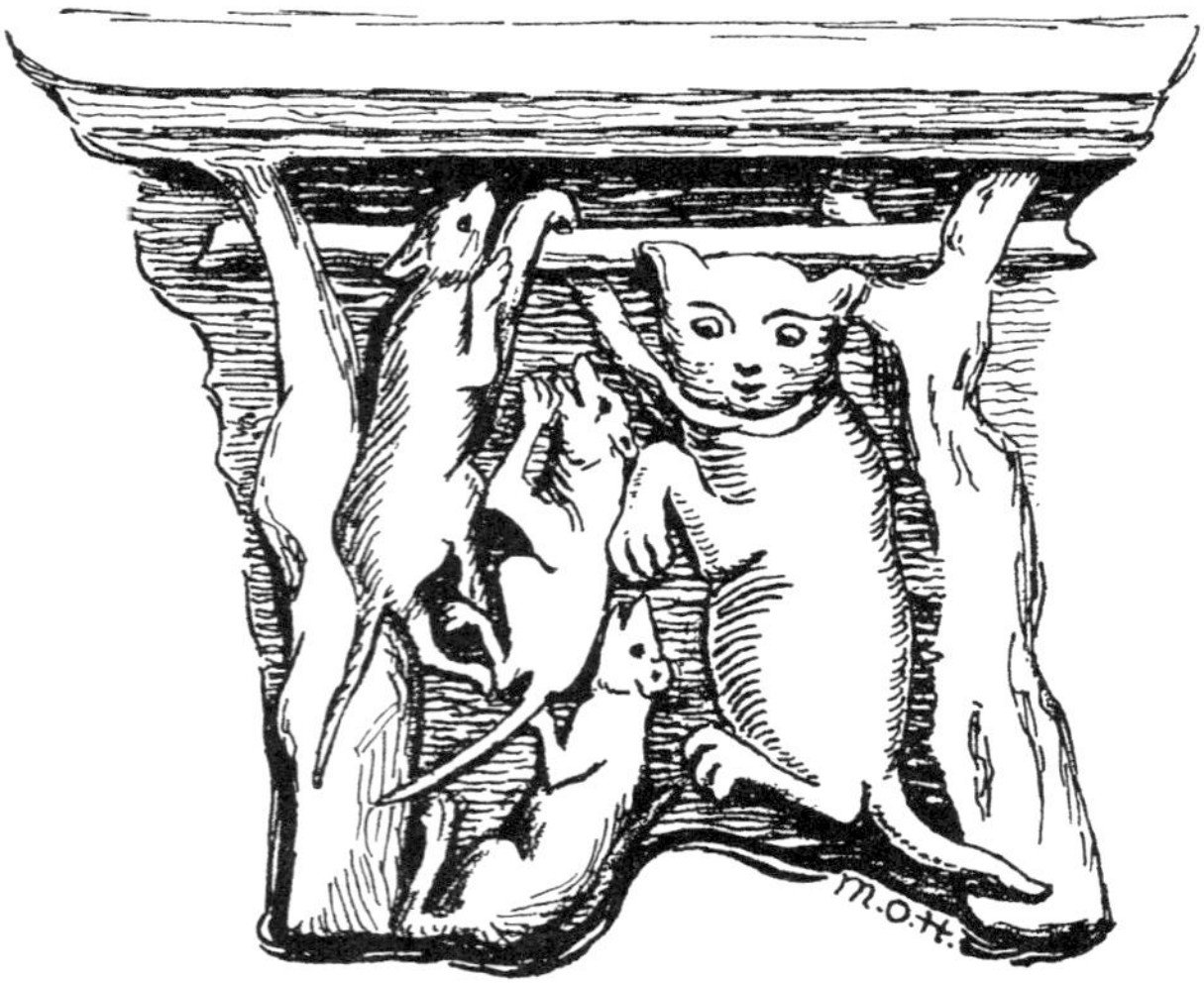

穏やかな表情の猫にしがみつく３匹のネズミ
グレイトモーバン教会の座席の彫刻

を逃げ出すという話がある。スミンテウスという名は、小型の齧歯動物の品種を分類するさいに動物学者がつけたものだ。アポロン・スミンテウスという名前は「ネズミのアポロン」、あるいは「アポロン、ネズミの王」を意味するという。

この神話のバリエーションとして、アポロンがフリギアの国をネズミの伝染病から救い出したという話もある。アポロンがどうやってそれを成し遂げたのかは不明だが、この寓話の謎を解くカギを、ベアリング・グッドが示している。すなわち、ハーメルンの笛吹き男が笛の妙なる調べでネズミの大群をおびき寄せたように、アポロンもまた竪琴の音色でネズミを魅了したのではないかというのだ。

太陽神アポロンと笛吹き男が奏でる調べは、抗いがたい死の呼び声である。その神秘的な旋律に引き寄せられる魂が誘われる山は、墓場である。

死の暗い胎内から灰色のネズミの影あるいは幽霊が生まれ、幽界の薄明かりの中をさまよい歩く。幻想的な夜の闇を抜けて、月の化身の猫、弱々しい太陽の光がそのあとを追いかけ、最後には太陽の化身の猫が現れる。ぼろをまとった笛吹き男としてではなく、その栄光と力をもって現れるのだ。そして、長いあいだ逃げまわりばらばらになっていた霊魂の群れに襲いかかり、自分の中に取り込んでいく。夜明けは血で赤く染まる。変質するためには、ばらばらになった小さな自己を生贄に捧げるしか道はないのだ。

だが、これほど壮大な結末を前にして、その手段に抗う者がいるだろうか？

この象徴性の残響は、『長靴を履いた猫』の物語にある。光と生命の神ラーの猫にそのかされた死神が、ネズミの姿で、あるいはみずから恐ろしい姿に化けて現れる。しかしすべてを吸い込もうとする神の情熱にもはや抗うことはできず、知恵の女神メーティスがゼウスに飲み込まれたように、食べられてしまった。

紋章に関する文献を残した昔のフランスの作家が、これとはまったく別の猫とネズミの寓話を紹介している。

――この世界を創るとき、太陽と月が、どんな動物を住まわせるかで争った。太陽はライオンを創った。寛大で光り輝く自分によく似た、高貴で情熱に満ちあふれ、威厳ある動物だ。ほかの神々がその美しい動物に感嘆しているのを見た月は、引けをとってはなるまいと決意し、地上から猫を生み出した。ところが猫は、威厳でも美しさでもライオンに劣っていたため、神々の笑いものになってしまった。

太陽は、自分の力に無駄な抵抗を試みた月にいらだち、憤慨し、軽蔑のシンボルとしてネズミを創った。それでもまだ負けを認めようとしない月は、猿を創った。だが、猿はすべての動物の中で最もひょうきんであり、過剰なまでの騒々しさをまき起こしてしまった。努力の甲斐なく周囲の冷笑を浴びる羽目になった月は激怒し、太陽に最後の仕返しを挑んだ。こうして猿とライオン、猫とネズミは、延々と敵対するように細工されてしまったのである――。

この伝説では、月も猫も軽蔑の対象になっている。あるいは、太陽の創造性の恩恵をほとんど受けていない、といえるかもしれない。

原始時代の人間は、欠けていく月を見て、本当に月がなくなっていく、何者かに食べられていると考えていた。ネイティブアメリカンのダコタ族は、満月になるとネズミが月を少しずつかじり始め、最後には全部食べてしまうと信じていた。西アフリカのガーナの北部の原住民は、月の満ち欠けを猫が月を食べることだと解釈した。彼らの理屈によれば、太陽は日中に通った道筋と同じ道を戻ってくるが、道に迷った月が太陽の邪魔をしたため、太陽が月を食べたということになる。彼らは誠実に太陽の助けを求め、ゆっくりと両手をたたいて、太陽の猫が月を放してくれるよう願いをかけた。

32章 紋章の猫

賢明な読者は、目に見える世界とそこに住むすべてのものは、目に見えない神のさまざまな側面を表していることを思い起こすだろう。そして、人間がこのうえなく高貴かつ深淵に物事を解釈し、その結果生み出されたシンボルが、目に見える世界と目に見えない神のかくも神秘的な関係を示していることに気づくだろう。

いにしえの賢者たちがとり入れたこれらのシンボルは、気まぐれにつくられたものではない。それは言葉では言い表せないもの、理解できないものをとらえ、近づくための唯一の手段たる言語なのだ。カーライルはこう表現している。

「シンボルには隠匿と表明が同居し、沈黙と饒舌がともに機能している。無限のものが多少なりとも体現され、表され、それが限りあるものと融合する。そして目に見えるように、言い換えるなら無限の世界にたどり着けるようにする」

「上の如く、下も然り」。人間は「大宇宙の中の小宇宙」であり、その創造者と同じように知られざるものであり、知ることができないものだ。
紋章はシンボリズムの言語を人間的に、個人的に応用したものである。選ばれた紋章は英雄を追い求める影であり、英雄の姿を映した鏡、敵対する世界から飛んでくる石や矢から内なる自分を守るための仮面や盾である。それは英雄自身が混乱するほどに彼自身を表している。そしてその子孫たちもまた、それを誇らしげにとり入れ、保ち続けるのだ。

あらゆる知識は
エジプト人が記した秘密のシンボルから生まれたのではなかったか？
彼らが話すのは寓話に描かれていた言葉ではなかったか？
詩人たちが紡いだ最高の寓話は
英知から最初に湧き出た泉であり
複雑な寓意に包まれてはいなかったか？
（ベン・ジョンソン）

紋章の歴史は実に古い。実際にどの程度古いのか、紋章の図案の原点はどこにあるのかについてはさまざまな説がある。一部の専門家は、それは文明そのものよりも古いと主張する。別の専門家は、家系によって異なる紋章のルーツは、古代インドや中国の表音文字にまでさかのぼると主張する。また、その原点は古代エジプトの国旗や父性社会の形式的な盾にあるとか、楕円形をした古代メキシコの紋章や家名にあるとする説もある。

いずれにしても、文字が誕生する以前の古代国家で広まったものであることは、おおむね間違いないだろう。要するに紋章は、記号を使った巨大な情報システムの一部だったというわけだ。

古代の歴史家や著述家は、英雄たちにはそれぞれシンボルがあると考えた。ディオドロスによれば、ユピテル（ローマ神の主神。ゼウスに同じ）のシンボルは権杖、ヘラクレスはライオン、マケドニア人は狼、ペルシャ人は射手である。また、紀元前７５２年から帝国の滅亡まで、ローマでは鷲がその代名詞なったことはよく知られている。過去の記録からも、あらゆる国、民族、州が、自らを象徴する動物をもっていたことは明らかだ。

古代ローマの軍旗

猫は、比較的珍しい例ではあるが、紋章に描かれた多種多様な動物の中でも異彩を放つ存在である。フランスの系図学者ピエール・パリオットによれば、ローマ人は、旗や記章の図案によく猫を使っていたという。そこにはローマの自由の女神を隠喩する意図があると考えられる。女神は片手にコップを、片手に権杖を持ち、足元には猫が寝そべっている姿で描かれるからだ。

歩兵隊の隊長の指揮で行進したある軍隊の紋章は、白あるいは銀色の地の上に緑色の猫を置いた。別の軍隊の紋章は、ピンク色の盾に赤い猫の横向きの姿をあしらった。アルプス山脈の軍隊は、猫の片目と片耳が見える横顔を盾に描いた。

Bailey, Bringham, Crompe, Grant, Gordon, Macpherson, M'Bean, M'Intosh, Macintosh, Sutheraland の紋章のクレスト

ゲルマン民族のスエーヴィー部族、バンダル族、イランの遊牧民アラニは、いずれも自由の象徴であるクロテンを紋章にしたが、オランダ人は同じ理由から猫を選んだ。彼らは猫が示す自由への情熱的な愛情に注目し、長いあいだ独立を目指して奮闘してきた小さくとも勇ましい国にふさわしい紋章を制定するよう、強く主張したに違いない。

英国王室の紋章は、意外にも英

国人の支持を得られなかった。ジェームズ1世は、チューダー王朝が定めたドラゴンの紋章をユニコーンの紋章に変更した。ここで興味深いのは、ユニコーンとともに描かれた3匹の豹のうち2匹はノルマンディーから、3匹目はフランスのギュイエンヌからもたらされたという点だ。ノルマンディー人によって伝えられた豹は、おそらくもともとは猫だったと考えられる。

最初、フランス共和国は国旗に猫を入れたが、その後ローマの伝統に倣い、猫を自由の女神像のかたわらに置いた。共和主義者で画家のプリュードンは、憲法の興味深い寓意像をデザインした。そこには、「英知」の擬人化である智の女神ミネルバが、「法律」「自由」とともに描かれている。「法律」の背後では子どもたちがライオンと羊を引き、「自由」の象徴として猫がミネルバの足元に座っている。

Amary, Dawsonの紋章のクレスト

猫の治世は、共和国の成立によって終焉した。自由の象徴だった猫は、背信の象徴に転落した。『教皇たちの犯罪』という古い書物の口絵には、裏切りと偽善の象徴として、猫が教皇の足元に座る姿が描かれている。それ以降、猫は貴族の紋章から姿を消し、小売店や商人に使われるようになった。たとえば長靴を履いた猫が、靴製造業ギルドの商標というように。

Gillies GIllis, Litton, Lowrie, Lowry, M'Intosh, Mackintosh, M'Pherson, Pennington, Rae, Richard, Rickart の紋章のクレスト

紋章の世界で猫が降格したいきさつについては、ハリー写本（英国の政治家ロバート・ハリーとその息子エドワードが収集したギリシア、ラテン、ヘブライの古写本）に興味深い文献がある。猫はユアー卿、山猫と獅子、ウォースター侯爵、バックハースト卿にかつて使用人として仕えていた商人たちに使われるようになったという。

山猫は、ブルグント王国の紋章として知られている。ブルグント王国のクロティルデは493年にフランク王国の王クロヴィスと結婚し、ネズミを退治するクロテンを紋章にした。「体は横向きで頭だけ正面を向いたトラ猫が口にネズミをくわえている」ドーソン家のクレスト（兜飾り）は、どことなくクロティルデの紋章を連想させる。

――ドーソン家のモットー（家訓）は「美徳は生き方なり」だ。囚われの身になった猫の紋章はフランスとブルグントの戦争のさい、フランス王シルデベル1

世（在位511〜558年）が、ブルグントのグンデマーを捕らえた騎士に、勲章として授けたものだ。
ジョン・フェルネの『寛容さの栄光』におもしろい会話がある。
紋章官「この騎士の紋章はどんなものか？」
騎士「クロテンか山猫が右前足を上げて歩いている、あるいは正面を向いている。8カ所の赤いフレット（細いX形の斜帯と中抜きの菱形とを組み合わせた図形）と銀色の爪で押さえつけている」

ケイツビー家の紋章　ウォリックシャーのラプワーズ教会のステンドグラス

農夫「そんなばかな！　これが紋章だと？　そんなくだらない紋章があるはずがない。これはミルク工場の窓辺にいる猫じゃないか。

紋章は、その持ち主の名前の語呂合わせ（パン）という考えから「語呂合わせの紋章（パニング・アームズ）」と呼ばれていた。だがこれまで見てきたように、昔から人や場所の名前にはそれぞれシンボリックな意味があったというほうがよほど説得力がある。

英国の紋章には、その慣習が数多く見られる。たとえば、アーチャー（弓の射手）は3本の矢、ハンター（狩人）は3匹の猟犬と1本の角笛、バトラー（執事）

は3つの取っ手がついたワインのジョッキ、そして、常に好機を逃さない知恵をもつ猫は、象徴学者や駄じゃれ好きの格好のターゲットになっている。

ケースネスという地名は、チュートン人のキャッティ（Catti）という種族名から派生したもので、もともとは、キャッティネス（Catti-Ness）といわれていた。いうまでもないが、古代の紋章官が、これほどの駄じゃれを使える絶好の機会を逃すはずがない。

現在ではほとんどがばらばらになってしまったが、チャッタン一族は、山猫を紋章に選んでいた。この一門の長老だったサザーランド伯爵は「偉大な猫」と呼ばれていた。マッキントッシュ家の処世訓は「手袋をしないで猫に触るな」だったが、そこに隠された真の意味は「手袋をせずにチャッタン一族、すなわち山猫に触れるな」ということだ。紋章のクレスト（紋章の構成要素の一つ。紋章の兜（ヘラルディック・ヘルメット）の上に置かれる）は山猫が正面を向いて自然色で描かれており、サポーター（紋章の構成要素の一つ。紋章を支えるように描かれる）には2匹の猫が、やはり自然色で描かれている。

この処世訓は、グランドロック家の紋章にも使われている。

ケイツビー家の紋章はぶち猫で、ウォリックシャーのラプワーズ教会のステンドグラスにも描かれている。ケイツビーは、有名な詩の一節「猫、ネズミ、ラヴェルの犬」の中でもどういうわけか「猫」として扱われた英雄だ。山猫は、ケイツビーが住んでいたロッキンガム・フォレストで長いあいだ保護されていた。だが、ケイツビーの楯にあるのは猫族のライオンの頭部である。

英国以外の国でも、猫の名前は駄じゃれ好きの興味の的となった。たとえば、ドイツの旧家カッチェンの紋章では、青地に銀色の猫が家を掲げている。ナポリのデラ・ガッタ家の紋章にも、同じく青地に銀色の猫が描かれている。リムーザンのチェタルディ家の紋章では、青地に2の銀色の猫が、上下に描かれている。

猫は生来の長所によって、一族を象徴する紋章に使われるほどの名誉に預かるようになったわけだが、『ワトソン年報』には、その経緯を示す事例が記録されている。

エリザベス・ハードとその夫は、フィラデルフィアの初期の入植者だった。2人は川岸の洞穴の中に、苦労の末、自力で住居を建てた。2人が煙突を造っているとき、夫がエリザベスに呼びかけた。「そろそろ夕食の献立を考えたらどうだ？」残っている食糧はパンとチーズだけだったが、エリザベスはおとなしく主人の言いつけに従い、洞穴の奥に行って、お腹をすかせた伴侶に何を食べさせようかと思いをめぐらせた。

そこに飼い猫が、大きなウサギを口にくわえて戻ってきた。エリザベスは感謝してその獲物を受け取った。おかげで空腹でいまにも倒れそうな夫に、美味しくて栄養たっぷりの食事をふるまうことができた。エリザベスは、猫がこのウサギを捕ってきたことを打ち明けた。貧しい入植者にとって、それは天からの贈り物のように感じられ、2人は畏敬の念を感じながら感涙にむせび、困窮のときに助けの手を差し伸べられたことを決して忘れなかった。

後年、生活が豊かになると、エリザベスは孫娘のミセス・モリスに、口にウサギをくわえた猫の絵柄を彫り込んだ、銀の深皿を贈った。

33章　猫の9つの命

猫の王よ、おまえの9つの命のうち
1つだけを頂戴したいのだ
『ロミオとジュリエット』3幕

宗教やオカルトの文献に決まった数字が頻繁に出てくると、さほど熱心ではない読者でも興味を引かれるだろう。明らかにそれは、単なる数の記号にとどまらない深い意味を秘めている。もっともいくつかの事例では、それが意味するものにわざとらしさが感じられるせいか、数字としての価値も失われている。

猫についていえば、猫の象徴学と深い関わりをもつ3と9の数字がそれに当たる。すでに触れたように、猫は古代社会の宗教において、三位一体の神のそれぞれの特徴を示すための手段として使われた。数字の3と神との関連性についてはここで詳細に述べるつもりはないが、3つの三位一体としてすべての数字の中で最も神聖と見なされる数字の9との関係を見ていきたい。

エジプトの神殿で、9柱の神が3組崇められるようになったのは、第5王朝の時代である。猫が9つの命をもつといわれるようになったのは、エジプト人の猫に対する愛情のなせるわざかもしれない。1組目の9柱の神は、アトゥム、シュウ、テフネト、ゲブ、ヌト、オシリス、イシス、セト、そしてネフティスである。

2組目の9柱はあまり重要ではない。三組目の9柱も名前はほとんどなく、称号も不明である。一部の文献では、神々は2組の9柱の神、または、一連の神々を全体として表すために神を示す記号を18回くり返したとされている。

いずれにせよ、エジプトではすべての神が9柱単位で数えられた。猫に9という数字が捧げられたのは、おそらくその影響だろう。エジプト人の思想に触れた国々では、太陽と月、そしてその象徴である猫に、神聖なイメージを重ねたのだ。

たとえば光の神であるアポロンは、1年を構成する9つの月を生み出したといわれている。ウェルギリウスが描写したように、アポロンは姉妹である9柱のミューズに囲まれ、文学、科学、芸術などを司った。

ユピテルの娘たちよ!　オリュンポスの上で輝け
汝らは9を見守り、記録する

『教皇のイリアス』

アポロンの姉妹であり月の女神でもあるディアナは、猫と、数字の９と深い関わりをもっている。ディアナ信仰におけるこれらのシンボルの重要性は、フランシス・クウォールズ〔★訳注★１５９２・１６４４　イギリスの詩人〕の『連祷』の一節でも強調されている。その中で魔女は、

９つの命を３回生きる２本足の猫

と表現されている。絵画ではよく、猫の仮装をしたディアナの娘たちが月の神を讃えて踊る場面が描かれる。クウォールズはそうした場面に思いをはせ、エジプトの３組の神々を象徴的に表わしたのかもしれない。つまり、秩序ある動きによって称賛された「９つの命を３回生きる」神々との、神秘的な交流を果たそうとしたのではないか。

サーク島の９人の巫女をめぐるポンポニウス・メラによる物語には、信者と魔女との興味深い結びつきが描かれている。信者たちは天空の神々の神秘的な力に癒され、祝福されていた。一方、ディアナの娘たち、のちの魔女に堕落した人々は、邪悪で破壊的な目的のために神々の力を利用し、動物に姿を変えたり、嵐を引き起こしたりするいかがわしい技を行っていた。

「イギリス近海のセナ島は、オシス・マイズという国と敵対していた。そして、９人の純潔の巫女

に守られたガレーズの神の神託所があるところとしても有名だった。９人の巫女はガリセンと呼ばれていた。巫女たちは神に授けられた英知により、呪文を唱えては嵐を起こし、自由に動物へと姿を変え、ほかのだれにも治せない病気を癒し、将来を予知し、見通すことができた」

ガリセンとテルキネスを比較するのも面白いだろう。テルキネスというのはロードス島の９匹の怪物であり、ポセイドンの息子である。ポセイドンというのは、ネプチューンの三つ叉を作り、タツノオトシゴに乗ってディオニュソスの軍で戦った神である。テルキネスの話には、後世のディアナの娘たちを堕落させた考え方の原点を見出すことができる。

ガリセンと同じように、テルキネスも好きなものに自由に姿を変えることができた。おそらくはそれも災いしてか、民衆から裏切り者、呪術師、悪霊とののしられた。だが、テルキネスはさらに邪悪な行動に出た。三途の川に硫黄を混ぜて、動物や植物を全滅させたのだ。さらに雹、雨、雪を降らし、にらみつけた者の命を奪った。

一説によると、テルキネスは大洪水が来ることを予言したのちロードス島を離れ、世界各地に散ったともいわれている。また、アポロンが自分にとって神聖な島からテルキネスを追い払ったため、テルキネスは狂気にとりつかれたかのように海上をさまよい続けたという話もある。

北欧に目を転じると、サクソンの女神ヘルも数字の９と深いつながりをもっている。ヘルというのは、猫の引く車に乗ったフレイヤの暗黒の一面を表わす女神である。北欧の神話集『エッダ』には、主神オーディンが「９つの」世界を支配し、薄暗い谷を抜けて黄金の橋がかかったギョル川にたどり着くまでに「9日間」かかると記されている。

また、ロバート・ピトケアンが記録したシートンのコヴン（魔女集会）には、後世の魔女が「猫を使った魔術」の儀式で数字の9を利用していた一例が示されている。「彼らはとある場所に集い、1匹の猫を9回引き寄せた。その後、大急ぎでシートン・ソーンの北の門に向かい……次に魔王とともにシートンの鉄門に向かい、別の猫を連れてきて、9回引き寄せた。その直後ジョージ・フュダリスのところへ行き、その猫に洗礼を施してマーガレットと名づけた。その後再び最初に集った場所に戻り、その猫を魔王に捧げた」

この話に登場する猫の「洗礼」から、魔女の儀式がキリスト教の影響をまったく受けなかったわけではないことがわかる。昔、世界中に存在した数字のシンボリズムは、聖なる猫と深い関わりをもち、キリスト教教会にとり入れられ、その儀式に組み込まれていったわけである。

キリスト教の聖務日課では、決まった時間に祈りを捧げる。ここでnonesと呼ばれる「第9時課」が午後3時に当たることから、ラテン語のnona hora、英語のnoon、つまり「9番目の時間」は午後3時を意味していた。

のちに正午、つまり12時の意味となったが、この時間は当時権力と栄光の頂点にいた太陽神にとって、とくに神聖な時間だった。むろん、太陽を至高の象徴として崇めるすべての人々にとっても神聖なものである。また、それが転換期を意味することも重要なポイントだ。その時間を境に、太陽は墓に向かって沈み始める。9番目の時間は、キリストが死んだ時間でもあった。

初期のキリスト教のシンボリズムにおいて、正義の太陽であるキリストは、彼が新たに誕生したもの、空に昇る太陽、この世の光であることを強調するため、聖なる猫によって表されていたのである。その原型であるエジプトのオシリスやホルスと同じように。

34章 猫の名称

一部のオカルト信仰者のあいだでは、良きにつけ悪しきにつけ、名前にはその持ち主に影響を及ぼすとてつもない力が潜んでいることが自明とされている。その理由の一つは、名前を表現する文字と数秘学との関わりにある。数秘学と猫との関係については前章で触れているのでここではとりあげないが、名前は数字によって、より豊かに表現されるものだ。

名前とは自己のシンボルであり、当人とは不可分のものだ。それはその人の人格と、それに引き寄せられてくる人々とを結びつける、重要で神秘的な関係を表わしている。肖像画やイメージ、本人の肉体の一部（切り落とした爪など）と同じように、名前は本人の魂と深く結びついている。だからこそ、だれかを傷つけたり祝福したりする黒魔術師、白魔術師の手段にもなりうるのかもしれない。ここで猫につけられたさまざまな名前とその原点を探ることは、本書のテーマをより深く掘り下げるのに役立つだろう。

一部の専門家によると、エジプトの家庭で猫が飼われるようになったのは紀元前２５００年ごろといわれている。またその200年後には、猫の彫像が作られるようになった。ベニハッサンで出土された彫像から雄猫はマウ（Mau）、雌猫はマイト（Mait）と呼ばれていたことがわかった。これらの名前は、猫の鳴き声から来たものと考えられている。

中国では西暦200年または400年ごろまで、猫を飼う習慣はなかった。だが、マオ（Mao）あるいはミウ（Miu）という名前は、エジプト人と同じ発想から生まれたものだろう。猫の呼び名は猫そのものを表現している。フランス語のミネット（Minette）、ミヌッセ（Minousse）、ミミ（Mimi）、ドイツ語のミーツェ（Miez）、ミーツェ・カッツェ（Mieze-Katze）も、猫の鳴き声を模したものだ。

猫につけられた数多くの名前のもう一つの由来は、音もたてずに獲物に襲いかかる習性にある。サンスクリット語のマルガラスという呼び名は、狩人、調査する者、求道者を意味する。グベルナーティスは、「狩人」といっても物事の限界や道を追求する者、あるいは野獣を追いかけてしとめる者と考えるべきだという。月（天空の猫）は、狩猟の女神ディアナとして擬人化され、サンスクリット語でムリガラガス、すなわち野獣の王と呼ばれた。王の常として、動物を守ることもあれば獲物として貪り食うこともあるわけだ。

猫に象徴される月は、あるときは夜の灰色のネズミを食べ、またあるときはその明るい光によって弱い動物を守っているのかもしれない。洗浄する者という意味のマルガラスと、ヒンドゥー語で猫を意味するマルガーラスは、混同しやすいが、どちらも猫の一面を表している。

白猫は夜を洗い清め、その明るい光で闇を追い払い、道を指し示し、無垢な動物たちを敵から守る月と同一視される。一方、黒猫は暗い夜を象徴し、形あるすべてのものを破壊し、飲み込む者である。

以上のような複雑なシンボリズムにおいて、余白（marigin）が本の何も書かれていない部分であるのと同じように、道（margas）を地面の中の汚れていない部分ととらえれば、それは「洗浄する猫」、そして獲物を狩る猫に関連づけることができる。ドイツ語のマルダー（marder）はサンスクリット語のマルガラスに由来し、殺戮者を意味する。南アメリカの山猫はそれにふさわしく、マルゲイと呼ばれている。なお、イタリアではマルダルは聖女マルタと結びつき、猫と共通する家庭的な美徳を体現しているが、語源としては誤りである。

一部の語源研究家によれば、ラテン語で猫を意味するフェリス（Felis）またはフェレス（Feles）は、語根のfeに由来するという。これは、子どもをつくる、産むという意味で、すべての大母神の象徴にふさわしい猫の多産性と関係がある。一説には、ローマ人は猫だけでなくイタチやネズミにもfelisという呼び名をつけたといわれている。

一方、アングロサクソン、ケルト、デンマークでは、fellは「殺したがる」とか「落とす」「徹底的に打ちのめし、破壊する」という意味になる。この場合、野蛮で獰猛な猫は、破壊的な太陽の力を人格化した女神セクメトにふさわしい。

フランス語で山猫を意味するharetは、この見解を裏づけている。これは、アングロサクソンのhere（軍隊）から派生した英語のharry（苦しめる）と同じ語源と考えられ、略奪、略奪品、破壊といった、戦争にまつわる意味合いをもっている。

次に挙げる猫を示す単語は、いずれも「つかむ」「とらえる」を意味するアーリアの語根ghadから派生していると考えられる。猫が獲物をとらえることから生まれた言葉だ。たとえばギリシャ語のcatta、ラテン語のcattus、フランス語のchat、イタリア語のgatto、古英語のgattus、スペイン語とポルトガル語のgato、ポーランド語のkot、ロシア語のkots、ドイツ語のkatze、katti、ket、ウェールズ語とコーンウォール語のkath、バスク語のcatua、アルメニアのgatz、アラビア語のkittah。

英語のプス（puss）については、専門家が語源の研究に熱心に取り組んできたが、その由来ははっきりわかっていない。エジプトの女神パシュト（Poshut, Pashut）あるいはバステトから来ているというのが最も有力で、この説には不自然さも疑念もないように見える。トルコ、アフガニスタンのPis-chik（小さいPis）、アーリアのpusag、ペルシャのpushnak、アラビア語のbussahはバステトの伴侶ベス（Bes）と関連があると考えられる。ベスにとって猫は、妻と同じように、神聖な存在なのだ。

もう一つの有力な説は、ラテン語で少年を意味するPusus、あるいは少女を意味するPusaに由来するというものだ。この単語は、子どもの遊びの隅とり鬼ごっこに使われており、子どもや若い女性がよくペットにつける名前だという。飼い猫にこの名前がつけられるのは、容易に想像がつく。

ヒンドゥスターニー語（現代のヒンディー語とウルドゥー語のもとになった言語）で猫を呼ぶと

きに使う「フィス、フィスPhis, Phis」という言葉をプスと比較してみると、プスにはおだてやおべっかを匂わせる意味があるのに対し、フィスは捧げものを意味している。どちらも、聖なる猫への尊敬の念を暗示していることに違いはない。

だが次に挙げる説には、猫への敬意はあまり感じられない。プスは、猫のうなり声の音を模したものだというものだ。ただしこの説は、シェイクスピアの時代に「プス」が野ウサギの呼び名として一般的に使われていたことから考えても信憑性に欠ける。ネズミなどの齧歯動物が猫にちなんで名づけられたのか、あるいは、まったく別の語源から来たものなのか、興味の尽きないところである。

古英語では雄猫のことを、ギブ（Gib）あるいはギブ・キャット（Gibbe-cat）と呼ぶ。この単語はつい最近までイングランド北部やスコットランドで使われ、いまでも完全に消滅したわけではない。これは、とくに陰気で年老いた雄猫に対して使われているようだ。シェイクスピアはファルスタッフにこう言わせている。「わしはギブキャットのように憂鬱な気分だ」（『ヘンリー4世』第1幕第2場）。

1843年発刊のフェネルの『四肢動物の博物学』に、そのヒントになる記述がある。「これまで飼育されてきた雄猫の大半は去勢されているため、おとなしく、元気がないように見えた。その雄猫を、ギルバートあるいはギブ・キャットと呼んだ」

雄猫の怪しい陰鬱な雰囲気は、妖術と結びつくようになった。ジョン・マーストン（★訳注★34 イギリスの詩人、1576-16

（劇作家、風刺作家）はこう記している。「毒を放つ目つきの鬼婆――それが魔女となり、いまやギブ・キャットになろうとしている」（『子鹿』）

ギブ・キャットのギブは、ギルバートの略称とみられる。語源は高地ドイツ語だ。現在の英語の「トム」のように、最初は特定の猫の呼び名として使われていたが、最終的には総称とみなされるようになった。元来の意味での用法は、プールの作品に観られる。

やがて、ギブ、われわれの猫が彼女の耳をなめるだろう

（『エドワード1世』）

『狐のルナール』に登場する猫のティバートという名前は、ギルバートの古いフランス語ではないかといわれている。これは「ティボルト」の変形、「シオボールド」の一つの形であり、ギルバートと同じく一般的な猫の呼び名である。チョーサーは『薔薇物語』（チョーサーがフランス語の原典を英語に翻訳）で、「猫のシベルト」を「私たちの猫ギブ」と訳している。また『ロミオとジュリエット』でティボルトは、「猫の王」と呼ばれた。

ティブ・キャットはギブ・キャットの女性形と考えられる。また、タビー（Tabby）という呼び名は、バグダットの近くのエル・タビアナ（El Tabbiana）で作られる黒と白の波紋のある絹布から来たものだが、タビーと呼ばれるのは雌猫で、トム・キャット（雄猫）とは区別される。

グベルナーティスが猫の呼び名を翻訳したことで、新たな側面に注目が集まった。たとえばサンスクリット語のナクタカリン（Naktacarin）は、猫と泥棒の両方の別称として使われている。グベルナーティスはこういう。「蟻、ネズミ、モグラ、蛇は身を隠すことを好み、秘密を隠そうとするのに対して、エジプト・マングース、イタチ、猫はたいてい隠れている者を追い払い、そこにあるもので運べるものはすべて持っていってしまう。彼らは泥棒であり、ほかの泥棒を追いまわすのだ」また、サンスクリット語のナクルス（Nakulus）はエジプト・マングースを意味し、ネズミや蠍や蛇を退治するという意味では、猫と共通の目的をもっている。グベルナーティスによれば、その語源は語幹のnac、nak（=necare）にあるという。つまりnakulusは「夜行性のネズミを捕らえる者」を意味し、猫の呼び名にもふさわしいというわけだ。

さらに、ネズミ（mush、mushas、mushaka　サンスクリット語でmuchは盗むの意）は泥棒であり、強奪者である。mouserはnakurusと同じように、ネズミを捕らえる者を意味する。

このように猫は、相反する性質をもつ特異さによって、けっきょくは堂々めぐりの輪にとり込まれてしまった。猫は夜に徘徊する泥棒であるばかりか、夜の闇に紛れて身を隠す。一方では神の目である太陽や月を象徴するため、ほかの泥棒たちを捕らえてしまう。つまり「すべてのものは神の目には裸であり」（『ヘブライ人への手紙』4章13節）、神は暴き、さらけ出す者であり、覆い隠す布を剥ぎ取ったありのままのむき出しの真実であり、闇を歩くすべての者が必ず対峙する敵なのである。

隠れた意味を探るためには「名前の鏡」を覗くべきだというアレクサンドリアのフィロン〔★訳注★紀元前25-50頃　ユダヤ人の哲学者〕の忠告には、多くの扉を開けるカギがあるのだ。

35章 マンクスの伝説

マン島に生息する尻尾のない猫がどこから来たのか、その謎はまだ十分に解明されていない。だが、難破船から尻尾のないマンクスが島に泳ぎついたという伝説は、いまも根強く残っている。

ある説によれば、マンクスはスペインの無敵艦隊で運ばれたという。ポート・エリン近くのスパニッシュ・ポイントで難破した2隻の船から逃げ出して、岸辺に泳ぎついた猫が繁殖したというのである。

1808年の新聞記事には「東部の船がジャービー・ポイントで難破し、1匹のマンクスが岸に泳ぎついた」とある。

また、W・B・クラークによると、バルト海からきた船がキャッスル・ラッシェンとカーフの中間地点で難破し、海岸近くまできたとき、数匹の尻尾のない猫が船首に突き出したポールから海に飛び込み、海難救助船がそれを助けた。これがマン島で最初に目撃されたマンクスだという。

これらの伝説は明らかに最近になって判明したものであり、血統については外国から来たものというだけで、それ以上のことはわかっていない。

博識な探検家のオーガスト・パヴィエは、マンクスのルーツは安南（ベトナム）の猫にあるのではないかと考えた。ベトナムの猫は優美な体つきで、小柄で、目は黄色く、生まれつき尻尾が短い。ビルマに侵略されたさいに持ち込まれ、その後、18世紀に英国からやってきた商人によって、英国からマレー諸島にもたらされたと考えられる。シャム猫やマラヤ（マレーシア）猫がルーツである可能性もある。

典型的なマンクス　『キャット・ゴシップ』より

マレー諸島の猫は、尾が妙にねじれていたり、結び目のようになっていたり、こん棒のようになっていたりする。理由は不明だが、かなり昔からその状態だったことは1783年、当時スマトラの総督の書記官だったウィリアム・マーズデンによる『スマトラの歴史』に、「どの猫も尻尾が不格好で、先っぽにこぶがある」という記述が証明している。

地元の言い伝えでは、宮殿の敷地内の池で水浴びをしていた王女が、自分の飼い猫のまっすぐな尻尾に自分の指輪をつけたという話がある。だが、猫の尾が垂れたとき、つけていた指輪が池に落ちてしまった。そこで王女は、指輪が落ちないように尻尾に結び目をつくった。以来、この土地の猫の尻尾はみなねじれているのだという。

パプアニューギニアのビスマーク諸島の猫の尾はどれも太くて短いが、それは生まれつきそうなっているわけではない。この地方では、猫を食べる習慣があるので、食べ物に困った人に猫を盗まれないようにするために、飼い猫の尻尾を切り取って保管しておく。そのあとで猫を盗まれて食べられてしまっても、とっておいた尻尾を地面に埋めて呪いの言葉を唱えれば、盗んだ人は病気になる。そんなわけで、だれも短い尻尾の猫を盗もうとはしないというのだ。

以前、著者が英国のコーンウォール、ニューリンに滞在したとき、マンクスの系統と思われる尾の短い猫を多数見かけたことがある。だが、地元の人の話では、どれも飼い主に切られて短くなったものだという。彼はその理由を、彼自身も忌み嫌っているコーンウォールの農民特有の残虐性にあると説明した。その背景に何か迷信めいたものがあるような気もしたが、コーンウォールの人々にはいつも親切にしてもらっていたとはいえ、そのときは本当の理由をつきとめられるほどの情報は得られなかった。

次に紹介する古いウェールズの言い伝えから、コーンウォールではかなり昔からマンクスの存在が知られており、マン島のマンクスのルーツがここにあることが推測される。マンクスは寓話の中でも女神の子孫として、少なくとも女神崇拝から生まれたものとして描かれていることから、聖獣だったことは間違いない。

デイヴィーズ〔★訳注★1756-1831 ウェールズの英国教会の聖職者〕によれば、「キリスト教が伝来する800年ほど前から、ブリトン人は、フェニキア語で『雌豚（Hwch）』と呼ばれる神を崇拝していた。この教区の地名にHwchやMoch（豚）を使ったものが数多く見られることから、この地域にはこれらの名前の神への信仰が根づいていたと考えられる」

こんな伝説もある。コーンウォールのドールウィーという谷に住むドールワラン・ドールベンはヘンウェンという名の豚を飼っており、豚飼いのコル・アブ・コルフレウィがヘンウェンの世話をしていた。

「ヘンウェンが産む子豚によって英国が滅ぼされるとのお告げがあり、アーサー王は軍隊を招集してその豚を殺しに行った。臨月を迎えたヘンウェンは、コーンウォールのペンウェディグの岬に連れていかれた。そこから海に投げ込まれたが、グウェントのアベル・タロギに流れ着いた。

豚飼いのコルはヘンウェンの毛をしっかりと握り、海だろうが陸だろうがヘンウェンの行くところにはどこにでもついていった。グウェントのウィートフィールド（小麦畑）で、ヘンウェンは3粒の小麦と3匹の蜜蜂を産んだ。それ以来、グウェントは小麦と蜂蜜の名産地になった。ヘンウェンはグウェントからダヴェッドに向かい、大麦と子豚を産んだので、ダヴェッドは大麦と豚の名産地になった。ヘンウェンはアーヴォンに向かい、リーン半島でライ麦を産んだので、リーン半島では最良のライ麦が採れるようになった。ヘンウェンはスノードンの断崖絶壁で狼の子と鷲の子を産み、その土地は狼と鷲で有名になった。

最期にヘンウェンは、アーヴォンの黒い石の下で子猫を産んだ。だがコルは、その子猫をメナイ海峡に捨ててしまった。その子猫はモナのパルグの息子たちに拾われて育てられた。これがモナの有名なパルグ猫になった」

マンクスの起源にまつわる言い伝えは、古くはノアの方舟にまでさかのぼる。動物たちが方舟に乗り込むとき、猫があまりにものんびりしていたので、ノアがかんしゃくを起こしてドアを閉めてしまい、尾が切れてしまったというものだ。ジェーン・クロスビーの詩は、この物語をコミカルに伝えている。

猫が言った、その猫はマンクスだった
ああ、ノア船長、待ってください！
乗り遅れたお詫びに
ネズミを捕えますから！
猫は船に乗り込んだが、
尻尾だけが乗り遅れてしまった！

ノアの方舟については、別のバージョンがある。

ノアは航海を続けていたが

座礁してアララトに乗り上げた
ノアの犬が飛び上がり、可愛い猫の尻尾をちぎった
猫は窓から飛び出して
勇敢に海を泳ぎはじめ
岸をめざして泳ぎ続け
マン島のカーフにたどり着いた
尾のない猫はモナに感謝され
以来、マンクスと呼ばれるようになった

1928年、ロンドンで開催された民俗学会の記念大会で、モナ・ダグラス〔★訳注★1898-1987 イギリスの作家、編集者〕はマンクスの民間伝承について講演し、マン島の猫に猫の王がいるという話を紹介した。「この王は昼間はごく普通の家猫だが、夜になると猫の王になって猛然と島中の道を歩きまわる。飼い主が、客である猫の王にすげない態度をとろうものなら、手痛いしっぺ返しをくらい、不幸に見舞われる」

ダグラスはさらにこう付け加えた。

「猫は、妖精や、目に見えない世界のすべての生き物と親しい関係にあるので、夜に飼い主から家の外に追い出されても、妖精たちが迎え入れてくれるのだ」

結び

これまで私たちは、猫の栄光と苦難に満ちた波瀾万丈の歩みをたどってきた。宗教が発展する歴史の中で、猫はあのほっそりしたきゃしゃな肩に、なんと大きな重荷を背負ってきたことか。ふだん目にする飼い猫の、あの親しみやすく人なつっこい様子から、過酷な運命に翻弄される姿を想像することは難しい。

では、想像力豊かな詩人たちなら、猫と人間の真の関係に見合う、宿命の物語を展開し得ただろうか？

そうは思えない。猫に生命と死、昼と夜、太陽と月、神と悪魔を象徴させてしまった天の定めは、赤ん坊のころに戯れた玩具を見て気恥ずかしく感じながらもどこかでまだ心惹かれる子どものように、いまもひそかに猫につきまとっている。

運命はひどく気まぐれだ。将来を予見するのはたやすいことではない。ときにはふいの閃光が、猫のシルエットを照らし出すこともあるだろう。私たちは歩みを止めて、その神秘を畏れ敬うかもしれない。

あるいは、猫は私たちのかたわらを黙って通り過ぎ、夜の神秘の闇のはるか彼方へ歩み去り、無限に広がる空間に呑み込まれ、永遠に人間の意識から忘れ去られてしまうのかもしれない。

バルク書　161
ビーナス　11
ビルマの猫　169
フェリス　321
フクロウ　229
プタハ　14，278
ブバスティス　3
ブラック・キャット・スピリット　141
フリッガ　71
フレイア　60
ヘカテ　11，98
蛇　24
ヘル　62
ボゴミール派　122
ボールスキンの猫　85
ホルスの石碑　56

【ま行】

マウ　261
魔術　48，99
魔女　37
　　動物に化ける　111
魔女裁判　101，240
魔女集会　89
マニ教　124
マヤ　71
魔除け　286
マンクス　327
ミイラ　192
三日月　72
ミトラ　123
ムト　10
メイポール　80
メッテルニヒの石碑　56
紋章　303

【や行】

ヤジディ教　59
ヤヌス　279
幽霊　202

【ら行】

ラオツン　165
ラーの眼　17
リパーカッション　113
リリス　229
霊魂の再生　153
レレク　25

【わ行】

ワルドー派　127

男根　277
使い魔　244
月　35
ディアナ　11，71，280
ディアナ崇拝　89
ディアナ・トリフォルミス　10
デュマ、テレパシー　273
テレパシー　272
テンプル騎士団　121
トムキャット、穀物と　85

【な行】

ナナカマドの木　103
鍋島　230
猫、悪霊　219
　雨乞い　294
　生贄　132
　インド　197
　海にまつわる言葉　38
　お守り　297
　吸血鬼　228
　車を引く　60
　５月生まれ　77
　穀物と　82
　寺院　161
　死の女神　252
　数字の９　313
　図像　173
　聖書と　66
　千里眼　261
　男根　277
　中国　295
　使い魔　243
　月と　90，294
　月の象徴　21
　テレパシー　272
　転生　152
　名前　320
　ネズミと　298
　蛇と　24
　魔女　114
　魔除け　286
　ミイラ　185
　三日月と　72
　女神　3
　紋章　303
　よみがえり　204
　霊　203
　聖母マリアと　71
猫の頭部　183
猫のゆりかご　73
ネズミ　298
ネブセニのパピルス　30

【は行】

恥の接吻　122
パシュト　3，70
バステト　3
ハトホル　16，19
跳ね返り　113
バーマン　165
パラス　72

索　引

【あ行】

アスタルテ　17
アセト　24
アッカド　46
アポロン・スミンテウス　299
雨乞い　294
アメンテ　194
あやとり　73
アルテミス　71
アル・フサ　113
生贄　132
イシス　3，35
ヴァンピリズム　228
ヴェスタ　74
オシリス　15，194
　　穀物と　83
オスクルム・インフェイム　122
乙女座　87
オールド・ニック　40

【か行】

カルデア　46
ギブ・キャット　323
吸血鬼，日本の　233
吸血鬼信仰　228
金曜日　61
空中浮遊　93
黒猫　287
　　聖母マリアと　76
黒魔術　288
ゲテェシュ　17
ケレス　87
コヴン　90
5月1日　78
穀物猫　83
穀物の精霊　82
コーンキャット　83

【さ行】

サバト　89
ザル　40
三位一体の女神　10
シストルム　7，19
死の前兆　253
シャム猫　163
12使徒の福音書　67
女性の月　80
ジン、精霊　237
スピカ　87
セクメト　14

【た行】

タイエルム　58，141
太陽，穀物と　82
魂　153，192

M. オールドフィールド・ハウイ（M.Oldefield Howey）

鏡リュウジ（かがみ・りゅうじ）
1968年京都府生まれ。翻訳家、心理占星術研究家。国際基督教大学卒業、同大学修士課程修了。平安女学院大学客員教授。著書に『占星綺想』（青土社）、『タロットこころの図像学』『占い脳でかしこく生きる』（河出書房新社）、監訳書に『魔法の杖』『月と太陽でわかる性格事典』（ソニー・マガジンズ）、『図説世界占術大全』（原書房）、『神々の物語』（柏書房）などがある。多くの雑誌の占星術特集で監修を務めるほか、テレビやラジオ、インターネットなど幅広いメディアで活躍中。現在、英国占星術協会、英国職業占星術協会会員。日本トランスパーソナル学会理事。ホームページ www.ryuz-cafe.co.jp

真喜志順子（まきし・よりこ）
東京生まれ。翻訳家。上智大学外国語学部卒業。訳書に『悲しみのダルフール』（ＰＨＰ研究所）、『神々の物語』（柏書房）、『メンデ』『囚われの少女ジェーン』（ともにヴィレッジブックス）、『月の本』（河出書房新社）などがある。

猫《ねこ》と魔術《まじゅつ》と神話事典《しんわじてん》

2010年4月25日　第1刷発行

著　者　M・オールドフィールド・ハウイ
監　訳　鏡リュウジ
訳　　　真喜志順子
発行者　富澤凡子
発行所　柏書房株式会社
　　　　東京都文京区本駒込1-13-14（〒113-0021）
　　　　電話（03）3947-8251［営業］
　　　　　　（03）3947-8254［編集］
装　丁　フラグメント 柳川貴代
ＤＴＰ　ハッシイ
印　刷　萩原印刷株式会社
製　本　小高製本工業株式会社

ISBN978-4-7601-3663-6
本書は Cat in the Mysteries of Religion and Magic 1930, Rider & Co. (London) を翻訳したものです。